英国新马克思主义哲学研究丛书

乔瑞金 丛书主编

Study on
British New Marxism

英国新马克思主义文化批判思想转向研究

李 隽 著

Study on the Turn of
British New Marxism
Cultural Criticism

北京师范大学出版集团
BEIJING NORMAL UNIVERSITY PUBLISHING GROUP
北京师范大学出版社

总　序

　　承运时势，潜备十载，此系丛书，应习近平总书记召唤，借深研 21 世纪世界马克思主义之契机，得各方鼎力相助，终究面世，甚幸！所言英国新马克思主义，意指 20 世纪 50 年代以后，在英国新左派运动中勃发的一种新马克思主义类型，涵括诸多思想家、理论家和革命家，著述数百，笔耕不辍。他们关注社会形态变革，追求社会主义在英国的成功，对世事之历史、文化、社会、政治、经济诸领域给出理性理解，开展革命运动，所言所为，均以马克思的思想为基础，以人类解放为目标，以思想批判为手段，以重建符合人的社会生活秩序为己任，独树一帜，颇有影响，不失借鉴之意义。20 世纪末以前，中国对英国马克思主义的理论研究，几近空白，零星所见，也散落在文学评论、历史学或社会学中，不入哲学和马克思主义视域，究其原因，多半在于觉得英国学者似乎也没有写出像模像样的"哲学著作",而是以历史陈述代替了宏大叙事,以话语分析淹没了逻辑论断,以小人物抹杀了"英雄",其著作均缺乏哲学内涵。20世纪末期,情势反转。苏东巨变,全球化的冲突与斗争不断发生,金融危机引发的世界经济危机和社会危机,提出诸多亟待解决的重大问题,马克思主义必须对此做出正确的判断和回答,而英国新马克思主义联系历史和现实,在"回归马克思"的意识指引下,于20世纪50年代中叶以来开展的对发达资本主义和苏联教条主义的两方面批判,理论建构,多有启迪意义,与我们先前的理解大相径庭,促使人们聚焦目光于该领域,迄今,已取得可观的研究进展和成果,集中反映于此系丛书中。此系丛书的面世,必将有助于激发更深入的理论研究,有益于马克思主义的时代发展,有功于推进中国特色社会主义现代化强国建设。

乔瑞金
2019 年仲夏于山西大学

目　录

导　言

　　英国马克思主义传统的形成与英国共产党的创立密切相关。英国共产党是在第三国际和苏联共产党的帮助下成立的，这造成了它长期在理论和政治上依附苏联共产党，从而缺乏理论创新的局面。这种状况使得英国一直不能建立具有自己民族特色的马克思主义理论学派。

　　1933年以后，上述情况才得以改变。一大批对本国资本主义现实不满的知识分子在共产主义日益彰显的政治吸引力和道德影响力的推动下陆续加入英国共产党。由于政治传统和思想传统等原因，他们大多来自历史学、文学和经济学等领域，基本没有专业哲学家。他们基于指导自身具体研究的目的展开了对马克思主义的学习和研究。这种明确的目的性和实践性使他们不自觉地克服了苏联马克思主义的教条主义桎梏，形成了一批具有创见的理论成果，并开创了一种将马克思主义哲学同英国的现实问题进行有机结合的优良风气，特别是从 20 世纪 50 年代中期起，英国新马克思主义研究告别过去实现转向，形成了既不同于传统马克思主义，也区别于欧洲大陆的西方马克思主义的理论形态。乔瑞金教授基于其在产生的时代背景、指导思想、研究范式以及目的诉求等方面的内在一致性，明确用"新马克思主义"这一概念来指称它①。这些英国新马克思主义者成功地将马克思主义这一具有明显欧洲大陆异域文化特征的理论与本国的历史、传统以及社会现实有机结合起来，建构了一种以文化研究为主要内容的特色鲜明的思想理论体系。

为了更好地理解和把握英国新马克思主义的文化批判思想，我们需要简单梳理一下这一思想产生的理论语境。大体来说，这个基本语境可以追溯至第二次世界大战后的英国社会。工党上台执政后，英国社会通过一系列的社会改革，使国民生活水平得到了极大的提升。富裕生活的到来使得以经济因素作为阶级划分标准的认识和做法越来越受到人们的反思和质疑。事实上，在英国，阶级界限模糊的进程远远没有经济界限模糊的进程来得那么快，其中一个很重要的原因是教育的阻碍。受过良好的教育和目不识丁、讲"牛津英语"和说话"土里土气"依然是上流社会与底层社会的分水岭。② 英国的精英教育传统根深蒂固，教育，特别是高等教育从来就是上流社会的特权之一。20 世纪 50 年代，人们逐渐认

---

① 乔瑞金：《英国的新马克思主义》，1 页，北京，人民出版社，2013。

② 钱乘旦等：《日落斜阳：20 世纪英国》，184—185 页，上海，华东师范大学出版社，1999。

识到，这种格局严重阻碍了英国社会的人才培养，从而造成了英国社会各方面发展动力的不足。在民众的多次呼吁下，英国政府首先出台了以普及中等教育为主要内容的《1944年教育法》。这一法案的实施使得中等教育成了人人可以免费享有的基本权利，大大推动了英国教育的民主化进程，使教育机会均等的社会理想部分地成为现实。中等教育的改革很快使得年轻人对高等教育有了新需求，再加上英国传统的封闭式的高等教育模式因无法与战后的新时代相适应而变得落伍，英国政府在1963年出台了《罗宾斯报告》。这一报告推动了高等教育由贵族精英向平民大众的转型。可见，在英国，阶级的经济界限变得模糊以后，非经济界限的模糊进程也在缓慢跟进。

随着中等教育的普及和高等教育的扩展，战后英国成人教育的发展也十分迅猛。英国的成人教育起源于18世纪早期，初衷是想让工人通过阅读《圣经》提高自身的道德修养。19世纪在"大学扩建运动"的推动下，像剑桥大学、牛津大学等著名大学也逐渐成了成人教育的主要场所。1903年"工人教育协会"的成立更是唤起了工人们通过教育解放自身的热情。20世纪30年代，随着马克思主义在成人教育界的传播，工人阶级对自身的经济政治地位有了更加深刻的认识，阶级意识明显得到加强。总体来看，20世纪50年代之前，英国形成了以人文通识教育为主要内容的成人教育传统。相对而言，成人教育远离大学的正规建制，思想比较自由。因此，第二次世界大战后，它也成了英国新左派知识分子传播社会主义理念，与保守主义者进行文化斗争的主要场所。

英国新左派的知识分子大都出身工人阶级，后以"奖学金男孩"的身份跻身于英国的中产阶级行列。基于强烈的工人阶级认同感，他们对学术界弥漫的精英主义氛围十分不满，因此积极投身成人教育事业，一方面将自己所学的学院知识付诸实践，另一方面也根据参加成人教育的实践经验不断修正自己的观念。以霍加特、威廉斯和汤普森为代表的这些左派知识分子在成人教育实践中，将工人阶级的生活理念和中产阶级的精英意识熔在一起，为后来的文化主义奠定了思想基础。

同时，从20世纪20年代开始，一直到第二次世界大战前后，美国在现代化、工业化、城市化和市场化等多种力量的推动下，率先进入了大众消费社会，并实现了文化转型，即大众文化逐渐代替了白种人"盎格鲁—撒克逊新教徒"文化成为主流。这种新兴的大众文化以广大劳动人民和新兴的中产阶级为主体，包容了一切与消费主义相关的生活要素，比如通俗艺术、体育赛事、时装快餐、现代传媒、娱乐场所等。简单讲，大众文化就是美国的生活方式。冷战时期，大批量生产的文化产品从美国输往世界各地，特别是与其关系密切的英、法、德等西欧国家。反映"美国梦"的好莱坞电影、爵士乐、音乐电视、可口可乐、奇装异服等很快吸引了这些国家的年轻人。这些不但为美国赚到了大量的外币，更重要的是，它还成了美国传播自己的生活方式，甚至成了其世界观、价值观的重要载体。与美国不同，当时的西欧社会还未进入消费社会，等级层次还比较明显。中产阶级还是夹在贵族和下层民众之间的新兴力量，"大众"主要还指的是以工人阶级为主的普通民众。另外，西欧社会具有浓厚的传统文化底蕴，在那里，"文化"主要是指高雅的文学艺术和贵族气派的生活方式，是只有通过良好的教育才能达致的少数人的资源。对西欧各国的中产阶级知识分子来说，"大众文化"这个概念本身就是矛盾的。出于对作为"他者"的美国文化的排斥、对自身文化特权的维护以及对自己国家前途的忧虑，西欧的精英阶层对美国大众文化这一既缺乏高度和深度，又没有历史意识和崇高品质的文化形态进行了曲解式的讽刺和挖苦，力图借此引导平民大众自觉抵御"美国化"的进程，即大众文化传播和发展。相对于精英阶层，西欧社会的广大民众则基于一种不同的阶级立场和更为实用的态度，对给他们带来愉悦和享受的大众文化产品并不排斥，而且愿意为其买单。可见，西欧国家的平民大众与精英阶层对待大众文化的态度形成了鲜明的对比。这种明显的差别，甚至对立性，使大众文化的合法性在西欧理论界问题化了。于是，一个全新的理论空间——文化研究在那里生成了。

　　其中最为典型的是，1956 年前后，霍加特、威廉斯、汤普森这三位左派思想家基于对英国本土问题的研究，相继出版了一批颇具影响的著作。他们突破了英国传统的文化研究范式，以实证的方法从事文化研究，开创了一种具有鲜明英国特色的马克思主义文化批判理论，展现了英国新马克思主义的基本风貌。1964 年，伯明翰大学当代文化研究中心（CCCS）的成立，继续将这一文化批判方向推向深入。1972 年，该中心在其发表的第一期《文化研究工作报告》中，明确宣布"将文化纳入理性的研究地图"，从此，文化研究进入学科化发展阶段。后来的学者们基于他们独特的研究方向、众多的学术成果及其产生的重大影响，将其称为"伯明翰学派"或文化研究领域的"英国学派"。正是因为他们的重要贡献，才推动文化研究逐渐从英国扩展至到澳大利亚、北美及其他国家和地区，发展成了一种世界性的研习风潮，进而成为当代学术的一门显学。

一、英国新马克思主义文化批判思想的历史演变

英国新马克思主义的文化批判思想直接源于英国社会主义和传统左派危机的出现。第二次世界大战后，由于英国经济平稳发展，再加上冷战的开始，英国左派内部的工党和工会发起了旨在抵抗共产主义影响的运动，从而造成了社会主义运动的急剧衰落。这些变化破坏了传统马克思主义对工人阶级的理解和信任，更质疑了传统左派在理论上绝对依赖政治和经济范畴的做法。这些都促使英国新马克思主义者开始重新反思英国社会主义的复兴问题。在这一过程中，他们将开始将自己的研究视野聚焦在英国的历史传统与文化问题上。

英国新马克思主义者反对庸俗马克思主义者仅仅将文化理解为现实社会关系的反映，同时，他们也不像本国保守主义者那样，将文化视为人类思考和写作的最好的东西。他们选择了在人类学意义上理解文化，即将其与普通人的日常生活和经验关联起来，从而开辟了一条新的文化研究路径。下面我们就以《理性者》学术团体、《大学与左派评论》学术团体、《新左派评论》等学术团体以及伯明翰学派的理论活动为线索，简单梳理一下英国新马克思主义文化批判思想的形成、演变和发展的过程。

《理性者》和《大学与左派评论》是第一代新左派中的两个最主要的左

派团体创办的学术刊物，围绕在这两个学术刊物周围的成员在年龄、政治经验和理论取向上都存在一些差异和分歧。《理性者》学术团体的成员主要是英国 20 世纪三四十年代的马克思主义历史学家，他们参加过反法西斯运动，其政治思想是在人民阵线的氛围中发展起来的。他们对共产主义有着难以割舍的情结。《大学与左派评论》学术团体的成员多是20 世纪 50 年代牛津大学的年轻知识分子，他们反对英国工党的保守主义，有自己的社会主义认识和目标。由于年龄的原因，他们与传统的劳工运动基本没有联系，也基本没有经历过三四十年代的人民阵线运动和反法西斯战争。《理性者》学术团体与《大学与左派评论》学术团体的成员在思想上有着明显的冲突。《理性者》学术团体对《大学与左派评论》学术团体的"文化主义"以及对艺术和时尚的热爱不屑一顾，《大学与左派评论》学术团体则认为《理性者》学术团体存在政治上的狭隘性和思想上的落后性，但二者之间的根本冲突体现在对马克思主义的态度上。《理性者》学术团体想通过批判斯大林主义，用莫里斯传统来补充马克思主义，而《大学与左派评论》学术团体的成员则更多受到马克思异化思想的影响，注重马克思青年时期的人道主义思想。需要指出的是，尽管二者之间存在分歧和矛盾，但并未影响他们之间的开放性对话，而且他们共享了马克思主义的人道主义思想，这也成了二者今后合作的理论基础。《新左派评论》是两个学术团体因多种因素合作的产物。它致力于探讨文化理论和当代英国的社会及政治问题，反思马克思主义理论和实践，试图在新的历史条件下复兴社会主义。《新左派评论》是英国新左派的重要阵地，在英国新马克思主义的发展过程中具有独特的地位和重要作用。1964 年，伯明翰文化研究中心的成立也是一个重要事件，它通过文化研究将新左派的文化政治学变成了在政治上运用的学术研究计划。同时，它的成立也标志着文化研究在体制上的确立。

1. 社会主义人道主义传统的确立

英国新马克思主义文化批判思想的形成首先源于他们基于现实对传统马克思主义的质疑和反思。1956 年之前，马克思主义在英国或多或少是共产党学说的同义词。第二次世界大战时，人民阵线的抗议运动曾使英国人民创造了空前的统一和稳定局面，甚至局部地、短暂地打破了阶级隔阂，使得英国人民集体左转，支持并期待工党的战后改革缔造一个更平等的社会。但是，这种乐观的期待很快就随着工党的无所作为而落空。同时，冷战的开始也引发了英国左派内部的分裂。这种分裂对英国的社会主义运动产生了灾难性的后果。被人民阵线的希望和冷战的失望交织影响的英国马克思主义者不得不开始重新反思英国社会主义的复兴问题。特别是从 1956 年起，由于众所周知的原因，遍及世界的共产主义异议运动持续不断，新左派运动兴起。庆幸的是，它们并没有走上反共产主义的道路，而是声称要将英国的马克思主义思想从官方共产主义思想的束缚中解放出来。正是在这一意义上，"新马克思主义"为自己确立了通向马克思主义内部替代性传统的新方向。他们以创造性的和非宗派的方式接近马克思主义，开始了英国马克思主义思想发展的一个新起点。

对于那些围绕在《理性者》周围的第一代新左派来讲，他们最急于做的一件事情就是重新确认一种不同于斯大林主义的人道主义的共产主义传统。于是，他们纷纷把批判斯大林主义和经济主义作为理论突围和理论创新的途径。在反对斯大林的独裁主义和反智主义的过程中，英国新左派逐渐形成了一种对社会主义的全新解读和认识，即真正的社会主义不会仅仅通过立法程序和高层经济计划而诞生，社会主义理论必须从现实的人民出发，社会主义社会必须由自愿联合的男人和女人建立。

　　他们认为斯大林主义的主要错误是把历史唯物主义教条化，机械地看待和理解经济基础与上层建筑的关系，把具有丰富内涵的辩证的"决定"错误地理解为宿命论意义上的预先确定，从而将文化狭隘地看作上层建筑的一部分，从而陷入了经济决定论的泥潭。在新左派看来，文化应该被理解为一个基于实践基础上的社会意识和社会存在的有机统一体。它不是单纯的被决定的存在，而是一种可以在具体条件下发挥客观决定作用的存在。由此，主体性活动和文化就成了新左派关注的焦点。其中，最有影响的事件就是汤普森发表了《社会主义人道主义》一文。在文中，汤普森指出："蔑视甚至漠视人的观念、道德态度在历史形成过程中发挥的作用，企图从经济原因中直接推导出对所有政治现象的分析是斯大林主义的主要谬误。"①汤普森认为这种经济主义是对马克思恩格斯思想的一种严重歪曲。不过，他还进一步指出，是马克思恩格斯用"经济基础——上层建筑"隐喻去解释这种相互作用的做法导致了后人对其思想的滥用。通过分析，汤普森得出了他的结论：要重建理性的、基于人性的马克思主义以及共产主义传统，最关键的是要再次确认并坚持道德和主体性活动以及人道主义。

　　社会主义人道主义很快就成了早期新左派的政治原则和组织原则。

---

　　①　E. P. Thompson, Socialist Humanism, in *New Reason*, No. 1, Summer, 1957, p. 108.

他们借助和应用这种马克思主义实施了一项特殊的英国历史——政治计划，即挖掘大众激进主义并将其与共产主义事业进行有机的联合，以重塑英国本土的激进传统。历史学家小组创造的马克思主义历史，挖掘并记录了包括浪漫主义、宗教反对派、各种形式的文学激进主义、乌托邦社会主义以及追求自助和团结的工人运动传统等在内的诸多大众激进思想。事实上，早在 20 世纪 30 年代中期，英国共产党开始声称自己是英国民主传统的继承者和普通人的党时，就已经形成了一种新的观察历史的方式，即寻求恢复普通人的经验，尝试创造自下而上的历史，而且力图用马克思主义把英国的人民抵抗传统和浪漫主义的理论联结起来。英国马克思主义历史学家致力于挖掘英国的人民抵抗和革命传统，并将英国人民的革命历史还原到工人阶级和进步运动中，致力于通过恢复普通人的经验来创造自下而上的历史。恢复被压迫者政治文化的目标激发了许多与英国新马克思主义者有紧密联系的历史学文本的产生，如托尔对人民抵抗的历史学描述，希尔顿将英国农民起义置于更广泛的农民抵抗传统的背景之下；希尔对诺曼枷锁神话的分析以及对文化的整体定义，即作为人的整体生活方式的文化观念等。以汤普森为代表的英国共产党内的历史学家小组成员在经济学家多布和历史学家托尔等前辈共产主义学者的深刻影响下，开创了一种与以往的史学截然不同的马克思主义史学传统，其中最为人所熟悉的就是"阶级斗争分析法"、对工人阶级文化的关注以及致力于"自下而上"地书写历史[①]。

---

① H. kaye, *The Britishi Marxist Historians: an Introductory Analysis*, Cambridge, Polity, 1984, p. 126.

　　汤普森在英国浪漫主义的激进传统中发现了莫里斯对人的潜在道德本质的揭示，并认为应该将他对道德的关注理解为对马克思发现的补充。汤普森写道："在我们的政治工作中，为道德原则而进行有意识的斗争是我们与人民的政治关系的一个重要部分。英国人民并不理解也不愿意信任没有道德语言的怪物……"[①]所以，英国共产党为了改革自身并实现社会主义的复兴，必须认真地吸收英国人民抵抗和道德批判的遗产，具体讲就是，要复兴英国社会主义的思想和实践传统。同时，汤普森也试图把马克思主义与英国的人民抵抗传统和浪漫主义理论进行有效的融合。他认为，马克思主义的复兴需要道德词汇的恢复，这种道德词汇在马克思自己的著作中深刻地隐藏着，只不过没有充分表现出来。为了恢复这种道德论述，汤普森坚持认为，必须实现乌托邦思想的复兴。在他看来，这种思想对于科学社会主义之前的社会主义传统是必不可少的。莫里斯基于人类道德本性的进化对历史的理解就是一种对马克思的经济和历史分析的必要补充。因此，英国马克思主义者必须重视莫里斯思想的重大意义，即生产关系除了创造和决定道德价值之外，它们自身也具有一种道德的维度。为什么这么说呢？因为作为人与人之间关系的生产关系，本身就存在压迫或剥削的关系，从而彰显了一种道德逻辑。因此，阶级斗争的是历史从某种意义上也是人类道德的历史。换句话说，鉴于人类意识和生产关系同样重要，道德革命就应该成为共产主义社会建构的必备要素。

　　与此同时，英国新马克思主义历史学家也秉承马克思的阶级和阶级斗争理论，并将阶级斗争看成是历史发展的推动力。他们承认基于剥削的生

_____

① ［美］爱德华·汤普森：《奥姆斯克的冬麦》，载《世界新闻》，1956-06-30。

产方式产生的不平等的关系是形成阶级的重要原因，但他们仅仅将此理解为阶级关系的"客观的"结构性基础，他们更强调的是阶级意识的成长这一阶级的"主观的"组成部分。而且他们认为，阶级意识并非阶级关系的结构性基础的自发结果，它的形成和发展是从自发到自觉的过程。汤普森明确反对教条主义将阶级理解为一个固定的术语或范畴。他从总体角度出发，把阶级看作一个历史现象，看作文化、政治和经济的一个历史发展过程。在他看来，工人阶级是由非人性化的工业资本主义进程催生的，但更是由实际的人在实际的环境中依靠过去丰富的文化和社会资源创造出来的，是历史经验的最后阶段而不是最初阶段。同时他也不像霍加特那样严重依赖个人经验，而是走出特定经验的细节去理解运动中的总体。比如，他认为就工人阶级这个群体而言，其内部也存在等级和分化，存在对峙和斗争，但在斗争的语境内，恰恰是因为反抗资本家的压迫和争取政治权利的斗争才使工人阶级团结起来，形成了一个阶级的。汤普森还强烈地意识到政治权力和国家在塑造工人阶级形象的过程中起了重要作用。

汤普森的阶级斗争概念是一个理论突破，它暗示了政治的另一种视角，即道德和文化的视角。汤普森对英国工人阶级进行的总体的、历史的探讨在思想性和方法论两方面对伯明翰学派的文化研究具有图腾般的重要意义。英国新马克思主义历史学家通过重新定义阶级和阶级斗争，把研究的视野转向了文化，因为"它一方面指示了这种政治被重新思考的领域，另一方面认识到这个领域是政治斗争的场所"[1]。正因如此，

---

① ［美］丹尼斯·德沃金：《文化马克思主义在战后英国》，李凤丹译，5页，北京，人民出版社，2008。

汤普森一直致力于恢复从属阶级的经验。他认为，工人阶级文化中有鲜明的革命传统，只要善加引导，革命就会再次降临。社会主义的人道主义正是这种努力的一种尝试，它将自由传统对个人的关注与社会主义社会的平等主义目标结合在一起，将社会主义和人道主义放在同等重要的地位。他们对意识、理念和文化的深切关注也指出了一种修正主义的方向①。

2. 为大众文化及其功能正名

《大学与左派评论》学术团体的关注点与《理性者》学术团体有交叉，但也存在较大的分歧。他们没有将重建一种共产主义原则作为自身事业的重心。在他们看来，"社会主义知识分子应该面对的是斯大林主义和福利资本主义对社会主义价值所做的破坏"②。《大学与左派评论》学术团体的兴趣深深植根于当时的英国资本主义状况之中。他们敏锐地认识到，大众文化这一新兴文化形式的发展使工人阶级面临着被整合进资本主义的危险，而且这种危险会消解工人阶级的激进潜力。在这种新形势下，"作为一种社会系统的资本主义现在建立在了消费的基础上，而不是生产的基础上"③。基于这种认识，他们坚信复兴社会主义需要新的概念和战略。

从宽泛的意义上来讲，《大学与左派评论》学术团体基本上是认同社

---

① D. Dworkin, *Cultural Marxism in Postwar Britain: history, the New Left and the Origins of Cultural Studies*, Durham, NC, Duke University Press, 1997, pp. 26-29.

② Editorial, in *University and Left Review*, No. 1, Spring, 1957, p. 2.

③ S. Hall, A sense of Classlessness, in *University and Left Review*, No. 5, Autumn, 1958, p. 29.

会主义人道主义的视角和立场的，只是其强调的重点与汤普森有所差异。他们赞同人道主义并非基于反对斯大林主义的需要，而是因为人道主义与实现和解放人的潜能密切关联。正如他们在一篇社论中指出的那样："对我们社会生活质量的批判意味着一种关于人的生活的唯一性的观念；对我们的思维方式来说，对它的多个方面和它的统一体的意识是人道主义的最根本来源之一。"①他们指出，人的总体性经常被包括马克思主义在内的现有理论体系所忽视，比如，在马克思主义那里，经济基础——上层建筑模式在很大程度上局限了我们对社会本质的认识。

《大学与左派评论》学术团体对待马克思主义的态度后来变得更加自相矛盾，并且更具修正主义色彩。与《理性者》学术团体不同，他们更倾向于将马克思主义本身理解为一种需要加以审视的传统，如霍尔指出："马克思的著作本身就是一种分析性概念的总体，而不是封闭的理论体系。"②《大学与左派评论》学术团体所用方法的新颖性体现在它对待英国阶级关系的态度中。在他们看来，发展中的消费主义以及传播技术，特别是电视的发展和普及能潜在地重塑和加强资本主义的控制。作为来自工人阶级家庭的社会主义知识分子，霍加特对文化差异非常敏感，能够很好地观察工人阶级生活方式的连续性和变化。他运用文学批判方法理解文化经验的意义，阅读活生生的经验。这种对大众文化的分析性研究在一定程度上突破了英国传统的文化研究范式，因为他把工人阶级文化引入了文化的内涵中。他在 1957 年出版的《识字的用途》中指出，传统

---

① Editorial, in *University and Left Review*, No. 4, Summer, 1958, p. 3.

② S. Hall, A sense of Classlessness, in *University and Left Review*, No. 5, Autumn, 1958, p. 32.

的工人阶级生活方式正受到"大众文化"蚕食的威胁。当时的英国新左派围绕霍加特的这一观点发生了一次广泛的辩论。威廉斯在 1958 年出版的《文化与社会》中对霍加特的论题进行了分析和批判。他认为，霍加特将工人阶级的生活方式理想化了，并且高估了生活水平的提高和消费文化对工人阶级生活方式的威胁。他指出："这些变化是在个人物品使用方面的变化，在任何真正意义上，他们都与成为资产阶级没有任何关系。"①而且，在威廉斯看来，工人阶级文化的主要贡献是集体民主制，而不是被霍加特浪漫主义化了的日常生活实践。

　　霍尔则综合了二人的看法和观点，将这个问题作为某种阶级自觉意识，或将对阶级认同的主体意识放到一种新的社会现实中来考察。他认为，在当前的消费资本主义社会中，即使像威廉斯所说的那样，客观的阶级关系依然会保持不变，但"决定'阶级自觉意识'的主体因素却发生了剧烈变化，以致工人阶级会形成一种虚假'无阶级'意识"②。霍尔指出，新资本主义起码在形式上承认，并试图去迎合工业社会中的人的问题，而这在本质上是由社会主义首先命名的。这种虚假式参与的后果是在工人阶级中形成了一种虚假意识。这种虚假意识的产生使得真正的问题不但更难以解决，甚至连问题本身都更难被发现了③。在这些新的历史条件下，一种可行的社会主义必须从文化领域开始，提供一种全面的、可供

---

①　R. Williams, Working-class Culture, in *University and Left Review*, No. 2, Summer, 1957, p. 30.

②　S. Hall, A sense of Classlessness, in *University and Left Review*, No. 5, Autumn, 1958, p. 29.

③　*Ibid.*, p. 30.

选择的、权威性的政治以保证"人类及共同体获得更完美的生活"①。

《大学与左派评论》学术团体的独特计划就是去构想并实践一种新的左派文化政治。它开创了对青年文化、亚文化、城市规划、广告的影响、工人阶级的尖锐分化、教育改革的影响、艺术和电影批判的分析。对于以汤普森为代表的老一代激进主义者来说，这些关注点可能显得有点"无足轻重"，但这种研究却产生了一些挑战并扩展社会主义的原创性作品。这里还需要着重考察一下威廉斯的思想，尽管他的作品难以归于任何一个新左派的主流派别。他既与《理性者》学术团体一样，关注英国的激进文学和文化传统，也与《大学与左派评论》学术团体一样，注重将文化现象与社会变迁之间关系的理论化。威廉斯的思想同时挑战了主流的和左派的文化观念。他的代表作《文化与社会》记述并解释了人们在思想上和情感上对英国社会变迁的反应，并把文化定义为"整体的生活方式"，即认为文化不只是精神、知识和艺术的总体，物质生活方式和体制也应该被纳入文化的范畴中。在威廉斯那里，文化成了一个涵盖社会生活全部内容的广义范畴。这样一来，英国工人阶级的文化创造力就凸显出来了，因为他们创立的工会、合作社等民主机构蕴含了一种与中产阶级的个体主义文化有着根本区别的社区归属感和团结精神，而这是一种真正的工人阶级文化。这样，普通人被纳入文化之中，成了文化生产的主体。20世纪60年代，受英国已经引入的各种马克思主义理论的影响，威廉斯开始接受马克思主义理论并积极地从卢卡奇、戈德曼、葛兰西等思想家那里寻求支持。通过对马克思主义文化理论的认真思考和探

---

① Editorial, in *University and Left Review*, No. 5 Summer, 1958, p. 3.

讨，威廉斯在 70 年代提出了更加明确的"文化唯物主义"，"文化唯物主义的研究对象特别集中于文化生产和文化实践方面"①。威廉斯发展了他之前关于文化的定义，开始赋予文化一种物质性的特征，将其理解为基于整体生活的表意实践。

　　总体来看，"文化唯物主义"既是威廉斯用来描述自己理论立场的一个术语，也是"历史唯物主义中一种关于物质、文化和文学生产的特征的理论"②。文化唯物主义坚持从马克思原本的意义上，对一系列限制人类主体性活动的"决定性"给予解读，以期实现对文化形式和文化实践更加细致入微的分析。在威廉斯看来，这种分析要比经济基础——上层建筑隐喻所能提供的要多得多。这对于新左派扩展和改写马克思主义的"社会存在决定社会意识"命题的努力来说，无疑是一个重要贡献。因为"一旦文化生产本身被看作是社会的和物质的，整个社会进程的不可分性就有了一个不同的理论基础"③。威廉斯是第一个从理论上尝试理解文化的多维度性质，理解文化与其他社会实践（如政治）的相互依赖关系的理论家。他关于文化的界定改变了人们长期以来对文化的静态观察方式，也打破了学界思考文化观念的精英主义立场。威廉斯坚持认为有必要审视作为整体的文化过程。他指出，文化分析就是对日常生活的全部要素及其之间的关系进行研究，并揭示生产这些复杂关系的机构的本质。强调了文化在社会主义思想中的新的理论和战略中心地位。

　　尽管一些新左派认为威廉斯的分析不够激进，并且对马克思主义知之

---

①　R. Williams, *The sociology of culture*, New York, Sehocken Books, 1982, p. 14.

②　R. Williams, *Marxism and Literature*, Oxford, OUP, 1977, p. 5.

③　R. Williams, *Political and Letters*, Verso, 1981, p. 139.

甚少,如汤普森就曾经批评他关于"整体的生活方式"的文化定义从根本上忽视了阶级冲突和意识形态的因素,并提出了"共同文化"在社会经济结构不发生根本改变的情况下何以实现的质疑。但这并没有影响他的思想对新左派,尤其是对《大学与左派评论》学术团体的吸引力,因为他们正在努力探索和寻找在英国为社会主义奠定新基础的新途径和新方式。

理查德·约翰逊曾用"文化主义"一词来描述早期新左派理论家在文化研究方面的一致性。他们都强调文化的阶级基础,探讨文化与阶级权力的关系,特别注重对工人阶级和底层阶级的文化研究。坚持认为大众具有主动地、创造性地建构有意义的共享实践的能力,都对英国工人阶级历史中的阶级文化、民主及社会主义等问题有浓厚的兴趣,具有英国传统的经验主义特征。汤普森关注工人阶级的经验和文化,致力于恢复从属阶级的经验。威廉斯则关注当代文化的发展,重构了大众文化讨论的前提,为工人阶级文化的合法性辩护。大众文化不再被视为洪水猛兽,它产生于大众,接受于大众,强调了大众作为文化主体的能动性。尽管汤普森和威廉斯在文化是"整体的斗争方式"还是"整体的生活方式"这一问题上有争论,但他们都重视阶级或大众与文化的关系,认为阶级斗争是两种文化、两种生活方式之间的冲突,将工人阶级文化看成是对统治性文化的抵抗,研究目的最终都指向社会主义政治。

综上可见,早期新左派以历史唯物主义为指导,紧密结合英国的历史和现实,在文化的本质和社会功能问题上都做出了全新的解释和回答,以一种全新的文化主义的研究范式拓展了马克思主义的文化理论。

3. 与欧陆马克思主义互动

20世纪60年代末,随着新左派运动的衰落,英国社会出现了一些新变化，如福利国家的建立、消费主义的出现以及大众文化的盛行等。
这些都逐渐消除了早期人道主义社会主义的根基。民众也逐渐对政治持
冷漠态度，被组织起来支持新左派的总体目标变得困难重重。现实的困
境往往是新的理论反思的生长点。

　　以安德森为代表的第二代新左派致力于在新的条件下创造社会主义
思想文化，以引导工人阶级挑战统治阶级和资本主义国家的权力。安德
森重视学生运动，但他同时也认为，学生与大学体系及资产阶级文化密
切相连，所以，学生运动不可能自发的建立起革命文化。于是，安德森
发起了对资产阶级文化的批判，这些批判描述了英国文化和思想生活的
贫困。这与持文化主义研究范式的早期新左派的看法是完全不同，甚至
是对立的。通过细致的研究和分析，安德森逐渐开始认识到，早期新左
派文化研究中存在着包括思想上的狭隘文化民族主义、政治上的民粹社
会主义、认识论上的经验主义以及理论形态上的不严格等诸多局限。基
于此，安德森指出，在英国，革命的思想文化的形成必须超越本土的思
维方式，也就是说，当代英国哲学需要由欧陆哲学思想来补充。于是，
安德森的团队开始激活经典马克思主义的传统，激发英国新左派知识分
子对欧陆马克思主义传统的兴趣，进而批判地吸收这一传统。为了实现
这一目标，他们开始译介欧陆思想家的作品，致力于改变英国狭隘的基
于经验主义的知识传统。安德森将新左派的计划描述为"以一种很慢的
方式、尤其是通过试图去填补在英国由于缺乏马克思主义或者社会学传
统而留下的历史裂缝，去改变英国的文化"①。这一事业的整个价值和

————————

①　张亮编：《英国新左派思想家》，20 页，南京，江苏人民出版社，2010。

目标就是去创造某些全新的，并且是从未出现过的东西，这些东西在现有的文化中是不存在的，并且最初是不能被消化吸收的①。所以，他们在 20 世纪 60 年代至 70 年代中期，出版了包括卢卡奇、葛兰西、本雅明等在内的大量欧陆西方马克思主义者的作品。

这一新方向被伍德描述为"与既有英国文化和政治相比较而言的急剧左转"②。导致这一转向的除了这些年轻的新左派的切身经历和 20 世纪 60 年代社会政治形势的急剧转变之外，更为直接的原因是，他们对早期新左派政治失败的尖锐批判以及对知识分子激进主义可能性的重新评价。安德森准确地把早期新左派的运动野心视为瘫痪性的混乱的原因之一，认为这一运动在"成为它能够真正唯一联合的一系列力量的努力中，失去了知识力量的优点而没有得到政治效力的优点。为了总是逃避理论工作和知识工作的政治动员，后者都被牺牲掉了"③。同时，安德森也认识到，社会主义人道主义不过是一种用简单化的修辞来取代对斯大林主义的本质和根源的批判性分析。因此，他的结论是，早期新左派并没有能够提供一种严肃的超越资本主义的战略建议。英国共产党历史学家以及一些其他新左派的计划是使马克思主义英国化，从而适应英国的环境，与此相反，《新左派评论》集团的目的是要让英国本土的知识文化"马克思主义化"。尽管如此，安德森还是承认了早期新

---

① 张亮编：《英国新左派思想家》，21 页，南京，江苏人民出版社，2010。

② M. Wood, A Chronology Of the New Left and its Successors: or, Who's Old Fashioned Now?, in *Socialist Register*, No. 3, 1995, p. 41.

③ P. Anderson, The Left in the Fifties, in *New Left Review*, No. 29, January-February, 1965, pp. 16-17.

左派的出现标志着"英国社会中最深层次的社会批判传统的复兴"，从而使一种对资本主义的新的文化批判得以清晰地陈述出来。最终，虽然安德森的理论努力因其"民族虚无主义"令人遗憾，但是他开启的结构主义研究范式与他所批判的文化主义研究范式的互补性却得到了承认。

与《新左派评论》有意将焦点放在知识分子自己的文化上不同，伯明翰当代文化研究中心则始终把大众文化视为研究对象。通过大众文化，他们探索并改造了意识形态、行动、领导权权以及"民族大众"等概念。这个方向延续了由英国共产党历史学家和早期新左派所信奉的各种"文化主义"。它既与复兴工人阶级文化中的一种可以被感知的激进民主的张力相联系，同时也回避了文化主义预先赋予工人阶级文化以特权的潜在的排他性倾向，以及它不能解决的消费资本主义对工人阶级认同观念影响的尴尬境遇。伯明翰学派的文化研究者们用不同的理论持续探讨和分析了这些问题。总之，这时的新左派尝试将英国新马克思主义带到一个新的理论方向，当然这需要寻求更多的理论支持。在汲取前辈和同时期理论家的教训的基础上，他们对借鉴理论来源进行了谨慎的选择。在20世纪60年代至70年代被介绍到英国的所有欧陆马克思主义思想家中，阿尔都塞和葛兰西的理论对他们的影响最大。这是因为在他们看来，阿尔都塞的结构主义是对经验主义的、道德主义的和民粹主义的英国传统的最佳替代物，而葛兰西的思想则使得他们自发形成并充分发展起来的对文化的重点关注变得合法化了。

阿尔都塞运用一种首先在语言学中发展起来的结构主义方法对马克思的文本进行重新解读，把马克思主义解释为一种既对反人道主义，也反对历史主义的结构因果性理论。在他看来，马克思理论中的社会是一个具有相对独立性的经济、政治和意识形态层面相互作用的总体。其中，经济层面具有决定性，但这种决定性并不总是直接实现的，因此，一定不能脱离整体的社会结构简单地理解经济的这种决定作用。

尽管 20 世纪 60 年代后期至 70 年代早期的"阿尔都塞时刻"相当短暂，但对英国新马克思主义的发展却产生了十分重要的影响。阿尔都塞的思想对 1956 年以后欧洲马克思主义的人道主义倾向构成了一种挑战。这种倾向将马克思的早期哲学著作以及它蕴含的人的主体性视为正统马克思主义唯科学论的解毒剂以及斯大林主义的替代物。阿尔都塞认为，这种人道主义冲动在 20 世纪 60 年代早期就已经被苏联共产主义消化吸收了，因此，经济分析被他重新置于了马克思主义思想的核心。在英国，后期新左派对社会主义人道主义的拒绝，使得社会环境向系统的反人道主义的结构主义思想敞开了大门。阿尔都塞的结构主义的马克思主义为英国新左派提供了一种斯大林主义之外的对社会主义人道主义的替代物，并在某种程度上将新左派关注和从事的理论工作合法化了。结构主义把经济分析重新引入了英国的学术研究中。理查德·约翰逊指出，马克思主义的历史学家应该更多关注和借鉴多布的"复杂的经济主义"思想。在他看来，更年轻的英国共产党历史学家因为偏爱经验和文化而放弃了多布对经济关系和经济抽象的强调，这使他们接受了一场没有被充分证明的"冲入文化运动"。约翰逊在某种程度上受到了阿尔都塞主义的影响，但并未放弃人道主义的传统，他强调："一个更好的、更加理论化的、有活力的历史写作实践将必须同时吸取这两种因素。"①然而，汤普森却将约翰逊的批判完全解释为阿尔都塞主义对历史学科本身的进攻，他将阿尔都塞主义理解为"一种意识形态的监控行动"②。由此可见，汤普森对一般抽象的不信任感日益增强。马克思主义在他看来不是一种方法或理论，而是一种开放的经验调查传统。事实上，结构主义对英国理论界的影响并没有汤普森预言的那样悲观，它在英国的发展推动了对斯大林主义的批判的深入。

　　结构主义的方法深刻影响了伯明翰当代文化研究中心的文化研究者。文本和文本性概念的扩展，以及对文化的全新理解——一个经验和意义得以产生的场所——都为研究文化"文本"创造了新的可能。同时，结构主义方法的引入并使得深入分析文化实践的意识形态内容成为可能，从而在很大程度上弥补了文化批判方法的不足，不过随着《历史工厂杂志》争论的深入，阿尔都塞主义的局限性开始变得清晰起来。1972年，诺曼·杰拉斯指出，阿尔都塞主义不能很好地揭示作为科学理论的马克思主义与政治实践之间的关系。再加上1968年后的政治语境的改变，即学生和工人好战分子的数量剧增，英国新左派开始致力于寻找一种比阿尔都塞主义更具政治接合力的马克思主义。

　　英国新左派离开对结构主义的狂热追捧、继续前进的途径之一就是经历了一次明显的葛兰西转向。葛兰西的著作早在1957年就被译成了英语，但直到60年代，新左派才开始逐步借鉴并运用他的理论。安德森和奈恩发表在《新左派评论》上的一组关于英国的宪政制度及工党主义

　　①　L. Jhonson, Edward Thompson, Eugene Genovese and Socialist Humanist history, in *History Workshop Journal*, No. 6, Autumn, 1978, p. 79.

　　②　张亮编：《英国新左派思想家》，25页，南京，江苏人民出版社，2010。

在其中的地位问题的文章最早运用了葛兰西的领导权概念。他们的核心观念，即贵族权力在英国资本主义发展过程中得到了非同寻常的延续，直接受到了《狱中札记》中一个评论的启发。葛兰西的"有机知识分子"观念对《新左派评论》和伯明翰当代文化研究中心的文化转型方案起到了塑形作用。从一种更宽泛的意义上讲，汤普森和威廉斯所开创的"文化主义"为更多接近葛兰西的著作提供了必要的语境①。换句话说，葛兰西的思想被用来补充、证明或论证新左派先前所关注的东西，他因此也被理解为一位"上层建筑理论家"。

葛兰西对整个英国左派，不仅仅是新左派都产生了重大影响，但最深刻也最有意义的运用是在文化研究领域中。特纳明确指出，葛兰西的思想对文化研究以及协调经济、文化决定和主体性活动这三条路线之间的关系具有明确的战略意义②。葛兰西对领导权的新阐释———一种谈判过程和一个斗争场所———一方面帮助英国新马克思主义者克服了阿尔都塞理论的僵硬性，另一方面为他们关注大众文化做了一种合法性论证。不过，葛兰西并未简单地取代阿尔都塞在英国文化研究中的位置。"语言学转向"已经以一种无法逆转或无法停止的方式极大地修正了文化研究领域的方法。从语言学转向的进一步发展（尤其是来自福柯和后结构主义）中产生出来的新影响，与葛兰西、女性主义和黑人批评一起被吸收进来。

---

① D. Forgacs, Gramsci and Marxism in Britain, in *New Left Review*, No. 176, July-August, 1989, p. 74.

② G. Turner, *Britishi cultural Studies: an Introducion*, 2nd edition, London, Routleedge, 1996, p. 194.

　　与其他国家和地区的文化研究相比，英国文化研究保持了一种激进的政治棱角，不仅关注对资本主义意识形态统治机制的分析，而且也关注对抵制这种统治的形式和场所的承认和表述，不管这种表述是以阶级的方式还是非阶级的方式进行的。20 世纪 70 年代晚期至 80 年代早期，伯明翰当代文化研究中心的大众文化分析逐渐聚焦于青年亚文化所创造的对抗性身份及其政治潜能。虽然焦点变成了"新社会运动"的主体性活动，但它的持续存在无疑是以前强调工人阶级文化中的抵制形式这一传统的延续。这种"强化的葛兰西主义"①为英国新左派关于政治战略的广泛讨论做出了贡献，如霍尔关于撒切尔主义的研究著作就是通过对葛兰西的"后阿尔都塞"解读来分析"集权主义民粹主义"这种新型霸权计划的具体机制的。② 可见，从对文化、意识形态和承诺在资本主义统治再生产中所扮演的角色日渐重视开始，一种对经济主义以及英国工人运动中的社团主义的批判，以及一种对"新社会运动"基础上的非阶级的兴起的相应承认，都使新左派产生了一种认识，即如要发起一场反领导权挑战，那么就应该建立一种文化和意识形态(不是简单的经济层面)层面上的更广泛的可能联盟。一种"修正主义"的立场由此形成，这一立场日益质疑以阶级为基础的分析对于左翼思想和组织的中心性和相关性。改版后的共产党杂志《今日马克思主义》开始成为辩论的主要论坛，霍尔成了它的主要供稿者。这种"修正主义"立场吸取了"新社会运动"、拉克劳和

---

　　① D. Forgacs, Gramsci and Marxism in Britain, in *New Left Review*, No. 176, July-August, 1989, p. 84.

　　② S. Hall, The Great Moving Right Show, in *Marxism Today*, January, 1979, p. 15.

墨菲的话语分析以及后结构主义对马克思主义的批判思想。

与欧陆马克思主义的互动使英国新马克思主义文化批判思想得到了长足的发展。第一，通过引进阿尔都塞的意识形态理论和葛兰西的领导权理论实现了对文化主义方法论的升级，从而使其能更有效地对发达资本主义下复杂的文化问题进行分析和批判；第二，安德森基于多元决定论重新将政治国家确立为审视资本主义历史发展和当代状况的视角，补充和拓展了早期新左派以阶级斗争为中心的自下而上的单一理论视角；第三，极大提升了英国新马克思主义在文化研究方面的理论化水平。

4. 文化批判的自我反思与影响

在新左派知识分子日益深入借鉴葛兰西理论的同时，也有一些学者对葛兰西理论这一理论资源进行了反思和批评，如安德森在《安东尼奥·葛兰西的二律背反》一文中，首次标定了自己与这种对葛兰西所做的更宽泛的英国式运用之间的距离。安德森的批判指出了葛兰西后期领导权分析中的游移不定和不一致，这导致了他过于重视市民社会，而这是以牺牲对国家和统治的足够重视为代价的。安德森指出，葛兰西认为承诺主要适合于市民社会，而市民社会具有超越国家的首要性。就此而言，安德森承认了资产阶级的权力主要是共识性的，而将资产阶级权力的统治模式，即文化视为决定性的模式，必然会忽略了暴力在最后关头所拥有的最终决定作用。

安德森对葛兰西的批判也是对新左派（包括他自己）的文化转向的含蓄批评。同时也标志着《新左派评论》对西方马克思主义迷恋的终结。在1976年的总结中，安德森对《新左派评论》的政治悲观主义，以牺牲经济和政治分析来重点关注哲学的做法，以及远离政治实践都进行了深刻的批判①。他的批判反映了《新左派评论》在 1968 年之后，重新定位于一种革命的马克思主义。

经过迂回西方马克思主义，英国新左派的知识分子开始实现对经典思想家更为尊重的评估，从而把政治分析和经济分析这两个正统重心的复兴视为对在政治上令人失望的"文化转向"的一个根本纠正。安德森对原来的安德森—奈恩命题进行了重新研究，不再像过去那样强调文化和英国特殊论，而是倾向于在世界资本主义的发展背景中来定位英国国家的本质②。当新左派被迫去考虑如何更好地分析和击败撒切尔主义时，这种重新思考的价值越来越引起了人们的关注。威廉斯此时也开始关注安德森关于文化主义重点论的代价这一问题。回首 1979 年，他断言早期新左派的确高估了文化变迁的政治可能性："为这一意识（改变文化模式）所付出的代价是低估了当代资本主义社会中没有改变的其他一切东西。当时，大家普遍觉得：某些经典的马克思主义问题属于过去的时代，你可以从它们身上跨过去。结果是极大地低估了资本主义国家的政治权力。"③在这种反思的背景下，对国家的强制性能力及其意识形态和文化概念的再次强调，成为 20 世纪 70 年代晚期和 80 年代早期各种力量重新联合的一个重要因素。基于此，一些重要的新左派人物重新集结，清楚地表达了一种坚定地左派立场，以抗击密里本德的"新修正主义"，同时也对"后马

———————————

①　P. Anderson, *Considerations on Western Maxism*, London, NLB, 1976, p. 69.

②　P. Anderson, The Figures of Descent, in *New Left Review*, No. 161, January-February, 1987, pp. 20-77.

③　R. Williams, *Politics and Letters: Interviews with New Left Review*, London, Verso, 1981, p. 364.

克思主义"、后结构主义持一种怀疑态度，并对大部分欧洲人撤离马克思主义和阶级政治的做法进行了抵制。

值得一提的是，第二次世界大战后，英国、德国、法国等国家是美国大众文化的输入国，但 20 世纪 80 年代，它们却成了大众文化理论的输出国，美国理论界成了它的消费者。面对社会矛盾的多元化，欧美学者开始怀疑阶级概念的解释力，并以此怀疑马克思主义对当代资本主义社会的解释力。在一片怀疑声中，弗雷德里克·詹姆逊这位秉承德法文化传统的美国马克思主义学者，借助文化主义的思维范式对资本主义社会从现代走向后现代的发展变化进行了理论揭示。1984 年，他在《新左派评论》上发表的以总体性视角写成的《后现代主义，或晚期资本主义的文化逻辑》一文，引起了广泛的关注。弗雷德里克·詹姆逊尝试将经济范畴和文化范畴进行接合，并在此基础上揭示晚期资本主义的文化逻辑。他非常认同威廉斯文化理论中凸显的文化辩证法思想以及辩证历史观。在他看来，正因为主流文化与资本主义经济不存在机械式的对应关系，知识分子才能在生活在文化与经济之间的矛盾空间有所作为，才能"重建历史，提出全球性的特征和假设，将眼前的'繁芜、嘈杂的混乱'凝练成抽象的概念，这是对此时此地的一种激进的干预。同时也是对盲目性的有效抵制"[1]。他希望在晚期资本主义这条赫拉克利特之河中抓住的，正是里头的主流文化，而将"主流文化"这样的术语套在"后现代主义"概念下，显然是有风险的。在利奥塔看来，后现代主义拒斥任何类型的"宏大叙事"或者"元叙事"，因

---

① ［美］詹姆逊：《马克思主义与后现代主义》，见《文化转向：后现代论文选》，胡亚敏等译，34 页，北京，中国社会科学出版社，2000。

此，他认为弗雷德里克·詹姆逊的"总体化努力"是对后现代主义的教条化。而在弗雷德里克·詹姆逊看来，后现代主义虽然并非铁板一块，而是由诸多异质性成分构成，但测度这种多元性的文化必须有一个普遍的背景，因此，只有在总体性中才能把握差异，在系统中才能把握元素。① 同时，与威廉斯等英国新马克思主义文化理论家不同，弗雷德里克·詹姆逊认为，对资本主义社会的总体性研究必须要建立在经济分析之上，这是马克思主义的优势。此外，弗雷德里克·詹姆逊还致力于在文化政治和微观政治的层面复兴马克思主义的阶级分析模式。所有这一切都表明弗雷德里克·詹姆逊的文化批判思想是英国新马克思主义文化批判理论在新时空的批判的继承者。

二、研究现状综述

1. 研究概况

目前，国外对英国新马克思主义的研究方兴未艾，其思想和理论引起了众多学者的关注。正如玛德琳·戴维斯指出的那样，到 20 世纪 70 年代中期，它已经作为一个具有丰富内涵的批判概念很好地融入了英国的知识生活。这一判断基本上可以代表大多数评论家的意见。国外的研究者(主要是英、美两国)从文化视角出发，对英国新马克思主义进行了

---

① ［美］贝斯特，［美］凯尔纳：《后现代理论：批判性的质疑》，张志斌译，214—216 页，北京，中央编译出版社，1999。

诸多深入的分析和研究。代表性成果有：丹尼斯·德沃金（Dennis Dworkin）1997年出版的《文化马克思主义在战后英国》和格雷姆·特纳（Graeme Turner）1999年出版的《英国文化研究导论》等。此外，也有不少学者从政治学视角分析了英国新马克思主义。标志性成果有：迈克尔·肯尼（Michael Kenny）1995年出版的《第一代英国新左派》、杰拉德·麦肯（Gerard McCann）1997年出版的《理论和历史：汤普森的政治思维》、史蒂芬·伍德汉姆斯（Stephen Woodhams）2001年出版的《形成的历史：雷蒙德·威廉斯、爱德华·汤普森与激进知识分子（1936—1956）》等。

很长时间以来，鉴于各种原因，相对于欧陆的西方马克思主义，英国新马克思主义的研究在国内学术界一直遭受冷遇。英国是马克思生前长期居住过的地方，许多经典的著述均产生于此，英国的思想家在学习和借鉴马克思主义经典理论基础上形成的独特思想在研究中被忽视，不免遗憾。事实上，英国新马克思主义的一些代表人物，特别是文化学派的代表人物以及他们的著作在改革开放后不久就被介绍到了国内，比如，伊格尔顿的《马克思主义与文学批评》1980年就被译介给中国读者，但在当时并未引起学界的关注和研究兴趣。之后才有学者在文学、艺术、美学等领域对伊格尔顿的思想进行探析，并逐渐从他拓展到英国新马克思主义其他人物的思想。

概言之，20世纪90年代之前，学者们主要在文学艺术、历史学、美学领域对英国新马克思主义个别代表人物的思想做初步的介绍和分析，并未就其思想的形成原因、发展脉络、内容及特征进行全面深入的研究和探索。直到90年代后，国内的个别学者和研究机构才着手挖掘这一巨大的理论宝藏。中国学者林春最早勾勒出了英国马克思主义的"集体图谱"。1993 年，她在英国出版的《英国新左派》一书对英国新马克思主义的代表人物及其主要作品进行了详细的介绍和较为深入的分析。随之，国内和国外涌现出了一批基于英国文化马克思主义的个案研究，具体表现为对汤普森、霍加特、威廉斯以及霍尔等学者的专题研究。仔细梳理，可以看出这一时期的成果仍然集中在文本分析、文艺理论、文学批评、美学等偏重文学理论的领域，但也有一些个案研究延伸到了哲学领域。21 世纪初，中国社会科学院的姜芃研究员、中国人民大学的段忠桥教授、山西大学的乔瑞金教授以及南京大学的张亮教授等相继介入这一领域，针对英国新马克思主义的代表人物及作品展开了历史学和哲学方面的研究。在他们的努力下，国内关于英国新马克思主义研究逐渐走向深化，集中体现在：研究视角逐渐从单一转向多元，关注的主题也进一步拓展，新观点不断提出，研究方法也日益多样化等方面。这些研究进一步激发了更多学者的兴趣。

国内关于英国新马克思主义的主要研究论著有：马海良教授 2004年出版的《文化政治美学——伊格尔顿批评理论研究》、乔瑞金教授2005 年出版的《马克思主义思想研究的新话语：技术与文化批判的马克思主义》、方珏教授 2008 年出版的《伊格尔顿意识形态理论探要》、张亮教授 2008 年出版的《阶级、文化与民族传统——爱德华·P. 汤普森的历史唯物主义研究》、吴桂杰博士 2009 年出版的《霍尔与文化研究》、李凤丹博士 2013 年出版的《英国文化马克思主义研究》以及乔瑞金教授 2013 年出版的《英国的新马克思主义》等。其中，乔瑞金教授2005 年出版的《马克思主义思想研究的新话语：技术与文化批判的马克思主义》一书首次对英国新马克思主义的批判理论进行了总体性介绍和分析。为了推动英国新马克思主义的研究走向深入，乔瑞金教授带领着他的年轻团队继续拓展他们的研究工作，对英国新马克思主义的重点代表人物进行了个案研究。2013 年新版的《英国新马克思主义》一书就是他们辛苦工作的结晶。本书基于重点代表人物的个案研究，对英国新马克思主义产生的时代背景、具体内容和思想特征进行的全面而深刻的分析和阐述，为进一步从整体上深入理解和把握英国新马克思主义的思想内涵奠定了坚实的基础。另外，李凤丹博士 2010 年出版的《英国文化马克思主义研究》从大众文化与政治的关系出发，围绕英国文化马克思主义的基本主题及其对马克思主义的继承与改造等相关问题进行了研究和探讨。

国内有关英国新马克思主义研究的代表性研究论文有：乔瑞金教授的《历史主义与结构主义——英国新马克思主义哲学探索的主导意识》(《哲学研究》2005 年第 2 期)，《英国新马克思主义历史学派的政治意识》(《哲学研究》2007 年第 3 期)，《英国新左派的社会主义至善思想》(《中国社会科学》2014 年第 9 期)，《英国新马克思主义的发展历程及其思想特征》(《当代国外马克思主义评论》2007 年第 10 期)，《英国新马克思主义文化批判的致思路径》(《理论探索》2015 年第 5 期)等。张亮教授的《英国马克思主义的研究模式及方法》(《求是学刊》2006 年第 5 期)，《汤普森与英国马克思主义的文化转向》(《南京大学学报》(哲学·人文科学·社会科学版)2008 年第 5 期)，《从苏联马克思主义到文化马克思主义——英国马克思主义理论传统的战后形成》(《人文杂志》2009 年第 2 期)，《从文化马克思主义到结构主义的马克思主

义——20世纪60年代初至80年代初英国马克思主义的发展历程》
(《文史哲》2010年第1期)，《"英国马克思主义"的历史、理论道路与
理论成就》(《马克思主义研究》2012年第7期)等。欧阳谦教授的《"文
化唯物主义"的理论构建及其意义》(《教学与研究》2010年第12期)。
方珏教授的《英国马克思主义哲学的历史进程及其个性》(《哲学动态》
2008年第4期)。李凤丹博士的《英国文化马克思主义的性质和逻辑初
探》[《福建论坛》(人文社会科学版)2009年第1期]等。

　　另外，还有诸多博士论文尝试从文艺学、美学、宗教学、伦理学等
方面探讨和分析英国新马克思主义文化研究或文化批判的特征、方法和
意义。比如，吉林大学文学院孙颖2010年的博士学位论文《走向文化批
判的英国马克思主义批评》。所有这些成果都为我们从哲学的角度审视
英国新马克思主义的文化批判提供了有益的借鉴和启示。

　　从以上描述不难看出，近几年来，得益于最早关注并开辟这一研
究领域的前辈们卓有成效的工作，国内学术界对英国新马克思主义展
现出了越来越浓厚的研究兴趣，产生了大量的研究成果，大大拓展了
我们对马克思主义，特别是国外马克思主义的研究视域。综观这些研
究成果，可以看到学界对英国新马克思主义的研究正在逐步走向
深入。

　　2. 涉及的主要问题及基本观点

　　长期以来，国外学者对英国新马克思主义的关注主要集中在伯明翰
学派的文化研究及其重大影响方面，涌现了大量的研究成果：特纳的
《英国文化研究导论》、斯道雷的《文化理论与通俗文化导论》和《记忆与
欲望的耦合——英国文化研究中的文化与权力》、斯特里纳蒂的《通俗文

化理论导论》以及康纳的《后现代主义文化》等。很少有学者就英国新马克思主义者文化研究的马克思主义立场和视域进行分析和探讨。

近十几年来，国内外学者尝试对英国新马克思主义进行综合性探讨的著作和论文才逐渐增多，这些探讨集中体现在四个方面：(1)探讨英国文化马克思主义发展的内在逻辑、思想特征、方法论特征以及理论贡献等。代表性成果有：丹尼斯·德沃金(Dennis Dworkin)的《文化马克思主义在战后英国》、欧阳谦教授的《"文化唯物主义"的理论构建及其意义》以及李凤丹博士的《英国文化马克思主义研究》等；(2)结合英国社会现实以及新左派的政治实践来研究英国新马克思主义的发展阶段，这种研究明确区分了英国新马克思主义发展的前期和后期，且分析的重心是两者之间的内在断裂和代际之间的差异，而对前后期思想发展的连续性、互补性以及思想复杂生长的整体性缺乏应有的关注和解释。代表性成果有：迈克尔·肯尼(Michael Kenny)的《第一代英国新左派》、张亮教授的《从苏联马克思主义到文化马克思主义》和《从文化马克思主义到结构主义的马克思主义》等；(3)针对整体的英国新马克思主义进行深入的研究和探讨，代表性成果有：乔瑞金教授的《马克思主义思想研究的新话语：技术与文化批判的马克思主义》和《英国的新马克思主义》、张亮教授的《"英国马克思主义"的历史、理论道路与理论成就》和《在发展中坚持历史唯物主义：英国马克思主义的理论启示》等；(4)从某一主题出发探讨英国新马克思主义的特定内涵。代表性成果有：乔瑞金教授的《英国新左派的社会主义政治至善思想》，胡小燕博士的《论英国文化马克思主义背景下的意识形态理论的特殊性》，周海玲教授的《英国马克思主义的阅读政治学——以文化领导权与阅读构形为关键词》等。

3. 总体的研究特征及存在的问题

综观国内外学术界对英国新马克思主义的研究，大致经历了以下几个阶段：一是缺乏以个案研究为基础的概述性分析阶段；二是缺乏总体性审视的个案研究阶段；三是建立在前期和后期二分法基础上的比较研究阶段，分析的重心是两者之间的内在断裂和代际之间的尖锐差异，而对其思想发展的连续性、互补性以及思想复杂生长的整体性缺乏应有的关注和解释；四是在个案研究基础上的综合研究阶段，也是目前正在深化拓展的阶段。这样的研究是极为必要的，因为从整体的角度对英国新马克思主义文化批判思想进行深入的考察和分析将大大有助于我们全面把握这一理论的宽广视域并深刻理解其本质。

西方学术界一般不会将英国诸多学者的文化理论作为一个整体进行综合研究，更谈不上从马克思主义的立场和观点出发进行深入的分析和探讨，他们或将兴趣聚焦于对其中富有代表性的理论家做个案分析，或就某个文化理论问题展开专题研究，这两个方面构成了西方学者研究英国新马克思主义的文化观念与文化理论的主要方式。当然，也有一个例外，那就是前面提到的澳大利亚学者格拉莫·特纳的《英国文化研究：一个导论》，只不过这种情况比较少见。

就国内学界来讲，当前理论界已经逐渐意识到对英国新马克思主义文化批判思想研究的重要性，以及以此为借鉴来发展我国文化理论，特别是通俗文化、大众文化理论的迫切性，已经有一定数量的研究论文发表和多篇博士论文出版。然而，其中对英国新马克思主义文化理论做综合性研究的却并不多见，即便有一些学术论文和博士论文以综合性研究为论题，但仍然侧重以某个重要的理论家为聚焦点。

综合分析国内外英国新马克思主义文化批判思想研究的历史与现状，特别是目前综合性研究的开展状况，不难发现，国内外学术界从整体上来探讨英国新马克思主义文化批判思想的研究并不充分，而将其纳入马克思主义文化批判理论发展的历史和逻辑脉络中加以考察的文献则更少，所以关于这一主题的研究深度和广度都有待进一步拓展。我想在这个方面做一尝试，因此，在导师的指导下，我将英国新马克思主义文化批判思想的转向作为我的研究主题。本研究紧紧围绕英国新马克思主义的文化批判思想展开探讨，并以此为主线尝试展现英国新马克思主义在整个马克思主义发展中的独特地位及其理论价值。国内外学者在这一领域中所取得的各种研究成果为本研究的顺利展开奠定了稳固的基础，提供了便利的条件。

三、研究内容

英国新马克思主义的文化批判思想聚焦于英国本土问题，尝试以自己的历史经验来补充和发展马克思主义理论。它通过反思传统左派（共产党和工党）的思想缺陷和政治弊端，一方面努力建构能与英国实际有机结合的马克思主义理论，另一方面积极寻找实现社会主义的新方式、新途径。他们卓有成效的文化研究使得马克思主义在一种文化政治学的努力中获得了时代的新意。

在阅读了众多英国新马克思主义者文化研究的代表作之后，我发现尽管作为个体，他们每个人的文化理论各具特色、研究范式也有差异，甚至同一个理论家的思想也有前期和后期的不同。但他们都自觉地基于马克思主义的基本立场和方法，沿着卢卡奇、葛兰西等西方马克思主义代表人物开辟的文化批判路径，结合英国自身的文化传统，面向生活世界拓展了传统理论语境中文化概念的内涵和外延，揭示了文化的物质属性，形成了一种文化整体观。他们将文化视为一种整体的生活方式，并将文化生产或文化实践看成是决定社会发展的重要因素。这种整体观将文化生产视为物质生产和精神生产的统一，把文化生产看成决定社会发展的重要因素。更为重要的是，他们没有就此止步，而是以恢复或重塑被传统文化批判理论遮盖，甚至否定了的主体能动性为理论诉求，持续关注和分析日常生活中文化形态的发展，以及由此呈现出来的多样性，努力揭示当代社会文化实践的复杂机制，在文化研究方面形成了"文化主义"范式、"结构主义"范式，以及所谓的"葛兰西转向"，每一种理论研究范式都致力于创造出新的主体位置以及有能力反抗自身被支配地位的社会政治主体。

英国新马克思主义者的这种理论创新代表了一种独特的文化批判路径，推动了马克思主义社会批判理论的重大转向。在这点上，英国新马克思主义者前期和后期的理论探索都做出了重大贡献。正是基于这样一种判断，本书尝试超越个案研究的模式和方法，致力于从整体上揭示并展现这一文化批判理论的形成和演变逻辑，并在此基础上归纳出这一演变的理论意义和现实意义。

将英国新马克思主义的文化批判思想置于整个马克思主义批判理论发展的逻辑脉络中，尝试在比较分析的基础上，揭示英国新马克思主义文化批判思想在实践与文化的关系阐释、主体存在方式、意识形态批判、社会变革方式以及社会价值选择五个方面实现的重大转向。

本书以对实践与文化关系的不同阐释方式为逻辑起点，揭示英国新马克思主义以文化实践为基础赋予了主体一种积极能动的存在方式。接着以意识形态批判的转向，一方面深化对主体存在方式转向的理解，另一方面引出英国新马克思主义文化批判思想在社会变革方式上的转向。最后指出，英国新马克思主义对社会变革方式的设计在很大程度上体现了他们对文化作为生活方式和意识形态的相对独立性及其积极意义的强调，这在更深层面上体现为一种价值选择的转向。具体内容如下。

导论首先从总体上勾勒了英国新马克思主义文化批判思想的缘起及发展历程。接着分析了国内外学界对英国新马克思主义文化批判思想的研究状况，梳理了研究中涉及的主要问题以及提出的基本观点，并在此基础上指出了当前研究中存在的问题。最后分析了研究英国新马克思主义文化批判思想的理论及现实意义。

第一章主要着眼于英国新马克思主义文化批判关于实践与文化关系阐释方式的转向来展开分析。借助马克思关于"实践"和"精神生产"的相关论述分析阐明了马克思主义基于实践的文化观。卢卡奇和葛兰西等早期西方马克思主义者通过凸显马克思思想中蕴含的主体性维度，拓展了马克思主义哲学的文化批判视域，并在这个过程中提出了一种基于文化的实践观。后来的西方马克思主义者进一步推进了这种实践观，但欧陆马克思主义者（文中以法兰克福学派为例）多致力于从精神层面定义文化，从而将其与现实的文化实践相对立，并以此为依据对现代工业社会的各种实践形式展开全方位批判。与此不同，英国新马克思主义者则通过借鉴马克思的社会生产理论，拓展了文化概念的内涵和外延，提出了系统的文化唯物主义思想，展现了一种基于"生产"的文化实践观。这一思想坚持并丰富了马克思的"精神生产"理论。

第二章主要分析英国新马克思主义文化批判思想阐释主体存在方式的转向。马克思主义哲学的创始人主要是从物质生产实践的角度来透视和把握人的存在方式的。一方面，他们在理论上以技术实践或工业为中介，既关注现实的人本身，又以此为条件来透视未来社会中人的存在，揭示并展现了人的本质发展的动态性；另一方面，他们在实践中基于现实的、具体的生产方式来分析具体的社会主体的分化和不同表现。马克思主义哲学对主体理解的创新体现在它将关于主体的思想与现实统一成了一个有机的整体，实现了对人的本质与社会本质的内在统一性的认识。葛兰西基于对市民社会的关注和阐释，转变了马克思恩格斯主要从物质生产实践角度来把握人的存在方式的做法，开始明确地把主体置于意识形态和启蒙文化的双重视域中来考察，将主体理解成了文化的主体。此后的西方马克思主义的文化批判理论大都秉承了这一视角。欧陆的马克思主义者基于理想主义的文化观，将现实主体的存在状态理解为绝对的异化，将大众文化或者文化生产描绘成一种成功的意识形态统治，将文化生产与人民主体意识对立起来。英国新马克思主义者则在葛兰西开辟的文化视域中，基于对马克思主义，特别是唯物史观的自觉遵循，批判了本国传统的精英主义文化观，将文化与普通人的日常生活和经验联系起来，力图把大众文化引到文化的内涵中来。更重要的是，他们在不同时期对各种不同形式文化的研究中，始终致力于揭示现实文化生产的内在机制，努力为我们呈现主体能动的多样化存在状态。

第三章主要就英国新马克思主义文化批判思想中的意识形态批判转

向进行分析。对意识形态批判转向的考察，既是对前一个主题的拓展，因为它可以深化我们对主体存在方式转向的理解，毕竟人的社会存在须臾不能离开意识形态；又是对展开下一个主题的提示和铺垫，因为对意识形态的不同定位和理解正是社会变革方式转变的关键所在。国内外学界在对马克思主义意识形态思想的理解上，意见并不统一。本书认为，马克思更多的时候是基于无产阶级革命的立场，从一种批判的意义上来阐述其意识形态思想的。正是基于这样一种判断，可以说葛兰西在"历史集团"（"阶级"概念的替代语）的意义上将意识形态转变成了一个相对中性的概念。欧陆马克思主义者基于对马克思主义哲学批判性的强调，并未延续葛兰西的这一观点，他们大都从一种否定的意义上来看待意识形态，乃至他们的理论可以在很大程度上被称为是一种意识形态的批判。英国新马克思主义以唯物史观为基础进一步拓展了葛兰西的意识形态观。他们试图从对当代文化，特别是大众文化的深入研究中，努力寻找一种建设新文化和新的社会生活的全新途径。他们不约而同地将目光转向了对意识形态，特别是审美意识形态复杂运行机制的分析，但与欧陆马克思主义者的批判模式不同，他们更倾向于一种建构性模式，并进一步淡化了意识形态的阶级属性。

第四章主要探讨英国新马克思主义文化批判思想关于社会变革方式的转向。马克思从资本主义生产方式的基本矛盾出发，阐释了解放物质生产主体的阶级斗争的现实性和必然性。但随着社会实践的发展，人们的社会存在方式发生了巨大的变化，人不再仅仅体现为物质生产过程中具有物质需求的主体，而是在更大程度上展现了在文化生产过程中的异化状态。于是，葛兰西提出了蕴含政治、经济等维度的文化革命，来应对无产阶级革命意识的丧失与恢复问题，并分析了文化革命的主体、内在机制以及基本方式等诸多问题。与欧陆马克思主义者将葛兰西的这一丰富革命理论稀释为一种单纯的文化批判和虚无缥缈的美学救赎不同，英国新马克思主义则始终基于科学社会主义，致力于挖掘并展现在资本主义的现实世界中通过文化实现人的全面解放的可能性及途径。早期，他们聚焦工人阶级文化的合法地位及其解放潜能。后来在借鉴以葛兰西文化领导权理论为代表的诸多理论资源的基础上，致力于揭示和论证大众文化的合法性和反抗潜能，集中探讨文化领导权形成的内在机制。同时，英国新马克思主义甚至还超越文化层面，逐渐过渡到社会政治层面，探讨了大众文化抵抗的现实途径。

第五章聚焦英国新马克思主义文化批判中的主体价值选择转向。文化作为事实与价值的统一，既可以用来说明现实，又可以作为对理想的预示。马克思一方面基于人实践活动的对象化来阐释文化的本质，另一方面又基于人的自由和全面发展来定位文化的进步方向与价值追求，从社会结构和人类历史发展的双重维度来揭示和说明文化的地位与作用，从而立足于实践实现了人的自由、文化进步和社会发展的有机统一。葛兰西秉承了马克思的基本精神，认为文化进步本质上是人的发展和进步。之后的欧陆马克思主义则将对文化的批判拓展为一种现代性批判。他们的现代性批判体现了两种不同的选择模式，即价值预设和自主选择。前者以法兰克福学派的文化批判理论为典型代表，将文化理解为一种基于人类的永恒价值，并以此为依据反思现实人的生存困境，对现实社会中一切压迫、束缚和统治人的物化结构和异化力量展开了全方位的批判，尝试通过这种批判实现主体从个人价值向人类价值的回归。后者以本雅明为典型代表，他基于唯物史观的立场和方法以自己独特的意象阐释，开启了解释人文价值生发的选择模式，为时代的发展注入了一个趋向合理的价值选择。英国新马克思主义的文化批判暗合了本雅明的解释模式，都反对漠视大众作为文化主体的创造作用。他们将文化理解为一种生产与再生产活动，从本质上讲，就是社会主体对意义和价值的选择、修正以及建构过程。他们或寄希望于共同文化的建构，或致力于挖掘大众文化的解放潜能，抑或通过新文化建设来实现人的解放和自由发展。

在探讨和分析英国新马克思主义文化批判思想五个转向的基础上，结语力图实现对英国新马克思主义文化批判思想的总体审视和把握，进而揭示其理论实质和实践诉求。首先，通过将其置于马克思主义哲学发展的历史脉络，来探讨它对马克思主义文化观的坚持与拓展。其次，在更广阔的理论视域中分析英国新马克思主义文化批判的理论贡献，并指出它独特的实践价值。最后，将英国新马克思主义文化批判置于文化批判理论范式转变的逻辑脉络中，从而指出其在方法论上的突破与局限。

四、研究意义

众所周知，英国新马克思主义理论家基于本民族的具体实践开创的文化研究在世界范围内产生了重大影响。确切地说，正是因为他们的文化批判思想坚持了马克思主义，特别是唯物史观的基本立场和方法，密切关注社会实践，特别是大众文化实践的现实发展，积极主动地吸取并借鉴欧洲大陆马克思主义理论发展过程中所取得的各种理论成果和资源，不断创新文化研究范式，他们的理论研究才展现出了强大的生命力，并深刻影响甚至主宰了 20 世纪的文化研究，继而使之成了世界性的学术思潮。同时，英国新马克思主义的文化批判思想也为我国的社会主义文化建设提供了一种有借鉴意义的经验，因为基于平民立场的强烈现实指向及社会主义旨归在一定程度上都有助于它向我国社会主义文化实践的延伸和拓展。由此可见，英国新马克思主义文化批判思想转向的研究具有很好的理论和现实意义。

1. 理论意义

作为一种世界性的学术思潮，文化研究在人文科学与社会科学的许多领域都影响深远。澳大利亚著名的文化研究学者特纳指出，文化研究现在被公认为是人文科学与社会科学领域里的重要理论与实践，它在理论和政治两方面都具有重要的意义和价值[1]。国内著名的文化研究学者罗钢和刘象愚也认为，在目前的国际学术界，文化研究是最富有创造性的、最具活力的学术思潮之一[2]。还有的学者甚至将文化研究视为当代学术发展的主流。

国内外学界对文化研究理论源头的探讨至今也未能达成一致的见解，但有一点是毋庸讳言的，那就是英国新马克思主义的文化观念与文化理论是当代文化研究思潮最重要的、最直接的理论来源。一些学者，如上面提到的特纳，甚至将英国新马克思主义的文化观念与文化理论等

---

① G. Turner, *British cultural Studies: an Introduction*, London, Routledge, 1996, p. 86.

② 罗钢、刘象愚主编：《文化研究读本》，3 页，北京，中国社会科学出版社，2000。

同于狭义的文化研究理论，并将 20 世纪五六十年代出版的《文化的用途》《文化与社会》《漫长的革命》以及《英国工人阶级的形成》推举为文化研究的奠基之作。不能否认，特纳的这一说法是有一定道理的，因为一些学者提到的与英国新马克思主义的文化观念与文化理论并列的其他几种理论，如结构主义、后结构主义以及葛兰西的文化领导权理论，其实更多是通过英国新马克思主义文化理论的折射才得以影响当今的文化研究思潮的。另外，虽然法兰克福学派较早对大众文化进行了批判性研究，他们文化批判思想也曾在世界范围内产生过重大影响。但不得不指出的是，他们那种自上而下的精英主义立场却不符合当代文化研究的主流，所以不可能成为当代文化研究的主要思想来源。可见，当代文化研究的主要源头还是英国新马克思主义的文化批判思想，因此，对其做一番深入而系统的研究是具有非常重要的意义和价值的。

与此同时，随着文化研究的进一步发展，英国新马克思主义自身也正在遭遇一系列的理论困境，比如，怎样摆脱文化研究的"范式危机"，如何妥善地处理文化研究与以后现代主义思潮、后殖民主义思潮，以及女性主义思潮为典型代表的当代各种思潮的关系等。当然，更重要的是厘清英国新马克思主义的文化观念和理论与经典马克思的思想、当代西方马克思主义以及结构主义和符号学之间的关系。而且，2002 年 6 月，伯明翰大学当代文化研究中心的关闭这一事件引发了国内外学界对英国文化研究是否已经走向衰落的争论。

正反两方面的经验和教训提示我们必须深刻反思英国新马克思主义文化批判思想的建构逻辑。在我看来，英国新马克思主义文化批判思想产生巨大影响的原因在于它很好地坚持了马克思主义，特别是唯物史观的基本立场和方法，同时又密切关注社会实践，特别是大众文化实践的现实发展，积极借鉴欧陆马克思主义理论发展过程中所取得的各种理论成果和资源，不断创新自身的文化研究范式。在这方面，它远远超越了同时代的其他文化理论，比如法兰克福学派的文化批判理论、结构主义的文化理论等。后来之所以又陷入发展危机，一方面是因为他们的文化理论与经典马克思主义文化理论的原有距离导致的消极影响日益凸显，另一方面也与他们后期思想的发展与马克思主义渐行渐远密切相关。基于上述论断，将英国新马克思主义文化批判思想置于马克思主义批判理论发展的广阔视域中进行反思，揭示它的致思路径，展现它与经典马克思主义批判理论以及欧陆马克思主义文化批判理论的复杂关系就成为一种必然选择。

综上所述，我们有充足的理由认为在现实语境下，对英国新马克思主义文化批判思想的转向进行深入的探讨具有重要的意义和价值。它既有助于我们深入思考文化研究中的一些重大理论问题，也能为推动英国新马克思主义的文化研究走出困境提供一些思路方面的启示。另外，研究英国新马克思主义的文化批判思想对深受文化研究影响的其他学术领域也具有重要价值。虽然文化研究在发展过程中曾深受许多传统理论的影响，但更重要的是，英国新马克思主义的文化理论在发展过程中又相继突破了既有理论和传统学术研究体制的限制，进而对其构成了巨大的挑战。可以毫不夸张地说，几乎所有的既成学科都受到了英国新马克思主义文化批判思想的冲击。其中，最典型的是对文学研究的冲击，因为从某种程度上说，文化研究完全可以理解为一种深层的文学研究，或者说文化研究热的兴起使传统的文学研究范式遭遇了空前的危机。尤其要指出的是，英国新马克思主义的文化批判思想，特别是伯明翰学派的文化研究与现代主义甚至其对立面，即后现代主义之间，也有着千丝万缕的密切联系。成立之初的伯明翰学派明确宣称要在理论上对抗现代主义观念。现代主义理论受其影响后，在内部分裂出了后现代主义。后现代主义虽然在观念上与文化研究有许多暗合之处，但它们之间却有着本质上的不同。正是因为这些不同，后现代主义与文化研究形成了一种挑战与被挑战并存的错综复杂的关系体。要解决上面提到的这些危机和挑战，对英国新马克思主义的文化批判思想的转向进行深入的探讨就成了一种必然的选择。

2. 现实意义

研究英国新马克思主义的文化批判思想对我国也有一定的现实意义。早在 2011 年的十七届六中全会上，我国就高瞻远瞩地提出了"文化强国"战略。这一战略的实施需要依靠基础理论的发展提供强有力的支撑。毛泽东主席和习近平主席在不同时期的文艺座谈会上的讲话都重点强调指出文学艺术的发展要服务于人民，为我国社会主义文化建设指明了方向。我们国家也在深化文化体制改革等实践层面做了全面部署和努力，并取得了巨大的成就。他山之石，可以攻玉。我们同时也需要研究并借鉴西方马克思主义立足于时代发展对马克思思想进行拓展所取得的积极成果。其中，英国新马克思主义的文化批判思想是一个不错的选择，因为它在很大程度上自觉地将自身的文化理论研究与实现社会主义的政治理想相结合，从这一理论指向来看，他们的理论探索无疑可以对我们建设和发展社会主义文化具有一定的参考价值。英国新马克思主义文化批判的平民立场也有助于其向我们的社会主义文化建设实践拓展。

另外，近年来，通俗文化、大众文化随着我国现代化进程的推进得到了飞速发展，各种各样的边缘文化和亚文化也渐渐形成，但我国理论界对此缺乏深入地研究和系统地阐释，而英国新马克思主义者则对其以及大众传媒等文化现象进行了深入的分析和探讨。所以，对英国新马克思主义的文化批判思想进行系统深入的研究意义重大。一方面可以为分析国内的文化现状提供理论借鉴和参照，另一方面也有助于我们构建有中国特色的马克思主义文化理论。

综上所述，研究英国新马克思主义的文化批判思想具有一定的意义和价值，而且这种意义和价值只有通过综合研究才能得以充分的展现。但综合国内外的研究现状来看，对这一思想的综合研究尚不充分，因此，选择英国新马克思主义文化批判思想的转向进行一种有一定深度和广度的综合研究，是必要而迫切的。

第一章 | 实践与文化关系阐释方式的转向

19 世纪末 20 纪初，人类的社会实践方式发生了巨大的变化。知识和技术的紧密结合使文化逐渐超越了智慧、德性等狭隘范围，开始通过理性设计、技术方案以及价值创意等各种中介因素直接地渗透到个体的生存和社会各领域的运行机制中，并逐渐形成了一种总体化的趋势。这种趋势从根本上改变了知识的社会历史方位，文化日益成为社会运行的内在机制。社会实践的文化内涵逐渐引起人们的关注。

20 世纪后半叶，人类的文化状况则展现出更为复杂的内涵：一方面，以现代性问题为核心的理性文化的两重性和"二律背反"依然存在，并成为各类重大理论问题和现实问题的聚焦点。另一方面，信息化时代的来临使得文化问题更加凸显和复杂，不仅体现为精神层面的张力和冲突，而且涉及人类生存方式和社会结构的深刻变化。文化再也不是与政治经济分离的、被决定的精神文化了，而是真正成了人类生存的自觉方式，以及社会各领域的内在机制。社会实践蕴含的文化内涵清晰地展现了出来。

英国新马克思主义在借鉴欧陆马克思主义的诸多理论资源的前提下，自觉基于马克思主义的基本观点和方法，致力于研究和探讨英国走向社会主义实践的具体路径。在这一过程中，他们实现了对西方欧陆马克思主义文化批判路径的扬弃，建构了一种独具特色的文化批判思想。这一思想基于时代发展的需要，坚持并拓展了马克思的"精神生产"理论，丰富和深化了唯物史观关于社会生产或社会实践的基本阐释。

一、马克思的实践——文化模式

马克思主义哲学不是由僵化的范畴和命题构成的抽象理论体系，而是一种立足于人的实践活动的超越本性之上的理性批判与反思，其本身就蕴含一种以"改变世界"或"使现存世界革命化"为目的的深刻文化批判精神。马克思继承了西方理性精神的人文传统，特别是德国古典哲学的思想传统，注重基于人的存在和本质特征来阐释文化。早期的马克思更多关注和强调了以主体创造性为核心的理性文化精神。新世界观形成之后，马克思则主要基于人的劳动和社会实践的内在展开机制来探讨社会的"精神生产"，同时也从人的自由和全面发展的角度强调了文化的创造性特征与革命的批判精神。

(一)实践概念的文化底蕴

马克思关于实践的深刻理解为他关于文化的理解奠定了坚实的基础,而关于文化的阐发反过来又进一步丰富了他关于实践的科学阐释。

我们知道,马克思从《博士论文》时期提出哲学与世界的相互关系开始,就一直致力于探寻哲学借以对现实世界发生作用的"桥梁"。在通过《莱茵报》等报刊诉诸理性的批判努力失败后,马克思一方面借助费尔巴哈的唯物主义重建了哲学与现实生活的联系,把感性的人置于哲学的核心;另一方面,为了解决"对物质利益发表意见"的难题,深入研究了政治经济学,看到了劳动的重要性,并通过对现实的异化劳动的深刻分析,揭示了社会主体——无产阶级的现实处境,进而实现了主体和劳动这两个范畴的重要联结,这也使得马克思的思想很快地超越了费尔巴哈。这种超越表现在两个方面:一方面,马克思对人不再像费尔巴哈那样从直观的形式去理解,而是把人与其感性的活动、与实践联系起来理解;另一方面,马克思开始从主体方面去理解对象、现实和感性,即将它们视为感性的人的活动,从实践的角度去理解。由此,实践作为标志主体与客体本质关系的范畴,成了马克思主义这一新的哲学世界观的基础。这种全新的哲学实现了对主客体相互关系的科学把握,完成了哲学理论的变革和创新。

从主体的实践活动来确定人的本质和历史的内涵,是马克思主义哲学实现的最深刻的变革。马克思基于人的对象化实践来揭示人与动物的根本区别。他指出:"动物只是按照它所属的那个种的尺度和需要来构造，而人却懂得按照任何一个种的尺度来进行生产。"①马克思不仅仅将这种自由自觉的、开放性的和超越性的实践理解为人的存在的本质特征，同时也将其理解为人类社会和历史的现实基础。他指出，这种连续不断的感性劳动和创造正是整个现存的感性世界的基础②。可见，马克思视域中的实践，除了是一种具体的物质活动或认识的来源，同时也是人的基本的生存方式，或者说，实践是区分人与动物的根本标志。

从根本上讲，实践和文化密不可分。我们坚持"人是实践的存在"，也就是认同"人是文化的存在"，人的实践活动之所以能超越自然的规定性，创造对象世界和人自身，是因为实践包含着体现物质活动特性的生产层面，更是因为它还包含着体现精神和价值活动的符号层面，即文化层面。马克思在《1844 年经济学哲学手稿》中指出："人是类存在物，不仅因为人在实践上和理论上都把类……当做自己的对象；而且因为……把自身当做现有的、有生命的类来对待。"③由此可见，按照马克思的理解，文化和实践在本质上是相互关联或内在包含的。文化是实践的内在规定性，正是因为实践内在地包含了文化和价值的规定性，人的实践才会超越其他动物的本能活动，进而体现为具有普遍的和自由特征的类本质活动。

随着唯物史观的逐步形成，马克思开始致力于在经济基础与上层建筑的辩证结构中来看待和理解文化的地位和作用，但同时他也关注并强调了文化与意识形态发展的复杂性和相对独立性，以及文化与经济发展

---

① 《马克思恩格斯文集》第 1 卷，163 页，北京，人民出版社，2009。

② 同上书，529 页。

③ 同上书，161 页。

的辩证关系，揭示了文化的能动作用。当然，上述这些探讨并没有脱离实践的基础来进行，而恰恰是以实践为基础进行揭示的，从而科学地指出了文化在社会发展中的地位和作用。

马克思在把实践理解为人类个体的活动的同时，也把社会历史运动理解为人的实践活动在社会层面的生成和展开。他在《德意志意识形态》一书中对这个问题进行了清楚而详细的论述和分析。人类生存的第一个前提是衣食住行等日常生活需要的满足，因此，"第一个历史活动就是生产满足这些需要的资料，即生产物质生活本身"①。很明显，作为人的基本规定性的实践活动在这里已经被理解和分析为了基于生产力和生产关系运动的社会历史活动。接下来，在对意识的探讨中，马克思指出："意识一开始就是社会的产物，而且只要人们存在着，它就仍然是这种产物。"②而且，一开始，意识是内在于生产活动的，只是在后来的分工中才逐渐成为相对独立的意识形态，才能摆脱世界去构造"纯粹的"理论、神学、哲学以及道德等。这样，继生产力和生产关系之后，经济基础和上层建筑也开始在人的实践活动中分化并生成现实的社会结构。

从上述马克思关于社会历史结构生成的分析，我们可以得到两点重要启示：一方面，基于生产力和生产关系、经济基础和上层建筑的矛盾运动的社会结构是人的实践活动的现实展开过程；另一方面，文化和上层建筑本身首先是人的实践活动，其次才是社会历史结构和社会历史运动的组成部分。也就是说文化和上层建筑不能被理解为独立于现实社会

---

① 《马克思恩格斯文集》第1卷，531页，北京，人民出版社，2009。
② 同上书，533页。

运动的、被决定的因素。马克思的这一分析不仅为我们深刻理解和把握文化的地位和作用奠定了坚实的理论基础，也提供了广阔的理论创新空间。

马克思恩格斯晚年进一步拓宽了文化理解的视野，开始从社会历史发展的高度以及人类文明形态演进的角度来理解文化的作用。他们借鉴了文化人类学和历史学的研究成果，通过对史前社会和文化模式的分析，探讨了东西方不同文化模式对人类历史发展所产生的重要影响，很好地实现了人类历史发展道路的多线性思想与文化的多样性理解的关系。

综上所述，马克思基于人的实践本质和自由的对象化活动来把握文化的本质，在社会历史进程的场域中揭示了文化的作用和功能。无论在理论定位方面，还是在价值追求方面，马克思都超越了同时代的人对文化的定位和理解，实现了文化理论上的突破与创新，并直接或间接地为近现代，特别是 20 世纪的各种文化批判理论奠定了坚实的基础。

(二)唯物史观视域中的"精神生产"

尽管马克思的实践概念文化底蕴丰厚，但他对文化概念本身却采取了审慎态度，他在更多的时候是采用了一个非直接的概念——"精神生产"——来阐述他关于文化的理解和认识。

马克思的精神生产思想萌芽于《1844 年经济学哲学手稿》对一些特殊领域生产规律的认识。他写道："道德、科学、艺术等等，都不过是生产的一些特殊的方式，并且受生产的普遍规律的支配。"[1]直到 1845 年

---

[1] 《马克思恩格斯全集》第 42 卷，121 页，北京，人民出版社，1979。

完成的《神圣家族》中，马克思才首次提出了"精神生产"的概念，将其与物质生产明确区分开来，并将二者置于一个更大的概念，即"生产"之中。这可以视为精神生产与文化概念的初次相交。之后，马克思的研究由"一般精神生产"深化到"特殊精神生产"。他在《德意志意识形态》中针对精神生产做了明确的划分，将精神生产视为社会意识的生产，并将其归结为人类社会生产的基本形式之一。另外，精神生产在马克思那里有了广义和狭义之分。广义的精神生产指思想、观念和意识的生产，狭义的精神生产是指体现在某一民族的政治、道德、宗教、语言、法律等因素中的精神生产。这些精神产品，即文化，都关系到社会的统治形式及其机制，本质上都是对人的社会关系的一种设计和约定。所以，在马克思看来，阶级社会里精神生产的根本制约因素就是支配着物质生产资料的统治阶级的思想。在这里，马克思并没有对精神生产与意识形态做出明确的区分。后来的《剩余价值理论》中，马克思才明确地将精神生产分为直接反映统治阶级意志的意识形态和"最高的精神生产"，即反映精神自由特征的精神生产。这种精神生产作为对人性本身的表现与提升，是对资本主义异化劳动的一种克服，从而有助于人的全面性的实现。

从理论上看，对物质生产和精神生产进行区分是有意义的。马克思也指出，人们现实的、具体的生产活动是物质生产和精神生产的有机统一。但在通常的理解中，人们却往往将物质生产和精神生产理解为关于生产形式的分类，并用来区分现实的生产活动，甚至有时将二者理解为相互对立的范畴。再加上人们一般把文化理解为精神性的文学、艺术和观念等，从而导致人们理所当然地就把文化生产等同于精神生产，并将其与物质生产相区别，甚至相对立。尽管这种理解并不符合马克思的观点，但由于时代的局限，特别是物质生活资料的匮乏以及后人的误读，马克思的精神生产理论长期以来并没有得到人们应有的重视和研究，致使唯物史观的精神实质被曲解，适用范围被限定，即仅仅从经济或物质的角度理解唯物史观的实质和内涵。

另外，马克思还提出了考察精神生产的方法论原则。他指出，研究精神生产和物质生产之间的联系，首先不能将物质生产本身当作一般范畴来考察，而应该从一定的历史形式来考察，如与资本主义生产方式相适应的精神生产就和与中世纪生产方式相适应的精神生产不同。如果物质生产本身不从它的特殊的历史形式来看，那就不可能理解与它相适应的精神生产的相互作用，从而也就不能超出庸俗的见解。也就是说，要了解两种生产之间的关系及精神生产的性质，一定要把它们放到一定的社会历史条件下去考察。马克思还运用这种方法论对资本主义社会"精神生产"的特征做出了详细的分析。他指出："资本主义的社会生产是商品生产，连最高的精神生产，也只是由于被错误地解释为物质财富的直接生产者才得到承认，在资产者眼中才成为可以原谅的。"①可见，商品生产是马克思在 19 世纪对资本主义物质生产和精神生产状况的总体概括。

20 世纪以来，以理性主义为主要内涵的西方文化精神遭遇的危机深刻地揭示了文化在人的生存和社会运行中的重要地位和作用，社会的统治和控制机制不再简单地表现为经济剥削和政治压迫，而是日趋复杂，政治、经济、国家以及意识形态等诸多因素整合在一起，共同构成

---

① 《马克思恩格斯全集》第 26 卷，298 页，北京，人民出版社，1972。

了一种消解人的主体性和自由的文化力量。许多西方哲学家都对社会现实的这种发展给予了充分的关注和深刻的思考。同时，20 世纪马克思主义的广泛传播和发展也推动了马克思主义文化批判传统的延伸和发展。

二、西方马克思主义的文化——实践模式

在西方马克思主义的形成和发展过程中，为什么会将 20 世纪以来西方社会变革遭遇的诸多问题归结为引人注目的文化问题？或者说，文化批判和文化研究为何会成为西方马克思主义各种理论派别缘起的动力和发展的内在依据？而且，关于历史发展的主体性和能动性的探索为何还成就了人本主义的马克思主义和文化主义的马克思主义独特的理论分析模式？要搞清楚这些疑问，首先必须回到当时的社会语境中去。

马克思恩格斯逝世后，西方社会的现实矛盾让西方马克思主义陷入了理论的绝境中。社会主义运动在经济发达的西方国家普遍遭受挫折和失败，在社会经济发展十分落后的俄国却成了现实（葛兰西称之为一场"反资本论的革命"）；现代欧洲文明的发展甚至一度因为法西斯主义的暴政而呈现出一段极其灾难的历史；战后，欧洲社会的发展看似回到了正轨，但"福利国家"和"富裕社会"的出现却导致了原来的革命主体——无产阶级被同化。如何解释马克思的社会革命理论与 20 世纪西方社会现实之间形成的巨大反差，成了西方马克思主义者不可回避的历史使命。

对 20 世纪 20 年代中西欧无产阶级革命失败原因的反思成了早期西方马克思主义者理论探索的直接起点。卢卡奇等人面对的问题是：该怎

样理解马克思的历史决定论？唯物史观究竟是一种经济历史观，还是一种辩证历史观？人的革命实践活动是完全受摆脱饥寒交迫的经济利益的驱使，还是也会受到美好希望的召唤？在改变旧的社会制度和建立新社会的过程中，除了必要的物质条件之外，是否还需要人的能动意识？在卢卡奇看来，社会的生产和生活固然是以经济生产活动为基础的，但这种生产活动不会自动生成和自发进行，它既需要利益的驱使，也需要激情的投入。换言之，他看到并强调了思想观念在社会实践过程中的巨大作用。在早期的西方马克思主义理论家那里，中西欧无产阶级革命失败的根本原因就在于，消极的"物化意识"阻碍了积极的"阶级意识"，或者，也可以表述为，决定革命成功与否的"文化领导权"没有掌握在无产阶级手里。而归根结底的原因就是，"经济决定论"的思维定式曲解了马克思主义哲学的革命原则。于是，这些西方马克思主义者致力于从揭示社会现实和社会历史进程的总体性出发，努力克服正统马克思主义的机械决定论错误，彰显马克思思想中的主体性维度，进而强调了当代社会无产阶级意识革命的重要性。之后的西方马克思主义者则从马克思的异化理论出发，对现代人意识异化的内在机制和现实过程进行了深入的分析和阐释。总的来看，这些西方马克思主义者以不同的方式拓展了马克思主义哲学的文化批判维度，将对马克思主义哲学的研究转向了文化领域。

（一）基于总体性的文化实践观

在第二国际的理论家那里，马克思的学说被归结为一种强调"经济决定"的理论体系。苏联的马克思主义者则结合俄国社会主义革命和苏联社会主义建设的经验将马克思主义哲学阐释为辩证唯物主义和历史唯物主义的理论体系。应当说，苏联马克思主义者强调的是马克思学说中斗争性的一面，这是资本主义社会基本矛盾激化、革命策略以政治革命和经济变革为主的形势下的必然结果。在这种情况下，马克思主义学说的实践哲学和文化批判精神从某种意义上说，仍处于隐而未发的状态。与之相反，卢卡奇、科尔施、葛兰西和布洛赫从不同角度揭示了马克思学说中的总体性的一面，并运用这种总体性理论锲而不舍地揭露现代西方社会物化、异化以及对人的总体压迫现象，由此形成对人的存在和历史本性的总体性理解。在他们看来，马克思学说的主旨是实现人的存在方式的根本转变，真正实现人的自由和全面发展的存在方式。

从一开始，西方马克思主义者就坚决地与经济决定论决裂，批判唯物主义反映论，拒斥自然辩证法，而坚守文化辩证法，力求把历史的主动性问题置于马克思主义理论的核心。为了凸显"阶级意识"的作用，为了揭示文化领导权的重要性，为了确立和发挥主体及其实践活动的作用，同时又不背离马克思的历史唯物主义，他们挖掘并提出了"总体性"这一范畴，并强调"马克思主义全部理论体系的兴衰取决于这一原则：革命是占统治地位的总体性范畴的观点的产物。"①重视总体性是西方马克思主义思潮的一个共同倾向，因为总体性范畴是他们奉若神明的理论武器。许多西方马克思主义者都从不同角度阐述了他们关于总体性的观点。其中尤以卢卡奇和葛兰西的思想为代表，对后来西方马克思主义者的文化批判理论影响最大。他们秉承马克思主义哲学对文化在社会有机

---

① G. Lukacs. *History and Class Consciousness*：*Studies in Marxist Dialectics*, Cambridge, The MIT Press，1972，p. 29.

体中多维作用的理解，高扬人的主体性，在革命战略中提升了意识和文化因素的重要性，把"文化革命"，即无产阶级文化领导权的争夺或者说新文化的培育放到了重要的战略位置。

卢卡奇基于对第二国际所倡导的"经济决定论"和资本主义的物化现实所做的批判，试图恢复总体性在马克思著作中方法论的核心地位。他从共时性和历时性两个角度对"总体性"进行了细致的规定：首先，"总体性"即"整体性"。这是从共时性的角度来强调部分与整体的关系的。卢卡奇指出："总体的观点，把所有局部现象都看作是整体——被理解为思想和历史的统一的辩证过程——的因素。"①也就是说，"总体性"要求把社会当作一个由各个部分构成的内在统一体来把握，彼此孤立的现象呈现出的事实只具有片面性，对事实的认识必须结合到整体中才是可能的。"总体性"看似远离现实，但实际上，它是唯一能够在思维中再现和把握现实的方法。其次，"总体性"是"历史过程的总体"。这是基于历时性的角度强调了总体性的动态过程。卢卡奇认为："总体的范畴决不是把它的各个环节归结为无差别的统一性、同一性只有在这些环节彼此间处于一种动态的辩证关系，并且能被认为是一个同样动态的和辩证的整体的动态的辩证的环节这层意义上，它们在资本主义生产制度中所具有的表面的独立和自主才是一种假象。"②也就是说，为了实现对社会的总体把握，"总体性"必须被理解为一种在历史中生成和变化的过程，正是社会生活的具体发展显示出了"总体性"这种特殊的性质。

---

① ［匈］卢卡奇：《历史与阶级意识》，杜章智等译，77页，北京，商务印书馆，1996。
② 同上书，61页。

事实上，在卢卡奇那里，真正意义上的总体性与人的主体性有着本质的关联，或者说，它首先是人的存在的总体性，而人的存在的总体性是通过主客体统一的辩证法体现出来的。卢卡奇对辩证法的限定凸显了他对人，特别是无产阶级主体性的极大关注。他认为，无产阶级主体能否实现其能动性和创造性，关键在于其革命意识的恢复或重新生成，而后者有赖于无产阶级的"内在转变"和"自我教育"，具体讲就是突破资本主义意识形态控制，摆脱资产主义生活方式以及资产阶级文化的影响。他指出："无产阶级的自我教育是一个长期的和困难的过程……资产阶级的文化越是高度发展，那么无产阶级的自我教育过程就越是一个艰巨的过程。"①显然，卢卡奇对总体性的强调最后落脚于无产阶级主体意识的恢复或重塑，也就是无产阶级的文化实践。

面对发达资本主义国家无产阶级革命的失败，葛兰西则通过对东西方社会结构差异的比较，揭示了市民社会的存在对统治和革命的重要性，提出了一个包括文化观、知识分子、历史集团以及意识形态等方面论述的文化领导权理论。这一理论是一个蕴含多方面内容的整体，但很多人在阐述葛兰西的领导权思想时，却片面地突出了文化领导权中的权力斗争特性。事实上，葛兰西对文化的理解是其领导权理论的基础，因为它决定了领导权斗争的内容与走向。更重要的是，我们可以透过葛兰西的文化观来探讨和分析他对实践及其与文化关系的全新阐释。

葛兰西将文化理解为人认识自己的途径，这一认识是通过批判实证

———————
① ［匈］卢卡奇：《历史与阶级意识》，王伟光等译，267页，北京，华夏出版社，1989。

主义的文化观实现的。在 1916 年发表的《社会主义与文化》一文中，葛兰西首次阐述了他对文化的理解。他写道："我们需要使自己摆脱这样的习惯，即把文化看成是百科全书式的知识，把人看作仅仅是塞满经验主义的材料和一大堆不连贯的原始事实的容器……这种形式的文化确实是危险的，特别是对无产阶级来说。"①由此可见，反对仅仅将文化理解为知识，是葛兰西对当时渗透到整个人文学科（包括当时流行的社会主义思想）的实证论的否定。在实证论的社会主义思想中，人被视为物质和机械的、没有精神自主性的物品。值得一提的是，葛兰西反对实证论并不意味着反对科学或科学的认知方法，而主要是反对在人文科学中硬套科学公式，即利用科学知识分析人文问题的做法，比如把人的差别仅仅归结为生物上的差别。在反对实证论的基础上，葛兰西将对人的理解转向了更为广阔的人的精神世界或意识世界，即文化。他指出："文化……是一个人内心的组织和陶冶，一种同人们自身的个性的妥协；文化是达到一种更高的自觉境界，人们借助于它懂得自己的历史价值，懂得自己在生活中的作用，以及自己的权利和义务……人首先是精神，也就是说他是历史的产物，而不是自然的产物。"②很明显，葛兰西在这里强调的是，应该将文化理解为人认识自己的途径。他指出："文化的最高问题是赢得一个先验的自我，同时又是他本人的自我。"③

　　葛兰西进一步指出，每个人对自己的认识都有赖于他人，因为人

---

① 《葛兰西文选 1916—1935》，4—5 页，北京，人民出版社，1992。

② 同上书，5 页。

③ ［意］朱塞佩·费奥里：《葛兰西传》，吴高译，109 页，北京，人民出版社，1983。

的存在不是抽象的，而是基于群体的存在。他将"认识你自己"作为批判性研究的出发点。他写道："世界观的自我批判……意味着对一切既往哲学的批判……这种批判性的研究以对人究竟是什么的意识为出发点，以'认识你自己'是历史过程为出发点。"①毋庸讳言，葛兰西的文化定义具有明显的启蒙色彩，但必须指出的是，与提倡人的理性，宣扬自由、平等、博爱并最终指向个体的权利的西方启蒙运动不同，葛兰西的文化启蒙是提醒人们应该在整个现实生活中，在与他人的关系中去思考自己的历史价值以及自己的权利和义务。也就是他所说的："通过别人更好地认识自己，通过自己更好地认识别人。"②因此，他的启蒙绝非单纯的自我反思或觉醒，也非基于一种天赋人权。简言之，葛兰西是在群体或集体的意义上来讨论人的启蒙或解放的。他在《狱中札记》中一直强调就是集体中的人或"集体人"。革命作为一项集体性的事业，需要的也是这种集体以及集体中的个人。虽然过分强调集体会忽视个体的能动性，但过分强调个体自我，也不利于革命事业的整体发展。

同时，葛兰西认为人必须借助于改造和有意识地指导他人的活动才能实现对自己的认识，由此强调了文化的创造性功能，或者说文化的实践功能。通过重新解读马克思关于"人是社会关系的总和"的论断，他指出："伦理上的'改善'是纯粹个人的、虚妄的，也是错误的。构成个性的要素的综合虽然是'个人的'，但如果没有指向外面的活动，如果没有

---

① [意]安东尼奥·葛兰西：《狱中札记》，曹雷雨等译，233—234 页，北京，中国社会科学出版社，2000。

② 《葛兰西文选 1916—1935》，8 页，北京，人民出版社，1992。

改变同自然和不同程度上同他人……的外部关系，他就不可能得到实现和发展。正因为如此，才可以说人在本质上是'政治的'。"①从这里我们可以清晰地看到，葛兰西是基于对文化的独特阐释来引出并探讨人的实践活动的。而且，葛兰西认为，作为推动主体走向启蒙的动力，实践是创造性的，因此，他致力于基于"创造性"建构一种实践哲学，以反对唯物或唯心的"一元论"哲学。在他看来，作为一元论的哲学，唯物主义和唯心主义都是狭隘的和有限的，因为它们都忽视了活生生的人及其创造性。葛兰西将人的创造性理解为哲学的核心，创造性哲学可称之为行动哲学。这种行动哲学"是在最粗俗、最世故意义上的真正的'不纯粹'的行动哲学"②。很明显，葛兰西极力地将人置于具体的、不纯粹的社会发展过程中，只有如此，人才会创造。他坚决反对纯粹的思辨哲学和纯粹的唯物哲学。

　　创造的结果和目的是进步，但由于当时进步观念被庸俗进化论庸俗化，葛兰西提出了一个全新概念，即用"生成"来指称进步。作为创造的必然结果，"生成"包含了一种"辩证的运动"，代表了一种"深度发展"。可见，葛兰西一直致力于建立一种新文化、新文明乃至新人类。在他看来，文艺复兴的实质就是创造了一种新文化或新文明，而不仅仅是发现了"人"。葛兰西指出："假使说，文艺复兴是一场伟大的文化革命，那并不是因为过去是'微不足道'的所有人，现在确信他们已经变成了'一切'，而是因为……出现了文化的新形式。"③葛兰西在文艺复兴的问题

---

①　[意]葛兰西：《狱中札记》，曹雷雨等译，274页，北京，中国社会科学出版社，2000。

②　同上书，287页。

③　A. Gramsci, *Selection from Cultural Writings*, edited by Forgas, et al., Cambridge, Harvard University Press, 1985, p. 217.

上坚持的是一种创造观。发现在他看来仅仅是发现原有的、原来的，否定了人的能动性与创造性。

总体来说，在葛兰西那里，由"认识你自己"出发所达到的是在与他人和集体的关联中、在个体创造性的活动中，共同创造出新文化、新文明乃至新人类，而并非一种纯粹个体的自由与自我权利。葛兰西的这一文化启蒙观也为他的革命理论和革命实践奠定了坚实基础。

事实上，总体性范畴在黑格尔哲学和马克思那里只是一个基础性的和全局性的理论原则。经过卢卡奇和葛兰西等人的重新解读，总体性范畴的内涵被大大拓展了：它不仅变成了一个以社会为圆心的实践性的本体论概念，而且还成了一个彰显历史主动性的方法论概念，甚至还是一个凸显主体能动性的文化性概念和带有目的论色彩的乌托邦概念。[①] 在西方马克思主义者看来，总体性范畴体现了历史发展过程中的物质与精神的统一，是辩证解决经济基础和上层建筑关系的最好的药方。他们甚至满怀希望的认为，基于总体性概念建立起以实践主体为中心的历史发展逻辑，就找到了打开历史决定论大门的钥匙。总体性范畴的抽象性决定了它不能被直接用来解释历史发展中的人们的社会生活层面，于是，西方马克思主义者找到了一个最能体现总体性结构和总体性过程的概念——文化。在他们看来，文化这一概念代表了社会整体生活方式中各种因素之间的关系与组合，因此，它完全标示经济基础与上层建筑统一在历史的整体之中的内涵。尽管"文化"这一概念内涵纷繁复杂——这一点从迄今为止关于它的上百种定义

---

① 欧阳谦等：《文化的转向：西方马克思主义的总体性思想研究》，4 页，北京，中国人民大学出版社，2015。

一目了然——但文化作为人类实践活动的基本形态这一点却是一个不争的事实。对文化观念的作用和意义，英国新马克思主义理论家伊格尔顿有过非常经典的描述："在这个单一的术语之中，关于自由与决定论、主体性与持久性、变化与同一性、已知事物与创造物的问题得到了模糊的凸现。如果'culture'的意思是对自然生长实施积极的管理，那么它就暗示了人造物与天然物、我们对世界所做的与世界对我们所做的事情之间的一种辩证法。"①西方马克思主义看重的就是这种文化的辩证法。从方法论的角度来说，这种文化的辩证法就是一种总体的和历史的分析方法。

卢卡奇和葛兰西观点的形成是对同样的文化和政治情势的反映，他们用不同的方式把社会主义革命的讨论转移到了文化领域。他们分别从总体性和新的文化观出发，强调了人作为阶级或群体的实践活动的重要性，只不过出于对恢复主体能动性的渴望，他们更多是基于对人的内在潜能的强调来阐释实践的，忽视了马克思视域中实践的客观物质前提。但他们从理论上肯定了文化与作为阶级或群体的人的实践活动的一致性，而这一点在接下来的欧陆马克思主义的文化批判理论中被无情地打破了。文化批判理论逐渐演变成了各种形式的意识形态批判，文化被理解为理想的价值和存在，现实被视为文化的对立面，现实中主体的实践与真正的文化不再相关，而是被视为"文化工业"的产物。

(二)漠视主体性的"文化工业"论

前面提到，美国大众文化的闯入在西欧遭到了精英阶层抵制，同

---

① ［英］伊格尔顿：《文化的观念》，方杰译，2—3 页，南京，南京大学出版社，2006。

时却受到了广大民众的欢迎。这种差别甚至对立性，使大众文化的合法性问题摆在了西欧理论界面前，一个全新的理论空间得以形成。历史的偶然性就在于，这项理论工作的最初展开并不是由某个学科或其带头人推动的，而是由希特勒对犹太人的迫害，导致法兰克福大学社会研究所前往美国这一事件引发的。法兰克福学派的理论家们到达美国后大都进入美国的媒体和政府部门工作，他们亲眼见证了大众文化的生产与传播过程。[①] 与那些仅靠文字记载和想象来批判美国大众文化的欧洲一般精英阶层相比，法兰克福学派对大众文化的批判是更为严肃的。这项工作产生的第一本批判性著作就是霍克海默和阿多诺合作的《启蒙辩证法：哲学断片》。在"文化工业：作为大众欺骗的启蒙"一章中，他们详细考察了被纳入到工业体系中的大众文化，并将其称之为"文化工业"。

法兰克福学派的批判理论家们在看待美国的大众文化和它的潜在形式——德国大众文化时，戴着三副有色眼镜：一是阶级的（从中产阶级的眼光看大众文化），二是国家的（从德国人的眼光看美国人），三是民族的（从犹太人的眼光看盎格鲁—撒克逊人和雅利安等民族的人）。[②]

首先，霍克海默和阿多诺曾经是文化工业生产的参与者，他们对文化工业生产者运用心理学知识，在文化产品的制作和推销过程中用

① 赵勇：《整合与颠覆：大众文化的辩证法：法兰克福学派的大众文化理论》，24页，北京，北京大学出版社，2005。
② 欧阳谦等：《文化的转向：西方马克思主义的总体性思想研究》，310—311页，北京，中国人民大学出版社，2015。

广告刺激消费者的虚假需求等阴暗心理，或者说对文化工业在社会中的运行机制有着深刻的洞察，对蒙在鼓里的大众有一种基本的同情。同时，他们的中产阶级出身，再加上高雅文化的熏陶使得他们对大众文化有着天然而本能的偏见。这种偏见阻碍了他们对大众文化产品及其与作为消费者的大众之间的现实的具体关系做进一步的了解和深入的探究，在他们的结论中，总是想象和逻辑推演的成分较多，科学深入的研究较少。

其次，法兰克福学派思想家们的文化批判理论起源于他们对文化的特定理解和阐释。他们的文化观念沿袭了德语严格区分文化与文明的传统，赋予文化比文明（特指物质文化）更高一级的价值内涵，专指人的精神成就，凸显人的内在人格和自我完善的意象，特指某些特定的由人类而不是具体的人创造的价值和特性。就其核心来说，是指思想、艺术及宗教。文化概念所表达的强烈意象就是将这一类事物与政治、经济和社会现实区分开来。简言之，在德国的传统中，文化主要指的是精神创造物。基于对文化的上述理解，法兰克福学派大多数学者首先在理论上给文化与大众日常生活实践划定了一条不可逾越的界限。真正的文化是一种能展现人作为"类"存在特性的永恒不变的价值和意义，是一种乌托邦式的存在，它与现实的人的日常生活实践无关。于是，按此逻辑推论，现实中蓬勃发展的、各种形态的大众文化显然不能归属于文化范畴。那么，该如何理解大众文化呢？他们大都选择将其归结为由错误观念或错误意识构成的幻觉性的信仰体系，是一定阶级或集团所特有的信仰体系，并用"文化工业"的概念取代了"大众文化"的概念，以更好地展现对大众文化的批判内涵，凸显大众文化的统治功能。

霍克海默和阿多诺在《启蒙辩证法》中提出了一个重要概念，即"文化工业"。文化工业是指借助于大众传媒技术大规模复制和传播非创造性的、商品化的文化产品的娱乐工业体系。从本质上看，它是一种制作和传播大众文化的载体。"文化工业"产生并盛行于发达的西方工业国家，它凭借独特的大众传播媒介传播并操纵物化的虚假文化，成了帮助独裁主义束缚大众主体意识的工具。它运用更为巧妙的方法，即通过娱乐来欺骗大众，奴役和统治人。但这里的"文化工业"并非指严格的生产过程，而是指当代资本主义一种新的社会控制形式，即意识形态的统治。它通过对大众进行心理意识、权力意志控制和制造消费需求来实现。

同时，法兰克福学派还在现实层面展开了对大众文化实践机制的揭示和批判。一方面他们揭示了发达资本主义国家如何利用手中的权力掌控了文化工业的生产并对大众进行意识形态灌输与统治，把大众文化视为文化工业的产物；另一方面他们也注意到了现代社会通过将文化因素渗透到商品的包装、宣传和广告活动中，从而操纵并强化了人们对商品的崇拜。正如阿多诺谈到的那样，在当代社会中，人们对交换价值的崇拜已经使其忘却了商品最重要的使用价值，所以才使得商品能够自由地被赋予诸多的文化联想和幻想，这正是商品美学的基础。广告正是利用这种自由，把浪漫、奇特、满足或好生活的文化意义与世俗的消费品，如肥皂、洗衣机、汽车以及饮料等完美地连接起来。这些想象让物体或商品在社会互动中充当了传递意义的载体，并将商品翻译成了大众作为消费者无法抗拒的符号代码。撒赫利斯称之为"上帝般的操纵"①。

总体来看，法兰克福学派理论家主要将文化界定为一种精神创造物，然而在美国，文化还包括日常生活的方方面面。所以，法兰克福学派的理论家对大众文化的批判主要限定在艺术化的文化世界里，较少关注人类学意义上的大众生活方式。这进一步导致了他们将消费者看成是文化工业的被动的客体，而不是多样化的主体。或者说，他们看到的是极权主义的大众文化，而非民主的大众文化，更多强调了罗斯福时代的美国大众文化与希特勒统治下的法西斯主义文化的一致性，从而抹杀了二者之间的根本区别。

最后，犹太人的身份也使得法兰克福学派理论家们看问题时带有浓厚的悲观主义和犬儒主义色彩。作为左派马克思主义者，他们对作为历史创造者的大众的蔑视，也遭到了后人的诟病。

在法兰克福学派理论家们看来，由于大众文化垄断了人们的精神生活，人们开始丧失其内在的超越维度，表现出一种对现实社会的逃避，遵循一种无思想的平面生存模式，具体体现在：一方面，艺术家们不再执着于创作具有个性和思想深度的艺术作品；另一方面，人们也不再陶醉于对严肃的艺术品的推崇和欣赏，而是麻木地沉溺于平庸的无个性的大众文化消费品所带来的感官刺激和娱乐中。换言之，大众文化作品的制作者和大众文化的欣赏者在发达工业社会中都表现出了一种"逃避现实的特征"，满足于虚假和平庸的生活。据此，霍克海

---

①　[英]西莉亚·卢瑞：《消费文化》，张萍译，33 页，南京，南京大学出版社，2003。

默预言，随着大众文化的进一步发展，文化工业正在悄悄地按着自己的尺度来调节、操纵和塑造人。最糟糕的是，大众文化对人的这种影响在发达的工业社会中是单向的，个人基本上没有能力来左右和影响文化的生产和传播。而且，大众文化对人的这种操控在深度上和广度上都大大超过了其他的社会统治形式，造成了一种人们明明生活在一个不合理的社会，却无法实现反抗的局面。可见，在法兰克福学派的学者看来，大众文化，或者说文化生产已经彻底异化为一种成功的意识形态统治。他们彻底否定了大众文化的解放潜能，并将现实的文化生产与人民的主体意识对立起来。

三副眼镜为法兰克福学派的文化批判理论奠定了否定性的话语基调。尽管后期的马尔库塞和作为这一学派边缘人物的本雅明对这种局面发起了挑战，但最终未能改变总体局面。事实上，等到本雅明的思想在20世纪50年代被越来越多的人关注时，英国的文化主义已经开始兴起。但无论如何，法兰克福学派毕竟开启了一个全新的时代，通过与"俯下身来"与大众文化的直接接触，在一定程度上扭转了西欧精英阶层对大众文化的不屑一顾的态度。法兰克福学派通过把大众文化与法西斯主义联系在一起展开对大众文化批判的做法，让人们看到了大众文化的重要性：文化既可以成就人类的进步，也可以毁灭世界，因此，大众文化研究是严肃的、必要的，必须将其提升到社会总体性的高度进行批判，从而开创了马克思主义文化的总体性话语。不但为西方学术界的"文化转向"奠定了基础，也为英国文化主义提供了宝贵的经验借鉴。他们在肯定大众文化的重要性和全盘否定大众文化的合法性之间留下了一个结构空间：既然大众文化具有如此大的危害，大众却如此喜欢，而批判大众文化是为了解放大众，那么从一种现实主义的角度考虑，就不能单向度地考察大众文化的意识形态属性，而应该将其置于大众参与的总体性社会关系中，将大众作为文化主体来看待。①

三、英国新马克思主义的文化实践模式

相对而言，在英国，作为左派知识分子的文化研究者比较崇尚经验主义和实证研究。从这种意义上来讲，英国与美国文化具有同源性，因此，英国的文化反美主义并不典型。因为崇尚经验主义和实证研究，在法兰克福学派的文化工业理论盛行的 20 世纪四五十年代，英国并没有形成类似的总体性理论，但当时盛行的文学批评，却起到了类似的作用。建构了当时英国社会总体性景观的文学批评，成了后来英国文化研究这门学科的母体。剑桥大学著名的文学理论家利维斯创办了《细察》杂志，同时联络了一大批英语专业和文学批评方面的人才，形成了主导英国文学批评四十年之久的《细察》集团和利维斯主义学派。

利维斯主义首先指一种方法论的取向。利维斯反对文学批评中的理论先行、阅读在后，给文学文本贴上各种"主义"标签的"哲学化"做法，典型的就是那些以马克思主义自居的带有明显经济决定论倾向的文学批评。他主张对文学文本进行近距离的细读、分析和感悟。这种细读既联

---

①　欧阳谦等：《文化的转向：西方马克思主义的总体性思想研究》，312 页，北京，中国人民大学出版社，2015。

系文本又超越文本，或者说，是以文本为跳板，基于道德标准对社会进行批评。因此，文学批评家们是带着高于一般人的社会责任感和道德关怀介入社会共同体生活中的。他们需要通过远离大众来保持独立，从而引导社会朝着正确的方向前进。

其次，利维斯主义的方法论取向也导致了一种理论取向的利维斯主义。利维斯追随阿诺德，赋予了"文明"与"文化"特殊的对立含义。文明指工业社会的总体形态，主要表现为商业化和大众消费主义。文化则是由精通文学、艺术、科学和哲学的少数人所掌握的，它以拥有"伟大传统"的英国文学及意在拯救社会的批判性语言为典范，理应规范文明的走向。但英国当时的现实却是，这些少数人被波涛汹涌的大众文明逼到了墙角，以追逐利润为目的的大众文化将人们带到了一个标准化和平庸的娱乐世界中。面对现实，利维斯夫妇明知不可为而为之，带动少数人夺回逝去的权利。后来人们把利维斯主义的立场称为"文化精英主义"。

综上可见，20 世纪发生的总体性社会变迁让法兰克福学派和利维斯主义都认识到了文化对于社会的关键作用，并将文化作为一个关键词来使用，而且，他们有着共同的精英主义情结，但这个共同之处并不能掩盖它们的差别，差别背后是更为深远的思想传统的差异。由于深受第二次世界大战和法西斯主义的迫害，法兰克福学派的大多数知识分子动摇了他们原来信奉的启蒙观念的合法性，对人类命运的绝望情绪代替了对理性、自由的向往和对人的主体性的坚信。他们不但认为大众没有任何主体性可言，就连作为精英的中产阶级的知识分子，面对整个资本主义体系也是无能为力的，要么自身难保，要么被整个制度和体系收编或整合。与此不同，英国并未受到法西斯主义的重创，知识分子也未遭到大规模的清洗，因此，在他们看来，社会的前景并没那么暗淡。尽管有对未来的忧虑，但依然相信教育能改变这一切。利维斯主义者力图通过扩大高雅文化的弟子，并借助他们的力量来打击和抗衡大众文化。可见，在悲观情绪的背后，利维斯仍为意志主义和人的主体能动性留下了空间。可以说，利维斯主义是一种带有乐观主义悲剧意识的文化精英主义。①

在利维斯主义者那里，方法是具有强大生命力的，但是，他们的中产阶级的偏见却压制了方法的生命力。受教于利维斯的"奖学金男孩"，包括后来成为新左派知识分子的霍加特和后来转向马克思主义的威廉斯，在20世纪50年代开始致力于用利维斯的方法反对利维斯的文化精英主义，开启了文化主义这一全新的理论模式。可见，在欧陆马克思主义者积极建构自身文化批判理论的同时，英国新马克思主义者也基于卢卡奇和葛兰西的阐释，创造性地提出了一种独特的文化批判思想。他们一方面借助于卢卡奇的"总体性"方法，批判了传统马克思主义的"经济决定论"，开始以一种"整体的"和"过程的"视角来审视本国资本主义的现实，将现实看作一个由各要素在相互联系中形成的一个有机的整体；另一方面，受到葛兰西文化领导权理论的启发，他们也首先把关注点聚焦于文化，用文化来指称上面提到的"整体的社会过程"。

(一)文化是呈现整体生活经验的实践

英国新马克思主义者以唯物史观为指导，通过赋予浪漫主义以物质

---

① 欧阳谦等：《文化的转向：西方马克思主义的总体性思想研究》，315页，北京，中国人民大学出版社，2015。

的社会关系内容，从而改造了他们在文化观上的唯心论，建构了一种真正意义上的文化生产理论。这一理论的起点是承认并论证文化与文化生产的物质性和整体性。

在英国传统中，特别是从浪漫主义以来，英国思想家和作家也像法兰克福学派的学者一样，习惯从人的"类"属性和规定性上认定文化的重要性。也就是说他们也致力于将文化理解为一种精神的、意识的、思想的东西，文化的抽象概念一直被用来代替一般生活中圆满的社会关系。正如威廉斯指出的那样："英国作家们试图从个体的内在能量中寻求我们渴望的和可能实现的东西。"①这一传统的显著弱点在于，它未能找到合乎要求的社会力量，以实现和维持文化的"优等现实"。首先突破这种英国传统文化思想范式的是英国的精英主义文化传统。其中的艾略特强调文化是整体的生活方式，突出了对文化内涵的拓展，把文化扩大到文学和艺术之外的领域，这一点非常有意义且影响深远。但他却坚持民主和大众教育同文化价值观不相容，因此从根本否定了工人阶级的主体地位和意识。而精英主义传统的另外一位代表人物阿诺德弥补了艾略特在这点上的不足。他虽坚持文化是少数人所有的精英文化，但他同时承认，这种精英文化是可以被大众分享的，也承认通过国家权威，再辅之以审美教育可以使更多人能够抵制工业主义带来的机械化和物质化，进而走向完美，肯定了工人阶级和大众成为文化主体的可能。利维斯则强调了文化在建构和谐的有机社会中的重要意义和功能。这些思想在不同

---

① ［英］雷蒙德·威廉斯：《文化与社会》，高晓玲译，295 页，长春，吉林出版社，2011。

程度上启示了英国新马克思主义者关于文化的理解。

当我们审视英国新马克思主义者为构建马克思主义文化理论进行的尝试时，实际上看到的是，作为英国传统的文化观念与新马克思主义者对文化的精彩重估之间的相互作用。面对第二次世界大战以来的西方社会，特别是英国社会的变迁和由此带来的社会文化现象，英国新马克思主义者突破传统单一的解释方式，试图重新从文化和社会层面基于社会发展的新现实提出新问题，并就这些问题做出新解释。他们反对经济决定论，强调社会生活的文化和意识形态维度，致力于研究二者之间的相互关系，将文化视为意识形态再生产和争夺领导权的动态过程。同时，他们也强调文化是反抗资本主义社会的一种形式。总之，在英国新马克思主义文化理论家那里，文化是兼具同化和反抗双重特征的矛盾体。在研究方法方面，他们主张从总体角度研究文化，即文化必须放在总体的社会关系系统内进行研究，文化分析与经济、政治和社会的研究紧密联系在一起，因此，他们都采取了跨学科的研究方式。

霍加特运用文学批判方法理解文化经验的意义，开始阅读活生生的经验。它通过观察工人阶级生活方式的连续性和变化，表达了对工人阶级文化的欣赏和肯定。1957 年，霍加特的《识字的用途》出版。这标志着一场学术革命——文化转向的开始，同时，也是一门新学科——文化研究的诞生。作为受过利维斯式文学批评的严格训练的、出身工人阶级的精英，霍加特在以自己的知识为跳板进入中产阶级后，并没有以中产阶级自居，而是对自己出身的工人阶级充满感情。他的亲身经历告诉他，工人阶级远非利维斯主义者描述和想象的那样，他们只是由于受教育程度所限，没有自己的话语权，因此需要代言人捍卫他们的尊严。

利维斯主义者对工人阶级的认识和定性其实源于一个理论假设的前提，即阶级的标准是政治和道德素质，而这种素质只有通过文化才能获得。按照这一逻辑推演下来，目不识丁的工人显然与文化无关，因此其政治和道德素质也必然是低下的。霍加特并没有公开或直接拒斥"阶级——文化——政治"这一简单粗暴的同质关系假设，他透过艾略特的文化观，看到了文化的延展空间，顺利找到了冲破利维斯主义的突破口。在霍加特看来，"文化"不一定非是严肃文学，也可以是工人阶级的生活方式。

在《识字的用途》中，霍加特通过类似于民族志方法的细节描述，为人们展现了一幅从家庭关系出发，形成邻里关系和群体关系的网状图谱，揭示了工人阶级独特的人际关系体系。这一体系的特点在于它的地方性和直观性，由其演化而来的观念体系也必然是经验主义、感觉主义、现实主义和实用主义的。一旦超出地域的范围谈论国家、民族、社会时，工人阶级就会因为无法理解抽象概念而变得冷漠。精英主义者的偏见就在于，他们在对这种生活方式缺乏了解的情况下，就非常武断地将自己的标准强加于工人阶级。问题是，没有抽象的观念就是不道德的吗？霍加特的回答是否定的。工人阶级有自己融贯一致的道德体系，他特别仔细地描述了工人阶级生活的点点滴滴，并在此基础上分析了工人阶级那些基于自身生活而自发形成的观念及其没有阶级概念的本能反抗。在霍加特看来，工人阶级以自己的方式和观念在艰苦的环境中生存下来是一件值得尊敬的、了不起的事情，因此，并不需要精英阶级教他们怎样生活，他们完全有能力以日常生活为创造的源泉主宰自己的世界，他们的生活方式正是一种文化的活生生的展现。简言之，工人阶级本身就是文化的。霍加特这种对工人阶级文化的分析性研究，在一定程度上突破了英国的传统文化研究范式，将工人阶级文化引入了文化的内涵中。

霍加特以自己的方式为工人阶级文化正名的努力是值得尊敬的，但不能否认，他是站在保守的立场上为工人阶级正名的，即他强调的是工人阶级文化的内部融贯性和外部道德性，并不认为工人阶级的文化有能力超越阶级的界限而成为社会的典范。这也成了他的文化观和威廉斯文化观的最大分歧。

威廉斯认为，要考察 20 世纪来势汹汹的大众文化会对英国社会带来怎样的影响，必须首先搞清楚文化在该国思想传统中的具体内涵。1958 年，他发表的《文化与社会》揭示了利维斯主义背后隐含的英国思想传统，并将其称为"文化与社会"传统。据威廉斯考证，"文化"以及与之相关的西语词本来是用来表示与栽种、照料等与农作物成长有关的过程，后来这个词被用来指人类发展的历程，但仍保留了"顺其自然"的意思。① 工业革命前，以乡村共同体为主要特征的英国社会就呈现出这样一种"自然的"状态。不过，工业革命的到来摧毁了这样一种社会形态，并造成了激烈的震荡。具体表现在三个方面：一是与生产的工业化和机械化同步，社会结构和人的心灵越来越强烈的机械化趋势。二是在功利主义和自由主义鼓励自由竞争的状态下，社会走向了无政府状态。三是人从目的变成了手段，丧失了自由。面对这样一个工业主义社会，英国

① ［英］雷蒙德·威廉斯：《关键词：文化与社会的词汇》，刘建基译，101—102页，北京，生活·读书·新知三联书店，2005。

批评家们用"不自然的"加以评价和形容，并提出了各种对策试图将社会重新导向"自然的"状态中。这种做法刚好与"文化"一词的动态语义异曲同工，因此，"文化"就成了这些批评家们拯救英国社会的主要力量。"文化"与"社会"之争，就是用一个文化社会替代现行工业主义社会。"文化与社会"的传统由此形成。"文化"变成了社会理想的代名词。

在这样一个大的社会传统中，抽象的共识并不能掩盖和消除其内部的分歧。一旦具体到文化的所指，争论便纷至沓来。威廉斯将这些各不相同的文化观概括为两大类：一种观点认为，文化是知识的和想象的工作，记录着人类最优秀的思想和经验，主要包括语言文字、艺术作品，以及这些转化而成的优良传统。这种文化观是贵族和新兴中产阶级知识分子社会诉求的直接反映。在他们看来，自然的生活过程不会使人成长，真正的成长需要通过心灵的修炼才能达到，而修炼的方法就是阅读伟大的经典和接受高雅艺术的熏陶。因此，文化就内容而言，指的是人类心灵修炼的过程，就形式来看则指的是各种文学艺术作品。另一种观点是用文化的"自然成长"之意类比人类自然的生活过程，后来发展成为一种人类学的含义。这种文化观源于泰勒的文化定义：文化"是包括全部的知识、信仰、艺术、道德、法律、风俗以及作为社会成员的人所掌握和接受的任何其他的才能和习惯的复合体"①。这一定义具有明显的总体性韵味，它大大地扩展了人们的文化视野，使得前一种文化概念必须被置于这一定义下来进行探讨。同时，这种文化观也体现了人类学家对文化差异的兴趣和包容。它的扩展必然会造成对文化精英主义者的威胁。

----

① ［美］泰勒：《原始文化》，连树声译，1页，桂林，广西师范大学出版社，2005。

艾略特将这一文化概念运用到英国的社会分析中，完成了它向社会学定义的转换。他提出，文化并不仅仅是种种文化活动的总和，它还是一种生活方式。同时，艾略特也批判了"文化属于少数人"的观念，认为文化是超越个人文化和阶级文化（或共同体文化）的社会文化，它被超越阶级利益的精英创造，却可以为民众所共享。相对于利维斯，艾略特在更大程度上肯定了大众对文化活动的参与性。虽然从更大的范围来审视，艾略特的文化观仍是一种文化精英主义，但他的大文化观却为后人提供了瓦解精英主义的理论资源。

霍加特正是受到艾略特思想的启发和影响，开启了一种全新的"自下而上的"的文化观，但它却仅仅适用于霍加特所亲身经历的 20 世纪 30 年代的英格兰北部的工人阶级社区。一旦超越这个特定的历史横断面，即当他不再以一个工人阶级的少年而是以以为知识分子的身份重新审视新一代的工人阶级时，他立马从一种肯定性的赞扬转向了否定性的批判。如果以 20 世纪 30 年代的工人阶级的生活方式和产生于这种生活方式的文化观念为参照系，那么 20 世纪 50 年代在英国工人阶级那里产生并流行的一些新观念和生活方式显然是不能被接受和认同的，是应该批判的。尽管霍加特从内心深处相信早期工人阶级的生活方式具有同化外来文化的能力，从而以自己的独立性和封闭性来抵抗中产阶级文化的侵袭。但随着时代的发展，这两种文化力量的对比发生了戏剧性的变化：工人阶级的同化能力越来越弱，中产阶级文化的力量越来越多地渗透到工人阶级文化中。20 世纪 50 年代大行其道的大众文化就是两者的混合物。大众文化作为一种没有阶级特征的强势文化，将工人阶级从原来的文化中连根拔起，使得工人阶级不得不面对那种无家可归的深层失落感。霍加特对于工人阶级的这种无法再做自己文化主人的无力感深感悲痛。他的这种悲剧意识与利维斯在《大众文明与少数人文化》中表达的情感何其相似！不同的是，霍加特将"少数人"变成了"多数人"。可见，霍加特在肯定了工人阶级文化的价值后就以一种精英主义的怀旧论止步不前了。

威廉斯在借鉴艾略特思想的基础上，也强调文化了的整体性，提出"文化是整体的生活方式"。他强调指出："'文化'一词的发展记录了我们对社会、经济、政治生活领域的这些变革所做出的一系列重要而持续的反应。"①同时，文化现代含义的出现代表了一种朝向整体性评估的努力，即某一领域的变化会修改一种习惯法则，转变一种习惯行为，总体的变化完成后，会促使人们回顾总体规划，使人们把它当作一个总体进行重新审视。文化观念形成的过程就是慢慢地重获掌控的过程。由此可见，威廉斯不再将文化仅仅理解为精神、知识和艺术的总和，而是将物质生活方式和体制也纳入文化的范畴中，即文化可以涵盖社会生活的全部内容。在《漫长的革命》一书中，威廉斯更加清晰地指出："文化的社会定义是对一种特殊生活方式的描述，它不仅表达了艺术和学术上的一定价值和意义，而且也表达了体制和普通行为上的一定价值和意义。"②这个定义不但扩展了文化的内涵，使之包含了更广泛的范围，如电影、电视、流行音乐、广告等，而且强调文化是一种特殊的生活方式，并把文化和意义联系起来。一种特殊生活方式之所以重要，是因为它传达了

---

① ［英］雷蒙德·威廉斯：《文化与社会》，高晓玲译，5 页，长春，吉林出版社，2011。

② R. Williams. *The Long Revolution*. London，Broadview Press，1961. pp. 57-58.

特定的意义和价值。这一定义将文化分析理解为对一种特殊生活方式所内涵的意义和价值的阐释。

相比较而言，霍加特以阶级为中介对社会进行判断本身并没有错，但问题在于他对阶级的界定缺少了历史的维度。历史唯物主义本来可以在他的解释中帮上很大的忙，无奈霍加特对马克思主义并没有太高的热情。事实上，随着战后英国社会物质生活条件的改善、民主进程的推进、大众购买力的增强以及这些导致的工人阶级需要层次的提升，工人阶级有了更多参政议政的可能，他们开始走出之前的"家庭——邻居——群体"的人际关系网络，走向更大的社会舞台，他们的抱团意识开始向"共同体意识"转变。这并非工人阶级退化的表现，反而是一种社会文化地位的提升。后者正是威廉斯看待这一事情的思路。他以乐观主义的态度看待新发生的这一切，将具有浓厚参与性和互动性的大众文化视为一种新的共同体文化的开端。所以，在威廉斯看来，工人阶级的文化主体性不是弱化，而是大大增强了。他相信大众文化是未来英国社会的希望所在。

综上可见，威廉斯在霍加特止步的地方继续向前，彻底摆脱了文化精英主义思维范式的束缚，初步建构了自己的文化观。威廉斯的观点代表了之后英国文化研究学派的主流，只不过"大众"或"多数人"的所指从最初的工人阶级转变成了各种弱势群体，如相对于男性的女性，相对于白色人种的有色人种，相对于异性恋者的同性恋者，相对于成人的青少年等。显然，文化研究成了一种捍卫他者的理论武器，它促使了早期文化研究中家长制意识形态的解体，致力于弥合主流和非主流的界限，赞颂社会的民主化进程。

威廉斯的文化观因其独特的创造性和重要性也遭到了第一代新左派内部理论家的批评。比如,汤普森指责他对文化的界定忽视了社会实践,特别是社会斗争。他指出,威廉斯将文化视为整体的生活方式,虽然避免了正统马克思主义的还原论和决定论的错误,但仅仅运用文化这一概念来揭示更为宽泛的社会过程的变迁和发展是不够的,因为在现实的社会实践中,冲突无所不在,而文化概念却忽视了现实社会运行和发展过程中的不平等和权力关系,不能充分地表达和解释社会的冲突和过程,明显缺乏一种历史感。所以,汤普森有针对性地提出,文化是"一种整体的冲突方式",而一种冲突方式就是一种斗争方式。

霍尔在《文化研究:两种范式》中总结性地分析了文化主义将实践还原为文化经验的错误。他指出,在文化主义的解释框架中,文化是通过经验得以传达的。威廉斯通过经验将主体的生存条件和社会实践全部纳入"整体的生活方式"中,致使不同的社会及文化实践之间的界限变得模糊不清。或者说,人所有的活动在作为一种整体生活方式的文化的观照下都被文化化或经验化了。威廉斯通过把所有的实践都归结为"经验",消弭了不同社会实践之间的差异,将文化变成了人们把握和理解世界的唯一视角。在文化主义者看来,缺少"文化"这一维度,就不能对历史的变迁做出充分而深刻的思考,因为这些社会变迁从本质上来讲就是文化的。在文化主义者那里,文化超越了人们所有的社会实践。正如霍尔所指出的那样,在文化主义那里,"'文化'不是一种实践……它贯穿了所有的社会实践,是它们互相之间关系的总括。"① 可见,文化主义根本不

---

① 罗钢、刘象愚主编:《文化研究读本》,53 页,北京,中国社会科学出版社,2000。

关注实践本身，无论是个人的社会实践，还是社会的结构性的对立冲突。文化主义分析实践只是"为了把握一个特定时代、作为整个经验性存在的所有实践和社会形态之间相互影响的方式"①。文化主义就这样通过将实践还原成经验，确切地说是还原成文化的经验，轻易地消解了各种实践之间的区分和差异。这一还原导致的结果就是将社会的发展看作一个自然的生长过程，而不是社会实践的斗争和发展变化的过程。文化主义者将社会中的社会实践与斗争都理解成了文化发展的自然组成部分，理解成了文化发展的逻辑体现。

汤普森对威廉斯和霍尔对整个文化主义研究范式的批评无疑是中肯的。单纯的文化概念确实不足以涵盖无限丰富的个人实践和社会实践，而要用它来把握社会历史的运行机制和发展过程时，文化概念就显得更加单薄和无力了。所以，正如经济概念不足以承担揭示历史运行和发展的复杂的整体过程一样，文化，特别是被还原为经验的文化也不足以涵盖社会总体性的内涵。

(二)文化生产是通过整体生活得以展现的表意实践

对于汤普森的批评，尽管威廉斯没有很快做出回应，但在 1961 年出版的《漫长的革命》一书中，他还是走出了早期的"文化与社会"的思想传统，开始以整个生活方式中各个要素之间的关系为研究对象，"以漫长革命这样的新方式去看待这一过程"②。也就是说，威廉斯开始关注

---

① 罗钢、刘象愚主编：《文化研究读本》，54 页，北京，中国社会科学出版社，2000。

② R. Williams, *The Long Revolution*, London, Chatto&Windus, 1961, p. XIII.

文化发展内部的复杂关系，仔细探究文化的动态发展过程。他不再仅仅将文化视为自然的、静态的生长，而开始强调特定时期和特定地点的"活生生的文化"①。并在此基础上，考察了英国社会变革，如工业发展、民主斗争、传播的延伸等给人们的思考和感受方式带来的影响，从而使文化变成了一个活生生的过程。

在1971年出版的《马克思主义与文学》一书中，威廉斯尝试借助对马克思主义文化理论的认真思考和探讨将自己的思想理论化、系统化，力求发展一种"文化唯物主义"。"文化唯物主义的研究对象就集中于文化生产和文化实践方面"②。在这时的威廉斯看来，作为一种"整体的生活方式"，文化就是通过整体生活得以展现的表意实践，由此，文化被赋予了物质性和整体性的特征。

文化唯物主义强调了文化的物质性和实践性，将文化活动视为一种物质生产形式。这意味着文化具有自己的生产方式和生产机制，是社会生产不可或缺的一环。威廉斯对文化的这一全新阐释明显超出了一般文化学的视野，进入了一个更广泛的社会学视野。对文化物质性的揭示和强调有助于摆脱在文化问题上的传统的二元论束缚。既然文化活动是一种物质生产，那么对它的探究就必须在物质生产和物质条件下，通过日常生活的表征和实践来进行。这就需要找一个工具承担像生产关系那样的社会纽带作用。通过它，人们可以理解一个时代、一个社会的社会关系和总体状况。威廉斯从英国的文化研究传统中挖掘出了"情感结构"这一概念，来充当文

---

① 罗钢、刘象愚主编：《文化研究读本》，133页，北京，中国社会科学出版社，2000。

② R. Williams, *The sociology of culture*, New York, Sehocken Books, 1982, p. 14.

化和社会之间的桥梁。在他看来，文化与社会的统一性就在于它们都是被人们经历和体验的实际生活。"情感结构"是对社会关系以及与之相应的普遍的文化、意识形态形式和各种特殊的主体性形式之间关系的综合。

威廉斯指出，文化是由一个一个的"情感结构"构成的表意系统，覆盖着日常生活的全部活动、关系、机制和习惯，通过这个系统，一种社会秩序得到传达、再现、体验和探索。情感结构是一种无意识，但是从文本中将其挖掘出来后，就可以借助其从整体上把握表意系统，从中阐明某种生活方式的意义和价值并揭示文化活动中的同一性、对应性、不连续性、和冲突性，发现共同的文化结构，进而寻求一种不同于资本主义异化世界的新的生活方式。可见，"情感结构"具有重要的中介作用和交流作用。就人们的现实生活而言，文化这个表意系统提供了某种交流方式，并形成一定的交流机制，使社会中的不同个体实现交流和沟通，是个体与现实世界发生联系的中介，从中可以观察理解我们的生活方式并把握现实的社会关系。

对生活在现代科技文明世界的现代人来说，他们快节奏的时间体验和零散化的空间感受已经不同于康德的时空范畴，形成了新的感觉结构。电影、电视等新的艺术形式则为这　新的感觉结构提供了新的表达手段和工具。技术的更新、情感结构的变化，必然要求新的文化形式的出现。人们生活在现实世界中，现实生活关系不断发生变化，在与众多大众文化文本的接触中，人们以自身丰富的日常生活经验去理解、体认一系列的意义和价值。个体感受性和身份认同是每个时代情感结构形成的必不可少的内在条件。威廉斯始终认为，个人与社会之间存在着共同建构历史的纽带，"情感结构"表明人与社会之间存在着文化的关联。"情感结构"承担着将个人经验上升为社会经验，乃至最终概括为文化的功能；同时，它也是一种再认识。文化不仅具有建构功能，也就有认识功能。

伊格尔顿在《批判与意识形态》一书中批评了威廉斯的"情感结构"概念，并在此基础上批判威廉斯关于文化与社会关系的理论。他提出了一种更为动态的意识形态理论。在他看来，意识形态远不止是一些自觉地政治信念和阶级观点，而是构成个人生活经验的内心图景的表象，是与体验中的生活密切相关的、审美的、宗教的、法律的意识过程；而文学文本反映的并不是历史实在，而是反映了产生现实影响的意识形态的作用机制。据此，认为威廉斯所谓的"情感结构"本质上都是意识形态作用的结果，并基于此，对威廉斯想依靠活生生的经验来建构共同文化已达致社会主义目标的做法提出了怀疑。在伊格尔顿看来，文化既是人类的自我区分，也是人类精神的自我治疗，文化还是对工业资本主义进行批评的依赖，它在对工具理性的崇拜浪潮中充分肯定人的能力的整体性、均匀性和全面发展，具有超阶级性、反党派偏见的超越地位。伊格尔顿从自己的文化批判角度出发理解马克思主义，他强调，马克思主义认为在阶级社会里，新兴文化伴随着阶级的产生而出现。他与马克思一样，重视文化与阶级、国家的关系，认为民族性是文化的自然属性之一。并且认为任何特殊的民族或种族文化要盛行起来，只有通过国家的统一原则，而不是凭着自己的力量。各种各样的文化本质上是不完整的，需要国家的补充才能真正完善。

鉴于上述批评，威廉斯在借鉴阿尔都塞"多元决定论"基础上，进一步强调了实践内部的复杂关系，从而显现出活的生活经验与发展过程。威廉斯认为："'多元决定'概念比任何其他作为一种理解历史的活生生的形势和真正的实践复杂性的概念更有用。"①但阿尔都塞并没有说明"多元决定"中的那些相对自主力量之间的关系是怎样的。于是，威廉斯只得寄希望于通过葛兰西的文化领导权理论找到文化发展过程中各个因素之间复杂关系的动力根源和作用机制，即领导权的统治与从属。在他看来，葛兰西的领导权概念"对于以选举及民意为主的社会，尤其重要"②。而且，对于欧美的马克思主义者，非常有必要把文化理解为一种社会生活方式，承认常规化的社会生活基本上是由文化来铸造和实现的。在《关键词》中，威廉斯考察了葛兰西领导权概念的含义。他指出，葛兰西用领导权来描述和分析社会各个阶级之间的支配关系。当然，这种支配关系涵盖甚广，包括特定的观察世界、人类特性及关系的方式，并不局限于直接的政治控制。简言之，领导权不仅表达了统治阶级的利益，而且这种利益被从属阶级或大众接受为"常识"，从而深深嵌入了大众的意识之中。因此，革命应该是对包括各种活跃经验和意识形态的"完整"的阶级统治形式的变革，不能仅仅体现为一种政治或经济上的颠覆。

威廉斯在《马克思主义与文学》中详细地对比了"文化"和"意识形态"的概念，并在此基础上指出，领导权超越了这两个概念："领导权超越'文化'……在于它很好地将'整个的社会过程'和特定的权力分配及影响结合了起来……在任何真实的社会中，都存在着特定的不平等，这体现

---

① R. Williams, *Marxism and Literature*, Oxford, Oxford University Press, 1977. p. 88.

② ［英］雷蒙德·威廉斯：《关键词：文化与社会的词汇》，刘建基译，393 页，北京，生活·读书·新知三联书店，2005。

在手段及由此而带来的实现这一社会过程的能力上。在一个阶级社会中，这些在根本上体现着阶级之间的不平等。葛兰西由此提出了认识统治与从属的必要性，然而这统治与从属还仍然被看作是处在一个总体的过程之中。正是在这种对过程的总体性认识中，'领导权'概念也超越了'意识形态'。"①此外，威廉斯还揭示了领导权运作的内在机制，指出它是通过"整合"作用来实施的。威廉斯所谓"整合"是一个统治集团与从属集团之间持续斗争的过程，并非一方对另一方的简单控制或主宰。领导权在持续斗争的过程中会受到来自从属集团的不断抵制，因此，它必须不断地在这种挑战和抵制中调整、修正，甚至重建自身，使自己形成一个"真正而连续变化"的活生生的过程。可见，威廉斯强调领导权是一个不断的自我调整过程，而不是一种固定的抽象价值。也正是因为如此，威廉斯才强调要用"实践性的"、具体的"领导权的"和"主导的"这样的概念取代抽象的、固定不变的"领导权"的概念。威廉斯对葛兰西领导权在用词上的改造可谓用心良苦，目的就是要强调一个活生生的、过程的领导权，并避免其再被拉回到经济基础和上层建筑的框架中。这表明了威廉斯对领导权理解上的深化，即从强调领导权实施效果转向强调领导权的内在运作特点，进一步凸显了现实社会实践的复杂性，并由此超越了文化和意识形态概念。一方面，领导权的统治与从属关系之间权力的不平等引发的特定权力之间的斗争形成了一种动态的社会发展过程。这超越了他早期的文化概念。另一方面，威廉斯仍然将这个过程理解为一个

---

① R. Williams, *Marxism and Literature*, Oxford, Oxford University Press, 1977, pp. 108-109.

总体的过程，而不强调结构上的冲突与对立，或表达某一特定阶级的利益，从而也超越了意识形态的概念。

威廉斯关于文化的界定改变了长期以来人们对文化的静观方式，也打破了学界对文化观念思考的精英立场，他坚持认为有必要审视作为整体的文化过程。在1973年发表的《马克思主义文化理论中的基础和上层建筑》中，威廉斯将研究经济基础和上层建筑的关系视为马克思主义文化分析的关键。他指出，我们必须把上层建筑定义为文化实践的相关范围，比如，文学这种上层建筑就很难说它是始终以或多或少的直接方式在上层建筑中，模仿和再现了现实的基础。文学及其他上层建筑对基础以及整个现实还有生成的作用。此外，我们还必须将经济基础从固定的经济或技术抽象物观念中抽出，推向人类真实的社会和经济关系，其中包含着基本的斗争与变异，因而成为总是处在运动过程状态中的特定活动。可见，威廉斯并没有把经济基础和上层建筑理解为固定不变的实体，而是将其视为过程，强调基于动态过程的角度来理解二者的相互作用、相互生成的关系。但正统马克思主义把形态和内涵都十分丰富的文化与文学直接指向经济基础，将经济基础与上层建筑的关系变得生硬而简单。事实上，在任何社会的任何特定阶段，总存在一个由实践、意义和价值等组合的核心系统，这就是文化。它既体现着人们在经济基础中的地位，又表达着上层建筑里的诉求。社会正是通过文化的描述来理解和反映共同的社会经验，分享共同体的意义和价值的。文化是人类现实力量的特殊形式，亦是社会共同体的普通活动，是日常生活的方式。在英国，威廉斯是第一个从理论上尝试理解文化的多维度性质、尝试理解文化与其他社会实践（如政治）的相互依赖关系的理论家。

作为威廉斯的学生，伊格尔顿一方面基本赞同威廉斯对文化的新界定，认为这种全新的文化阐释比自由理想主义的文化更丰富、更多样、更开放、更灵活。文化不再被视为完成了的静物，而是社会各个阶层和阶级在共同实践中不断重新创造和定义的整个生活方式，因此，他继承了文化是民有和民享的思想。另一方面作为当代英国著名的西方马克思主义文学理论家和具有独特风格的文化批判家，伊格尔顿进一步从历史唯物主义和词源学方面深化了对文化的唯物主义理解。他指出，文化在本质上是实践，是生产。文化研究的目的不是为了解释文化，而是为了实践地改造和创造文化。文化是具体实在的与我们的日常感觉紧紧联系的政治现实问题，文化是政治斗争的场所。

20 世纪 80 年代以来，伊格尔顿一直致力于文化问题的研究。在他看来，后现代是一个文化研究的时代。他在继承并不断超越前辈们的文化批判理论的基础上，形成了颇具特色的后现代语境下的文化批判理论。他的文化批判一方面具有鲜明的马克思主义文化批判的色彩，另一方面彰显了文学和文化两大维度。

伊格尔顿以马克思的文化与社会理论为指导，从社会物质关系来诠释文学和文化。同时他继承了威廉斯文化主义的研究思路并加以批判改进，形成了既注重文化的物质属性又兼顾文化与社会的现实互动关系的独特研究路径。当然，他同样也受到英国本土经验主义思想的深刻影响，在自己的著作中常常引用洛克等经验哲学家的思想。但要指出的是，由于其所处时代的不同，再加上阿尔都塞结构主义的深刻影响，伊格尔顿文化批判思想的首要特征是一种逻辑的建构。

伊格尔顿"文化批判"合法性的逻辑基础是"文学"这一概念内涵的扩大。文学的范畴和文学研究的对象不再仅仅局限于文学的范围，而是包罗了一切文化现象，实现了从文学向文化的转向。这种转向构成了伊格尔顿文化批判的前历史和现实态势的背景。在其代表作《马克思主义与文学批评》一书中，伊格尔顿从马克思主义的经济基础与上层建筑的关系入手研究文学理论，提出了他的文学批评观点。他指出："文学理论具有无可非议的政治倾向性。所谓'纯文学理论'只可能是一种学术神话。作为有着鲜明的意识形态意义的文学理论绝不应当因其政治性而受到责备"①伊格尔顿认为文学是意识形态的一部分，但从另一种意义上说，它也是经济基础的一部分，文学生产的是表达体现，各个时代的文学文本从行文风格、内在结构、人物塑造等方面形成了风格各异的文本物质形式。

在《文学理论引论》和《批判的功能》等著作中，伊格尔顿开始从理论思辨转向政治实践，从文学批评转向文化理论。这种方法坚持了文学批评的大视野，注重文学本身的外部性联系，即文学一方面处于文化生产的中心地带，另一方面又与社会生活中的其他领域，如经济生产和政治生产等存在着千丝万缕的关系。因此，文化研究不能仅仅从文化本身着手，还应该从文化所具有的经济属性、政治属性等唯物主义的性质入手。伊格尔顿牢牢地树立了"文化"在社会思考中的中心地位，用自己的方式突破了利维斯主义把文化单一化的变为高雅文化、把文化创造者和

---

① ［英］特里·伊格尔顿：《马克思主义与文学批评》，文宝译，38 页，北京，人民文学出版社，1980。

分享者规定为少数精英知识分子的思维方式。按照后者的路径，文化批判必然走向体制内的自我批评，缺乏多元的交流与汇通天下。最终既不能解释清楚文化的内在机制，也不能正确认识文化的本质和社会功能。简言之，利维斯主义的文化批判缺少社会批判的维度。伊格尔顿的文化批判将文化看成是人类智慧之光，它的社会功能在于主导没有受过教育的民众及其生活和思想。在他看来，马克思主义的文化理论必然是为政治实践服务的，这种政治实践的目的就是早日实现社会主义。最终，伊格尔顿以马克思主义文化批判理论为出发点，以威廉斯的文化主义方法为模板，形成了自己的文化批判理论。

在现代社会，文化是一个纠缠着各种利益的复杂存在。伊格尔顿从三个方面概括了文化一词现代意义：第一，文化意味着礼貌、文明等，意指一种普通的知识精神和物质进步的过程；第二，文化呈现出有特色的生活方式的现代意义。文化不是关于普遍人性的宏大叙事，而是多样性的特定生活方式，它具有自己独特的发展规律。它是种族的而非世界的，是在原比思想更深的层面上依靠情绪生存的现实，对文化的体会远比推论式的理性维度更深刻。这意味着文化本身是复数的和多元的；第三，专门指称艺术的文化。这种意义上的文化大到可以包括一般的智力活动，小到指称那些更为"形象的"追求，比如音乐、绘画和文学。

很明显，在伊格尔顿那里，文化和生活世界建立了一种同一关系。这种文化观与马克思主义的文化观以及威廉斯的文化主义异曲同工。他们都把文化与阶级生活联系起来，文化日常化、生活化了。但必须指出，伊格尔顿反对文化主义后来出现的泛文化倾向。他认为，威廉斯后期将个体的思考习惯等十分微观的存在也视为文化，显然过于宽泛了，文化变得和社会享有共同的资源。另外，伊格尔顿还指出，这种泛文化倾向还有可能导致文化成为总体商品的组成部分。这样，文化讲不出必然性的范畴从哪里结束，自由的王国又从哪里开始。过于泛化、个体化的文化定位将把社会变成原子化的社会。相反，文化的可贵之处在于具有社会批判与纠错功能，文化要求人们为公正而呐喊，关注自己的局部利益以外的整体利益，将文化与实现弱势群体的公正联系起来，从而文化可以改善社会的结构及其功能。

从反对泛文化倾向的立场出发，伊格尔顿进一步批判了后现代主义的文化相对主义。他在《后现代主义的幻象》以及《文化的观念》等著作中表达了对后现代主义文化理论的基本态度。他指出，虽然文化可以松散的概括为构成特殊群体生活方式的价值观、习惯、信念和惯例，但在文化主义的先驱们那里，对文化范围的这种泛化态度是有着明确的政治目的的，即把工人阶级的生活样式纳入文化，从而把工人阶级纳入文化主体中。后现代主义者却误解了这一点，他们把文化扩展到跟"社会"范畴一样的存在。在他们看来，警察是一种文化，博物馆是一种文化，甚至一个特立独行的人也可以成为文化。伊格尔顿认为这是一种明显的文化相对主义。后现代主义者在文化问题上的相对主义立场还表现在，他们坚持的文化差异观念本身是自相矛盾的幻象。后现代刻意追求文化的差异性、刻意强调各种文化之间的独立性，会将文化置于危险的境地。文化相对主义过分强调文化的排他性和攻击性，使文化成为对现代生活的碎片化，比如它会成为某些支持民族主义、地方保护主义的权利集团维护自身利益的借口。后现代主义的文化相对主义还会导致文化价值评判功能的失衡。在这种情况下，文化完全变成了政治性的，它承担了伦理的、意识形态的甚至政治的任务，其实用性有所增强，但却丧失了自己的崇高品质，失去了精神向导的功能。于是，文化不再像人们希望的那样是解决问题的方法，而是转变成了实际问题的一部分。

作为对相对主义的回应，伊格尔顿提出了"一般文化"范畴。所谓一般文化，不是任何特殊生活样式的表征，它本身就是人类生活的价值。一般文化植根于人类共同的审美和道德情感。与之相对，还存在着各种各样的具体文化。具体文化反映人类生活的私人化领域，是文化由个人意义向社会意义的过渡，比如作为贵族的个人及其生活不是文化，但从贵族的整体来看，它就是一种文化形态。贵族的出现需要一定的社会条件，这反映了具体文化的形成需要一定的社会条件。伊格尔顿认为一般文化与具体文化的矛盾之处在于，一般文化是从多样性中采集一致性，是人类的自我疗养，它契合了文化的原初内涵——"心智的栽培"，而具体文化强调个性、差异，厌恶团结和组织。不得不说，伊格尔顿提出一般文化，并强调文化的相对独立性，是其对文化辩证思考的结果，也是与法兰克福学派文化观的一种遥相呼应，基于不同现实和理论传统产生的两种异质文化观从最初的截然对立，到最终的惺惺相惜，充分印证了马克思主义文化理论的科学性。

(三)文化是联系物质生产领域与社会关系领域的中介系统

作为伯明翰学派的核心和灵魂人物，霍尔跨越了两代新左派的代际鸿，对霍加特、威廉斯和汤普森等前辈的理论进行了梳理、总结和批判性继承，并在此基础上进行了再创造。正是在总结和批判前辈们理论成果的基础上，霍尔发掘了文化主义的理论核心和应用价值，并将其推广到英国工人阶级共同体以外的其他共同体，比如性别、种族、民族等群体的研究中，推动了国际人文学界的"文化转向"。同时霍尔也借助这一阶梯攀上了新的学术高峰。

霍尔以自己的理论积极介入战后的英国社会，很快就成了具有持续影响力的知名学者。他既是《新左派评论》的主编，也担任过伯明翰大学当代文化研究中心的主任。良好的沟通能力及行政领导身份使其成了新左派内部人际关系的协调者和思想的综合者，也使他既能以局内人又能以局外人的身份审视两代思想家持续了 20 年的思想交锋。他们争论的主题是如何才能实现马克思主义的英国化，发展一种能够有效解决英国社会问题的马克思主义总体性理论。1980 年，霍尔发表了文化研究史上最为著名的论文之一《文化研究：两种范式》，对新左派的争论做了一个权威性的总结。他在文章中区分了文化主义和结构主义两种文化研究范式，分别指出了两种范式的优越性和局限性，并提出了扬弃两者以达到更好地发展文化研究的新方案。

伯明翰学派理论家们的一个重要贡献就是，在强调文化的物质性和整体性的基础上，进一步丰富和发展了文化的定义。一方面，他们重新反思了马克思主义的基础——上层建筑模式，将文化看作一种生产方式；另一方面，他们突破了马克思主义的意识形态概念，将文化视为承载社会关系的符号系统并将这两个方面有机地统一起来，将文化理解为联系物质生产领域与社会关系领域的中介系统。

我们可以透过伯明翰学派对通俗文化的分析来洞察和把握他们的文

化观，因为它对通俗文化的研究具有奠基性的意义。约翰·斯道雷指出，现代通俗文化的研究始于马修·阿诺德，他打破传统，找到了把通俗文化置于文化这个大范畴进行研究的具体方法①。伯明翰学派继承了阿诺德的这一方法，将资本主义新兴的通俗文化作为主要研究对象，从其产生的社会环境、通俗文化的文化载体及其生产社会意义的过程、通俗文化蕴含的社会意识以及通俗文化对社会生活的介入四个方面探讨了通俗文化的本质特征。②

第一，从产生的社会环境来看，通俗文化是一种都市文化。威廉斯在《城市与乡村》中，基于"乡村"与"城市"这两个关键词进行分析，认为它们代表了两种"人类群体的经验"③，并用比较的方法凸显了城市的特性。资本主义的大生产扩大城市的规模，增加城市人口，积累城市财富的同时也创造了城市独特的生活方式。威廉斯认为城市的出现隐含了一种完全不同的生活方式及现代意涵。城市的形成为通俗文化的产生创造了各个方面的条件，其中最主要的是，它为城市居民提供了普及教育。在英国，教育最早是一种职业的训练、一种社会性格和特殊文明的训练。并由此造就了教士和贵族。中世纪时，教育依然是一种职业训练，但扩展到了培养哲学家、医生与律师。之后的文艺复兴时期，教育理论的发展引发了英国教育体制的改革，家庭教师产生。18 世纪末 19 世纪

---

① ［英］约翰·斯道雷：《文化理论与通俗文化导论》，杨竹山等译，22 页，南京，南京大学出版社，2006。

② 杨东篱编：《伯明翰学派的文化观念与通俗文化理论研究》，117 页，济南，山东大学出版社，2011。

③ R. Williams. *The Country and the City*. ST. Albans, Paladin, 1975, p. 9.

初，随着工商业的发展以及城市的形成，新式的普及教育逐渐增长，同时教育中的民主因素也开始增加。20 世纪，教育在社会中得到了广泛的普及，因为城市生活既有普及教育的需求，又提供了普及教育的条件。教育的普及培育了大多数社会成员的阅读能力，刺激了他们的阅读需要，同时也为他们提供了进行阅读所需要的闲暇时间。简言之，城市生活为通俗文化的产生准备了受众这一基本条件。由于城市里广泛出现的对阅读的需求，就产生了以满足这种需求而谋生的人，即作家也成了一种的职业。同时，城市也为通俗文化的印刷和出版提供了技术和设备的支持。

第二，通俗文化是一种媒介文化。伯明翰学派的学者指出，通俗文化并不是指通俗读物、电影、电视、音乐等文化形式，它们只是传达通俗文化内涵的符号系统，是通俗文化的载体而已。作为一种物质性载体，它需要遵循物质生产的规则进行生产和再生产。文化的生产与再生产是指作为符号系统的文化与意义系统的交流，进而产生新的意义。当代社会，通俗文化的生产与再生产就是借助于载体，即当代的传播媒介来完成的。随着传播技术的发展，当代通俗文化对这种媒介及其传播机制的依赖越来越大，这意味着媒介在文化生产与交流中的地位变得日益重要，以至于不能再仅仅将其视为一种传播的工具或手段，在某种程度上应该将其看作整个通俗文化生产和再生产的过程。或者说，媒介就是通俗文化在当代的存在方式。从这个意义上讲，通俗文化就是一种媒介文化。因此，伯明翰学派的学者们都纷纷将资本主义社会中的媒介作为自己的文化研究对象，试图从对媒介的研究出发来考察通俗文化。

第三，就通俗文化承载的社会意识来看，它是一种平民文化。对通俗文化而言，都市和传播媒介都只是社会意识的物质表现，正如威廉斯所说："城市不仅是一种现代的生活方式，而是一种决定性的社会意识的物质表现。"①这种决定性的现代意识就是一种与精英和贵族意识相对立的平民意识。因其承载了平民的经验和意识，在某种意义上，通俗文化也可以被称为平民文化。威廉斯澄清了长期以来将民众（People）完全等同于大众（Masses）的误读，对二者进行了区分。在传统的用法中，"大众"是一个用来描述一个民族大部分人的轻蔑用语。在现代意义里，"大众"依然保留了传统的意义，指一种低下的、不稳定的、无知的人群，即"乌合之众"。威廉斯指出，理解"大众"一定要回到经验中去。实际上并没有大众，只有把人视为大众的看法。大众实际上是对民众的看法，它也许有道理但却是片面的，不能概括民众本身。民众是从经验层面对大众的定义。事实上，当代社会现实中的民众远比理论上的大众要复杂得多。费斯克指出，从现实社会来看，民众是以众多方式适应和抵制主导价值体系的多种形式的社会群体②。或者说，民众随着社会的发展呈现出纷繁多样的形态。正因如此，威廉斯更倾向于将英国的劳动人民称为民众而非大众。虽然民众在现实生活中呈现出极为复杂的团体存在状态，但总体上看，他们从实质上来说都属于群众这个大的社会群体，其共同特点是与资本主义社会的主流群体，即资产者相分离，处于非主流的边缘地位。通俗文化承载的就是这样一种边缘化的社会意识。所以，费斯克说："通俗文化的自治性衍生于民众边缘化的和被压抑的

---

① R. Williams. *The Country and the City*. ST. Albans，Paladin，1975，p. 287.

② J. Fiske. *Television Culture*. London and New York，Methuen，1987，p. 310.

历史。"①

　　第四，通俗文化是一种日常文化。平民作为社会的边缘性群体，他们的意识、情感与价值观无不带有其日常生活经历的深刻烙印，因此，通俗文化只有通过对日常生活的介入才能影响民众的意识、情感和价值观。换句话说，对日常生活的介入是通俗文化发挥社会功能的主要形式，在这个意义上说，通俗文化就是日常文化。通俗文化对社会生活的介入首先体现为民众在通俗文化与自己日常生活之间建立起积极的意义联系。这种建立联系的行为一般从文本中产生，但并不是由文本提供的，它取决于民众的日常经验、社会语境同文本的相关性；其次，通俗文化对社会生活的介入还体现在消费者在行为上将通俗文化与自己的社会生活联系起来。费斯克指出："大众生产力是以一种'拼装'的方式，将资本主义的文化产物进行再组合与再使用的过程。"②这种"拼装"的方式就是创造性地将身边的物质资源、物质材料进行拼接和组装，进而创造出蕴含自己意图的符号客体。上述两个方面的关联不仅对民众的社会生活有积极的意义，同时对通俗文化本身也颇具价值。费斯克认为，通俗文化只有与民众的社会生活建立起这种复杂交织的密切关系，才算是实现了自身，因为通俗文化就是由民众与传播媒介共同创造的意义。通俗文化的参与功能正是在这个意义上打破了资产阶级的"距离说"。费斯克的这一观点源于布尔迪厄的一段论述："在大众娱乐中，参与是持续，明显的（嘘声或口哨等），有时候甚至是直接

---

　　①　J. Fiske. *Television Culture*. London and New York, Methuen, 1987, p. 310.
　　②　[美]约翰·费斯克：《理解大众文化》，王晓珏等译，177页，北京，中央编译出版社，2001。

的(进入舞台或表演场地);在中产阶级娱乐中,参与则是间断的,保持一定距离的,高度仪式化的。"①当然,也有一些学者表达了对通俗文化积极介入和参与日常生活所引发的消极后果的担心。他们指出这种危害集中体现在教育领域,认为通俗文化作为教育后代的范本有百害而无一利。霍尔和沃内尔等人通过将通俗文化分为不适合教育使用的通俗文化和适合教育使用的文化(他们称之为通俗艺术)对上述观点进行了较有说服力批驳,在一定程度上捍卫了通俗文化介入日常生活的合理性。他们指出:"通俗艺术跟民间艺术有许多相通之处,它是商业文化中的一种个人艺术。某些'民间'的成分得以保存下来,即使艺术家取代了不知名的民间艺术家,但表演者的'风格'要比公共风格更胜一筹。这里的相互关系更加复杂——艺术不再仅仅是生活在底层的人民创造的——还有通过表达和感受的习惯,相互影响重新建立起来的和谐关系。虽然这种艺术不再是'有机社会'的'生活方式'的直接产物,也不是'人民创造的',但从不适用于高雅艺术的方式来看,它仍然是一种通俗艺术,是为人民服务的。"②可见在霍尔等人看来,好的通俗艺术是能够重新建立表演者与观众之间的和谐关系的。

综上所述,通俗文化作为当代资本主义社会的新兴文化,以都市为生成环境,以媒介为文化载体,以平民的意识、情感和价值观为社会意识,以介入社会日常生活为发挥社会功能的主要形式。由于文化

---

① [美]约翰·费斯克:《理解大众文化》,王晓珏等译,164 页,北京,中央编译出版社,2001。

② [英]约翰·斯道雷:《文化理论与通俗文化导论》,杨竹山等译,64 页,南京,南京大学出版社,2006。

所有的性质最终都要落脚到它的功能性上，所以对通俗文化来说，最关键的界定就是"通俗文化是一种日常文化"，因为它体现了通俗文化的社会价值，从某种意义上说，也涵盖了通俗文化的其他三个方面的内涵。总体来讲，伯明翰学派的理论家们将对文化概念的探讨还原到历史和现实中，从重新论证经济基础和上层建筑的关系出发，拓展了传统理论语境中文化概念的内涵和外延，强调文化所具有的物质属性，将文化生产理解为物质生产和精神生产的统一。

伊格尔顿更明确地使用了"文化生产"这一概念，以强调文化的物质基础和政治意义。他指出文学既是意识形态的一部分，也是经济基础的一部分，所以，它是一种具有双重性的生产，即物质生产和精神生产。在他看来，书籍不只是有意义的结构，也是出版商为了利润而销售的商品。因此，文学也被视为一种制造业，是一个物质生产部门。

英国新马克思主义的这种文化整体观在一定程度上秉承了马克思研究"精神生产"的方法论并拓展了马克思的文化理论。如果说商品生产是马克思在 19 世纪对资本主义物质生产和精神生产状况的概括的话，那么文化生产就是英国新马克思主义对 20 世纪中期以后资本主义物质生产和精神生产复杂交织状况的新描述。可以说，文化生产是当代社会商品生产的一种特殊形式。消费社会的到来，使得商品的生产、流通、消费和文化更加紧密地交织在一起，这种相互联系既错综复杂，又呈现出历史性的变化。正如一些学者所说，当代物质生产的一个鲜明特色是当代经济的复杂的文化方面，在一定程度上已获得了自主权，因而可以将它们理解为一种有自身规律和实践特色的独立的文化。与以前的社会相比，现代社会更加凸显了文化生产的因素，也促进了人民生活方式的巨大的转变。人民的主体意识就蕴含在当代社会复杂的文化生产和再生产过程中。

四、小结

总的来讲，马克思是基于实践来理解文化的。在他的理论视域中，文化既表现为人类实践活动本身以及这种活动的方式，也体现为人类实践活动成果的总和。就具体内容来讲，文化包括三个相互联系的领域，即"作为主体的内在性的人的主观心态的领域、作为过程的对象化活动的领域、作为结果的对象化活动之产物的领域。"[①]通俗点讲，在马克思看来，文化渗透和贯穿于人类社会生活的方方面面，对经济和政治活动具有一种深层的制约和影响。只是在不同的语境中，马克思对文化进行分析时强调的侧重点不一样，因为在不同的社会历史条件下，经济基础决定上层建筑的原理的作用和表现形式是不同的。但他已经认识到，随着人类自觉的活动对盲目经济必然性的控制，以及人类知识的积累和文化自觉的提升，文化对人类社会发展的作用会越来越强，因此他谈到了精神生产并提出了考察精神生产的方法论原则。这一原则强调了在具体的社会实践中，文化与经济、政治等要素之间是一种永恒的交互作用，它会导致整个社会结构和社会形

---

① 许苏民：《文化哲学》，43页，上海，上海人民出版社，1990。

态的变革，因为文化从根本上不是与政治、经济等并列的领域或附属现象，而是人的一切活动领域和社会存在领域中内在的机理性的东西，是从深层制约和影响每一个个体和社会活动的生存方式。但不幸的是，后来的马克思主义者，特别是第二国际的理论家们却忽视了马克思基于实践对文化的深刻阐释，甚至走向了经济决定论。

西方马克思主义者基于对第二国际的批判，恢复并凸显了马克思思想中的主体性维度。他们将马克思主义哲学解读为实践哲学，并以不同的方式将对马克思主义哲学的探讨转到了文化领域，丰富和拓展了马克思主义哲学的文化批判维度。从卢卡奇基于"物化意识"和"阶级意识"的辨析，从而在主体意识及其文化实践上寻找变革世界的突破口开始，一种文化主义的马克思主义理论的倾向就已经形成了。葛兰西的文化领导权理论就是这种取向的集中体现。随后的法兰克福学派将其批判理论聚焦发达工业社会及其消费文化，对"文化工业"这一新的"控制形式"展开了跨学科的文化批判。英国的"文化唯物主义"更是将西方马克思主义的文化批判理论推向了高潮。

卢卡奇从探讨总体性原则出发，凸显了无产阶级主体性的重要性，甚至将实践仅仅归结为这种抽象的主体性。与卢卡奇相比，葛兰西对主体性的阐释更加系统化。他认为，主体只有借助于文化的创造性，或者说实践性，才能认识自己，从而提出了一种全新的文化实践论，即基于文化来理解实践。不可否认，卢卡奇和葛兰西对实践的关注和探讨使人们注意到了长久以来被忽视的马克思主义哲学的实践特性，这点意义重大。但基于什么去理解实践呢？在思考这一问题时他们却出现了偏差。无论是卢卡奇基于抽象的主体性，还是葛兰西基于文化的创造性来谈实践，他们都倾向与将一般主体的能动性当成实践的核心，从而忽视了实践的客观物质前提。其实，从本质上讲，实践是一种历史的客观物质过程。即便如此，卢卡奇和葛兰西在理论上还是肯定文化与作为阶级或群体的人的实践活动的一致性的，但这点在法兰克福学派的文化批判理论中也被抛弃了。在他们那里，文化被理解为一种理想的价值，现实的文化被置于这种文化的对立面，现实中主体的文化实践与真正的文化也不再相关。于是文化批判理论演变成了各种形式的意识形态批判。

与法兰克福学派的文化批判不同，英国新马克思主义沿着西方马克思主义开辟的从总体性出发解释马克思思想的新路径，关注文化，回归生活。在他们看来，文化是日常的，是内在于社会生活中的非常基本的实践，它存在于人们认识和改造世界的方式之中。文化生产不是简单的反映现实的意识形态的东西，它同时也凭借各种物质的和具有象征意义的形式来创造现实，是构成和改变现实的主要方式。文化生产就是社会主体在体制和日常行为中对文化的实际运用。文化的生产与再生产与其他生产活动的不同在于，它是对思想、感觉、意识等意义的建构。而且这种建构总是处于争论之中，"意义总是在具体的语境中得到商谈与建构，这种观点本身可以在无数与其他特定的知识生产者和使用者进行合作的策略语境中被修正与应用，没有什么比这更具有实践意义的了"①。

在我们看来，一个有机社会系统内部的每一种要素对整个系统而

---

① 陶东风：《文化研究》第1辑，63页，天津，天津社会科学出版社，2000。

言都具有重要意义。尽管经济基础是必然性的主导因素，但它的形成离不开系统内部其他要素相互作用的影响。因而我们需要关注的是"一般社会知识，已经在多么大的程度上变成了直接的生产力，从而社会生活过程的条件本身在多么大的程度上受到一般智力的控制并按照这种智力得到改造"。① 因此，是到了将"经济基础"从固定的经济或技术抽象观念体系中抽离出来，用其指称人类真实而复杂的社会和经济关系的时候了。我们必须深刻理解和把握"经济基础"与"上层建筑"处在不断运动过程中的现实。在这点上，英国新马克思主义关于文化实践的思想对我们认识和把握现实的社会实践提供了很好的借鉴。

① 《马克思恩格斯文集》第 8 卷，198 页，北京，人民出版社，2009。

第二章 ｜ 主体存在方式的转向

　　哲学是关于主体和客体相互关系的认识。一种
哲学，如果它面对的主体和客体是抽象的，就很容
易被时代所淘汰，很难成为具有时代影响力的哲学。
换句话说，哲学的生命力在于它能够不断地创造出
新的主体和新的客体，以及能够透视出这种主体与
客体之间内在的、真实的、具有规律性的相互关联
性。时代在不断变化，对象世界在不断变化，人也
在不断变化。哲学必须能够在自身的演进和发展中
及时地对这种变化予以关注和把握，尤其要重视对
主体社会存在方式的理解和把握，因为哲学只有在
关于主体的研究中才能得到不断的发展、深化和创
新，才能保持强大的创造力和生命力。

　　正如前面所讲到的，马克思主义哲学实现的最

深刻的变革就在于从人的实践活动本身来确定人的本质和历史的内涵。在马克思的视域中，实践不仅仅是一种具体的物质活动，或者认识的来源，更是人的基本的生存方式或生存结构。在这个意义上，实践和文化具有本质的联系。人的实践活动之所以能超越自然的规定性，创造外在对象和人自身，是因为它不仅包含体现物质活动特性的生产层面，而且还包含着体现精神和价值活动的文化层面。只不过实践的文化层面只是到 20 世纪初才开始逐渐变得清晰起来。

实践或文化是人的本质这一哲学论断的科学性，是通过不同时代人们的生存方式的转变逐渐清晰起来的。马克思主义哲学的创始人及其后继者坚持不懈地致力于在新世界观的指导下展现和揭示社会主体的存在状态。

一、物质生产视域中的总体主体

马克思主义哲学的创始人主要是从物质生产的角度来透视和把握人的存在方式的。一方面，他们在理论上以技术实践或工业为中介，既关注现实的人本身，又以此为条件来透视未来社会中人的存在，揭示并展现了人的本质发展的动态性；另一方面，他们在实践中基于现实的、具体的生产方式来分析"具体的"社会主体的分化和不同表现，明确不同阶级、阶层在变革社会和推动社会发展中的不同地位和作用，并据此制定相应的革命策略。正如伊格尔顿在《马克思为什么是对的》中所指出的那样："马克思思想的独特之处在于他将阶级斗争和生产方式这两个概念结合在一起，从而创造了一种全新的历史观。"

(一)工业或技术实践的主体

马克思主义哲学对主体理解的创新，体现在它将关于主体的思想与现实统一成一个有机的整体，即实现了对人的本质与社会本质的内在统一性的认识。马克思主义哲学从不把人视为抽象的、完全脱离于生活的、纯粹符号化的概念性的存在，也不只是将其视为生理学上描述的对象，而是将其视为一种感性的存在，特别关注人的现实的具体的社会实践。在马克思看来，人的本质是在实践中获得和改变的，人只有在劳动中利用工具，利用各种不同的生产手段才能满足自己的需求，形成社会存在。而在资本主义社会中，就是通过工业过程以及利用技术来满足人的需求的。正因如此，马克思强调必须把人的问题和生产劳动的问题关联在一起思考，在资本主义社会，尤其要同工业生产关联在一起思考。

在马克思看来，如果把技术的本质看作工业的本质，那么这个工业的本质也是人的本质的表现。"工业的历史和工业的已经生成的对象性的存在，是一本打开了的关于人的本质力量的书，是感性地摆在我们面前的人的心理学；对这种心理学人们至今还没有从它同人的本质的联系，而总是仅仅从外在的有用性这种关系来理解。"[1]后一种理解显然是浅薄的。在对劳动、工业以及和社会关系的认识的基础上，马克思提

---

① 《马克思恩格斯文集》第 1 卷，192 页，北京，人民出版社，2009。

出了诸多重要思想，尤其是产生了唯物史观的核心理念。生产力的发展可以用水平来衡量，而最明显地表现生产力发展水平的东西，是该社会或民族的社会分工程度，也体现为社会使用工具，使用技术的手段①。当我们把工业的本质、技术的本质和人的本质联系在一起的时候就会看到，人的本质是不断变化的，而且这种变化是同人变革对象的手段和能力联系在一起的，进入资本主义社会之后，尤其与这个时代的技术联系在一起，这是对人的本质的辩证理解。2003 年 2 月 24 日的《参考消息》有一篇关于隐形技术的文章写道：眼睛让我们如此地博爱，就是现代新技术的发展使我们具有透视隐形的能力，我们原来在衣服里面的东西都通过这种技术完全暴露在世界面前。例如，伦敦市有几十万个红外探测仪，我们走到哪儿都被监控，几乎没有隐私，这都是技术塑造的新人，可能人种不会改变，但是我们作为人的存在来说，彻底地改变了。不断创造出来的这个新的主体对哲学的意义就在于它不断地改变着哲学本身对主体是什么的理解。新出现的主体和以前的主体不同，我们赋予它新的特征和意义。而这些新的特征和意义，正是哲学在关于主体的研究中得出来的。可见，哲学只有在关于主体的研究中得到不断的发展、深化和创新，才能保持强大的创造力和生命力。

马克思主义哲学把人的本质、技术的本质和工业的本质联系在一起，从而使对人的本质的理解时刻体现在工业的发展中。工业的发展在不断地创造着主体，这难道不是一个令人震惊的哲学上的伟

---

① 乔瑞金：《马克思技术哲学纲要》，24—25 页，北京，人民出版社，2002。

大革命吗？以前的哲学家从未达到这个高度。只要工业和技术还在，就必然会和人的本质联系在一起，马克思主义哲学就永远不会过时。

另外，马克思主义哲学并不仅仅关注现实的人本身，同样也着眼未来社会中人的存在，把现实的人作为一个条件而关注未来。正是在这个意义上，我们说马克思主义哲学也是关于类的人的哲学，即关于人类的哲学，蕴含着一种崇高的理想境界。也就是说，马克思主义哲学不仅仅关注现实的存在，而且关注理想的存在，并将那种美好的理想视为对现实的改造，视为对现实的物的一种转化。马克思主义哲学以共产主义作为其追求的目标，而共产主义作为一种理想，作为一种在哲学中所要追求的人的终极意义，给人类未来的发展方向设定了一个美好的蓝图。一种哲学如果没有这样一种境界，就会失去其现实存在的理由。例如，现象学就是关于现象世界的学说，曾经产生了巨大的影响。但因其试图把一切本质的东西都抹杀掉，不去关注本质的存在，认为现象就是本质，这就使得这种哲学看上去似乎很有感召力，但实际上却失去了作为哲学本身应该具有的对本质的、规律的、基础的东西的把握。

总之，马克思主义哲学既密切关注现实的人的存在，又不断追求美好的未来，积极构建新的世界，并把这样的一些基本因素内在地统一起来。这是一种既能体现生命的现实意义，又能体现生命永恒意义的全新哲学思想，而联通现实与未来的就是主体自身。正像伊格尔顿在《马克思为什么是对的》中所说："在马克思的思想中，连通现实与未来的是工人阶级——这不仅是现实的一部分，也是彻底改变现实的动力。工人阶级在现实与未来之间架起一座桥梁，成为未来与现实的交汇力量。"

(二)无产阶级革命主体的培育

马克思主义哲学特别强调在一个特定的社会中要立足于特定的生产方式，不断发现和培育推动社会革命和发展的主体族群，塑造强大的创造历史的社会主体，为无产阶级乃至人类的解放凝聚力量。因为在马克思主义看来，无论哪个社会阶级，只要掌握了物质生产，就会成为社会发展的主体。

马克思通过对资本主义生产方式的批判，实现了对以资本逻辑为主导的社会体系内人的生存状态的揭示和反思，论证了无产阶级革命的必然性和长期性。之后，马克思主义哲学又被转化成不同国家的思想文化意识。列宁运用马克思主义哲学的立场、观点和方法，从分析19世纪80年代俄国现实的社会经济状况出发，批判了民粹派无视俄国已经走上资本主义发展的现实，坚决否认资本主义发展必然性，进而把村社农民看作实现社会主义的主要力量的错误观点，揭示了俄国资本主义发展的规律和特点，找到了变革这一社会的真正的主体力量。他指出："要摆脱这个社会，只能有一条从资本主义制度本质中必然产生的出路，这就是无产阶级反对资产阶级的阶级斗争。"①之后，列宁针对如何培育和引导这一主体力量及其农民同盟军进行了更为全面和深入的分析，最终依靠这种主体力量取得了俄国十月革命的胜

---

① 《列宁选集》第1卷，27页，北京，人民出版社，1995。

利。苏维埃政权建立后，列宁开始致力于从更宽泛的意义上去理解和培育社会主义建设所依靠的社会主体。他写道："不吸引更多的人民阶层参加社会建设，不激发一直沉睡的广大群众的积极性，就谈不上什么革命的改革。"①毛泽东运用马克思主义哲学分析中国的国情，看到并充分肯定了农民在中国民主革命中的伟大作用，明确指出了在农村建立革命政权和农民武装的必要性，着重宣传了放手发动群众、组织群众、依靠群众的革命思想。批驳了党内党外对于农民革命斗争的责难，找到了中国革命要依靠的主体力量。他说："中国有百分之八十的人口是农民……因此农民问题就成了中国革命的基本问题，农民力量是中国革命的主要力量。"②在这一正确认识的基础上，中国共产党在农村进行了土地革命，焕发了农民主体支持和参与革命的热情，最终取得了新民主主义革命的胜利。毛泽东后来总结到："忘记了农民，就没有中国的民主革命；没有中国的民主革命，也就没有中国的社会主义革命，也就没有一切革命。我们马克思主义的书读得很多，但是要注意，不要把'农民'这两个字忘记了；这两个字忘记了，就是读一百万册马克思主义的书也是没有用处的，因为你没有力量。"③面对中华人民共和国成立后社会主义建设中遭遇到的巨大挫折，邓小平再次依靠马克思主义哲学的强大创造力，找到了推动农村改革这一突破口，着力恢复农民的主体地位，具体讲就是确立农民的自主性，引导其自为性，尊重其选择性，鼓励其创新性，极大地调动了农民的积

① 《列宁全集》第 34 卷，141—142 页，北京，人民出版社，1985。
② 《毛泽东著作选读》上册，381 页，北京，人民出版社，1986。
③ 《毛泽东文集》第 3 卷，305 页，北京，人民出版社，1996。

极性，使我国的社会主义建设取得了巨大的成就，准确地把握了我国改革开放的方向和需依靠的主体力量。

二、文化批判维度中的消极主体

20 世纪的马克思主义者结合时代的变化，致力于推进马克思主义在世界范围内的传播和发展，并在这一过程中深刻地开启了揭示人的社会生存方式转变的文化批判维度。与马克思恩格斯更多致力于从经济政治层面揭示人的异化不同的是，他们把更多精力投入到现实的文化发展问题上。卢卡奇和葛兰西设想的西方发达国家的无产阶级革命、列宁领导的俄国无产阶级革命都把文化革命提到了重要的战略位置上。革命胜利后，列宁及其他社会主义建设者都高度重视发挥先进文化对社会发展的积极推动作用，把无产阶级和社会主义建设主体的文化培育和新文化建设视为社会主义建设的重要战略任务之一。

与社会主义国家的马克思主义者推进社会主义主体的新文化建设不同，发达资本主义国家的一些新马克思主义者发展了一种对现代工业文明的文化危机和现代人的文化困境的深刻批判意识。卢卡奇、葛兰西和法兰克福学派都将马克思的异化理论发展成了工业社会中的文化批判理论。他们敏锐地觉察到，20 世纪人类实践的发展虽然带来了空前丰富的物质财富，但也使人的异化普遍化了。这体现在除了人的具体的劳动产品异化为统治人的力量之外，技术理性、意识形态、大众文化等许多文化力量也变成了消解人的主体性的异化力量。

(一)主体"总体形象"的破坏

卢卡奇在马克思关于商品拜物教思想的启示下，深刻地揭示了人在新的历史条件下的物化生存，并提出了较为系统的物化理论。他认为，资本主义社会特有的商品经济形式决定了物化一定会成为资本主义社会普遍的、必然的现象。商品的秘密在于借助于把人们劳动的社会性质反映成劳动产品的性质，用物与物关系的虚幻的形式将人与人之间的真实关系掩盖了。卢卡奇给物化下了一个定义，即"人自己的活动、自己的劳动成为某种客观的、独立于人的东西，成为凭借某种与人相异化的自发活动而支配人的东西"①。市场经济相当发达的地方，物化体现为一个人的活动变成了服从于社会自然规律的非人的客观性的商品，从而与他自身相疏离。卢卡奇还进一步分析了物化的表现形式。首先，物化使人局限于狭隘的分工范围，特别是在高度专门化的资本主义社会，人们的生活更被局限在了小圈子中，失去了对整个社会的理解力和批判力。其次，物化将作为活生生历史过程的现实僵化和机械化了。人们的目光也因为对物的追求变得越来越近视，从而将现实理解为一个个孤立事实的堆积。再次，物化也使得无产阶级客体化和对象化了，从而丧失了他们的主体性和能动性，因为世界日益机械化的一个结果就是它的主体——人必然被机械化。由此可见，卢卡奇关于物化内涵的理解近乎马克思的异化概念，但卢卡奇主要还是侧重将物化描述为总体性的反面，即"总体形象的破坏"。在高度合理化的大工业生产中，随着客体被分割

---

① [匈]卢卡奇：《历史与阶级意识》，王伟光等译，85页，北京，华夏出版社，1989。

成许多部分，工人也被"原子化"了。这种影响深入工人的灵魂中，就形成了一种物化意识，即把科学化的生产方式当作规律来加以接受并使之永恒化。可见，在关于物化的具体表现形式方面，卢卡奇涉及许多马克思没有加以论述或没有充分展开论述的内容。

卢卡奇还指出，20世纪现实的发展已经使我们无法仅从阶级对立的视角来区分物化的存在方式和非物化的存在方式了，物化成了发达工业社会的普遍性结构，与每个人的生存和命运相关。首先，物化的范围扩大了，这体现在：一方面，在资本主义的经济关系下，工人的命运延伸成了整个社会的命运，或者说，全社会的人面对着同样的商品原则和物化结构。另一方面，每个人除了在合理化生产过程中面临的物化命运外，政治领域的物化和普通官吏在官僚政治体制中的物化也是普遍存在的。其次，物化的程度加深了。卢卡奇指出，在我们生活的这个时代，物化在全社会普遍化的一个直接后果就是物化内化到了人的活动方式，甚至生存结构中，形成了一种物化意识，即人非批判地与外在的物化现象和物化结构认同的意识状态。卢卡奇指出，实证的自然科学的研究方法是资本主义物化意识的主要表现，这种方法"崇拜事实"。但是从事实中是得不出来总体意识的。整个资本主义正是用这样的"科学方法"来进行统治和控制的。

卢卡奇的理论将人类理性批判的目光从关注政治压迫和经济剥削，转向了现代人在文化层面上的困境，并以物化理论为依据来把握现代社会。卢卡奇物化理论的新颖之处在于他创造性地将物化与近代社会的理性化进程做了有机的结合，并由此开启了西方马克思主义技术理性批判的主题。与马克思不同，卢卡奇更主要的是从人的活动方式本身来理解和分析物化结构和物化的负面效应。卢卡奇把扬弃物化作为自己的理论宗旨。为了这一目的，他提出了总体性原则和以无产阶级的阶级意识的生成为核心的主客体统一的辩证法。

(二)主体的"意识形态化"

面对中西欧无产阶级革命失败，与卢卡奇通过聚焦主体的物化引出其总体性理论不同，葛兰西是通过比较东、西方社会结构的差别，提出自己的"总体性"观点的，即文化领导权理论。

葛兰西首先基于 20 世纪社会现实的发展，拓宽了市民社会这一概念的内涵，使之从经济领域扩大到上层建筑，接着又对市民社会在社会结构中的地位做出了新的规定。市民社会是指从经济领域中独立出来的伦理文化和意识形态领域。它代表着传统的经济基础与上层建筑之间一个相对独立的领域，在社会机制的运行过程中起着十分重要的作用。它的凸显使得西方发达国家的社会结构开始变得更加复杂化：一方面，经济领域的要求和必然性更多是通过市民社会的中介采取合理化的方式和契约的、民主的程序，对国家和政府起决定作用的；另一方面，国家所代表的政治领域对社会经济生活的安排也更多通过市民社会对文化、伦理和意识形态领域中的领导功能来体现。简言之，在当代西方社会，文化领导权日益凸显，而国家的政治强制性变得日益弱化。葛兰西指出，"至少在最发达国家情况下，'市民社会'已变成一个非常复杂的结构，一个抵挡直接经济要素灾难性的'入侵'的结构"。简言之，在西方发达国家，资产阶级的意识形态，诸如世界观、生活方式、愿望、道德、习惯已经被公民中的大多数高度内在化了。

由此可见，葛兰西转变了马克思主要从物质生产的角度来把握人的存在方式的做法，开始基于他的市民社会理论来揭示主体在现代社会中的异化，即"意识形态化"。为了使主体摆脱这种存在方式，葛兰西设计了一种理想的主体形象，即将其置于文化发展和提升的视域中来考察，使主体变成文化的主体，强调了文化的创造性功能。

葛兰西虽然坚信文化的创造性功能，但并不认为这种创造性功能的发挥是自发的。他通过将文化区分为两个层次——"常识"和"健全的见识"——来揭示文化创造的基础和动力。他写道："我赋予文化这样的意义：思想的操控、普遍观念的获得、把因果联系起来的习性。对于我来说，每个人早已被文化化了，因为每个人都思考，每个人都会把因果联系起来。但他们是经验地、原始地被文化化了，而不是有机地。"[①]这里，每个人被"文化化"就是一种常识，它之所以会变化，是因为它还没有被提升到"健全的见识"层面。"健全的见识"意味着完美的思考、思想的自由。在葛兰西看来，常识指的是现存社会中一般人所秉承的一套并不融贯一致的假设和信念。健全的意识则与之相对，与哲学相吻合，是对宗教和常识的批评与取代，是一种"智识秩序"，具有统一性和一致性，它以一种融贯一致的思考方式去认识、理解和把握世界以及认识自己，摒弃了常识状态中的散漫、无序、易变以及经验化的特点。

当然，葛兰西对"常识"和"健全的见识"的区分并不是简单的文化层次的区分，而是将这种区分与社会阶层和文化对抗结合了起来。他指

① A. Gramsci, *Selection from Cultural Writings*, edited by Forgas, et al., Cambridge, Harvard UniversityPress, 1985, p. 25.

出，下层人民的文化世界根本就不是系统的，而是非连续的、混杂的，是以一种零碎的方式随着时间的推进而慢慢堆砌起来的，或者说正处于一种常识状态。也正由此，葛兰西强调必须对下层人民进行文化的提升，使下层民众由常识状态进入一种健全的见识状态，而不是固守所谓的民间文化。葛兰西批判了那些宣扬要保护下层人民文化的民俗学者。在他看来，所谓保护民间文化在一定程度上就是在保护特权阶级、统治阶级或官方文化的特权，压制乃至阻碍下层人民改变现状，提升革命意识的可能。这也是造成社会不平等的一个根源。正如柯里汉所说："对葛兰西来说，不平等的一个关键维度是下层人民不能系统地去解释他们所生活的世界，而这些解释就有可能以有效的方式去挑战现存的霸权解释。"①由此可见，在葛兰西那里，民俗文化所体现出来的不是传统与现代的关系，而是统治与被统治的关系。换句话说，葛兰西并不是从时间的角度去理解民俗，而是从空间的角度，即阶层（阶级）对抗的角度去理解民俗的，如他对语言的理解。这正是葛兰西理解问题的一个重要特点，也形成了他的革命理论的阐释结构。

后来的西方马克思主义者大都秉承了葛兰西基于文化来透视主体生存状态的视角。但面对 20 世纪三四十年代越来越凸显的主体生存的文化困境，欧陆的马克思主义者们，特别是法兰克福学派越来越倾向于从理想主义文化观出发，将现实主体的存在方式理解为绝对的异化状态。他们致力于揭示文化工业的发展所造成的严重后果。这种后果集中体现

---

① K. Crehan, *Gramsci, Culture and Anthropology*, Berkeley, University of California Press, 2002, p. 104.

在除了传统的政治力量和经济因素作为统治力量存在之外，原本是人的创造性本质和个性的确证的文化也走向了异化，成了统治人、操控人的力量，以及人与现实认同的中介要素。众所周知，文化是人的基本的生存方式，因此，文化的异化是人的本质的异化，是人的最深层次的异化。面对这种现状，法兰克福学派的学者们寄希望于主体基于人类实践的超越本性和批判精神，与自身的文化困境相抗争。英国新马克思主义者承认意识形态因特定社会语境而产生后，就历史地存在，并作为历史，客观地起着将人塑造成主体的作用。但与欧陆马克思主义者不同的是，他们不是从静态的视角出发去强化这一结果的消极方面，而是致力于努力揭示这一结果形成的动态过程，将意识形态的作用机制理解为一种文化生产过程，并力图在这一过程中充分展现被塑造的主体的能动性和抵抗潜能。

三、文化生产视域下的能动主体

英国新马克思主义者基于马克思主义，特别是历史唯物主义的政治立场，突破了本国占主导地位的保守主义者的精英主义文化观。众所周知，英国的精英主义文化传统强调文化是世界上最好的思想和言论，否定逐渐兴起的大众文化，以保守的方式来反抗资本主义的现代性。英国新马克思主义者在批判本国传统的精英主义文化观的基础上，力图把大众文化，特别是工人阶级文化引入文化的内涵中来。于是，他们走出文献，回归生活世界，拓展文化的内涵，将其与普通人的日常生活和经验联系起来。但在实践层面上，他们却继承了精英主义文化传统对文化社会功能的强调。他们将大众文化视为当代资本主义具有政治抵抗潜能的新兴文化，并深刻阐释其与高雅文化、商业文化乃至资本主义社会对抗的方式和途径。他们的研究和探讨实现了文化研究与普通大众实践活动的关联，从而克服了法兰克福学派以及传统文化研究漠视，甚至否定民众主体能动性的弊端，全面揭示了当代资本主义社会中能动主体的存在状态。

在英国文化批判思想的发展过程中，随着政治、社会形势以及理论背景的变化，英国新马克思主义者将研究对象先后聚焦于文化的不同表现形式，即工人阶级文化、亚文化和多元文化。这种研究对象的变化在很大程度上体现了他们对主体的存在状态的反思。

(一)工人阶级主体的整体性

英国新马克思主义者关于主体能动存在状态的揭示和论证首先是从确立工人阶级合法的文化主体地位开始的。第二次世界大战后，经济的平稳发展促使英国社会在政治、文化和人民思想方面都发生了巨大变化，工人阶级的生活方式和休闲方式也发生了很大的改变。一些人提出传统工人阶级这一社会主义的主体的批判意识已经消失了，同时，保守主义也对由美国传入的大众文化进行了强烈的谴责和批判。在这种背景下，以霍加特和威廉斯为代表的一些来自工人阶级的知识分子开始站在工人阶级的角度重构一种文化理论，即一种承认工人阶级文化合法性的理论，最终的目的是确立起工人阶级在文化中的合法主体地位。

霍加特对保守主义者将工人阶级看成是静态的，认为他们对变化的世界无动于衷的观点提出了反驳。他认为工人阶级生活方式的连续性和变化只有通过比较分析才能理解。于是在那部具有传记色彩的《文化的用途》中，霍加特根据自己童年时代的经验，描述了20世纪30年代带有利维斯所说的"有机社会"色彩的工人阶级的生活和文化。在那里，大众娱乐以及邻里和家庭关系的社会实践之间的联系构成了一种复杂的整体，其中公共价值和个人的生活实践是紧密联系在一起的，这是真正的工人阶级自己的文化。批判家们是由于自己的阶级偏见才将其误认为大众文化的。从上面的论述可以看出，霍加特虽然基于自己的经验积极捍卫工人阶级文化的合法性，但他衡量工人阶级文化的标准仍然来自精英主义，因此，他对工人阶级文化的辩护并没有为工人阶级文化找到自己的真正的立足点。另外，霍加特甚至不加区分地将当时流行的大众文化视为一种内在的假文化。总体来看，霍加特对工人阶级文化主体地位的确认只是初步的，真正系统的工作是由威廉斯来完成的。

威廉斯的文化唯物主义关注的主要问题不是具体的文学作品，也不是抽象的社会构型，而是生产文化的全部物质设置这一中间领域。他强调的文化的物质性意在全面审视物质媒介和意义之间的复杂关系。如果说，汤普森的阶级意识理论为工人阶级验明正身，霍加特完成了对工人阶级文化的确认；那么，威廉斯则通过物质性的文化立场，为当代社会主义实现对工人阶级文化和社会革命力量的救赎，提供了一条文化批判的路径。[①] 威

---

① 欧阳谦等：《文化的转向：西方马克思主义的总体性思想研究》，344页，北京，中国人民大学出版社，2015。

廉斯从工人阶级创造的独特机构，如工会、合作化运动和政党等生活世界的存在，将工人阶级的生活样式整合为一种文化，这就是他所讲的大众文化。为了揭示文化独特的生产机制，威廉斯进一步分析了大众文化。

大众文化是一个内涵非常丰富的概念，著名文化研究学者约翰·斯道雷从词源学的角度，提出了大众文化的两层不同甚至相反的含义：一是否定性含义的"mass culture"（大众文化）；一是中性的或肯定性的"popular culture"（通俗文化）。传统意义上的大众文化指的是在某一特定时期，多数人拥有的共同的行为习惯和生活方式。随着 20 世纪的到来，这种意义上的大众文化已经被取代了。约翰·斯道雷指出，现代意义上的大众文化是随着现代科技和工业发展，以及城市化的出现而出现的，它以大众传媒为媒介和载体，是一种具有商业价值和娱乐价值的、为大众市场而批量生产的消费文化。从精英主义文化角度看，大众文化是文化降低自己格调的过程和结果。从威廉斯平等主义和工人阶级角度看，大众文化是文化日益大众化和平民化的结果。

威廉斯着重考察了"大众文化"中的关键词"大众"。他在《关键词》一书中对大众一词的演变进行了梳理，揭示了这一概念的形成过程。工业革命后，人口开始集中于工业城镇，形成了人的实体的结合；工人集中于工厂，在大规模的机器生产中产生了劳动关系，使得人在实体集合的同时又是一种社会性的集合；作为这种趋势的结果，一个有组织的、能够自我组织的工人阶级产生和发展起来，这是一种社会性的和政治性的集合。群众是指以上任何一种集合，但他们往往是"乌合之众"的代名词。正因为这一特征，群众成为文化的永久威胁。大众思考、大众建议、大众偏见随时都可能淹没经过考虑的个人思想和感觉。即便是民主，如果变成大众民主，也会变味。"大众"概念至今总是被人们带着上述文化和政治的偏见使用。

威廉斯重解了"大众"这一概念，淡化甚至消解了精英与大众在主体层面的对立。他指出，对"大众""大众文化"的偏见，实际上是英国社会中根深蒂固的文化精英主义和英雄情结的反映，它表明了英国社会浓厚的怀旧情绪，以及对工业革命以来社会关系和人文精神变革的焦虑和批判。也就是说，人们在回应谁是"大众"这一问题时，实际上具有意识形态倾向，并非客观描述。于是他通过思想史的方法，对"大众"概念进行了历史语境的还原，即将其定位为社会意义上的"大众"。他深刻地指出："大众通常是他者，是我们不知道的人们，也是我们不能知道的人们……而对于他人来说，我们同样也是大众。"①在威廉斯看来，世界上根本没有大众，只有将人们视为大众的方式。城市工业社会为这样一种观察方式提供了巨大的支撑，正是基于某种政治剥削或文化剥削的目的，这样一种观察方式才得以确立起来。至此，通过被赋予一种价值关系，大众被定义成了一种具有一定社会关系、政治立场和利益关系的群体。它不再体现为是一个固定的实体。通过威廉斯的解释，"大众"不再是一个被设计的他者与客体，而是工业化社会带来的一种自然组合，而且它也是具有主体性和能动性的。汤普森在《英国工人阶级的而形成》中认为工人阶级并不是一个固定的实体，而是具有一定社会关系、政治立

① ［英］雷蒙德·威廉斯：《文化与社会》，吴淞江等译，415页，北京，北京大学出版社，1991。

场和利益关系的群体，阶级意识的诞生是工人阶级形成的标志。与汤普森一样，威廉斯也把大众视为一种具有主体性和能动性的价值存在和社会存在，大众及其文化的出现在一定意义上是工人阶级及其文化的代名词，是人类文化历史上的重大变化。

大众文化具有不同于传统的精英文化的特点和生产方式，这有力地佐证了"文化活动是物质生产形式"的论断。大众文化是特定历史条件下的必然存在，符合文化发展的一般规律。作为一种新的文化形式，它基本上是以现代印刷技术和电子技术等媒介为承载而传播的，其物质性是显而易见的。威廉斯的文化唯物主义把文学和文化看成是社会性的、物质性的和生产性的，突破了英国本土传统的利维斯式的文化理解，从某种意义上来说，是对马克思主义社会批判理论的延展和丰富。这种独特的理论风格集中体现在他的"情感结构"范畴中。这一范畴是威廉斯分析文学的文化性质、社会性质的主要工具。"情感结构"这一概念由来已久，并非威廉斯的独创，但威廉斯却赋予了它新的内涵，使其突破了经验主义和相对主义的狭隘界限，成了一个文学政治学的范畴，即成了一个充分彰显人的主体性的哲学范畴。

首先，情感结构是一种与"世界观"或"意识形态"相区别的概念。威廉斯认为，人类对社会形态和社会意识的概括往往趋于简单化。这种简单的概括即便已经把所有经过清晰表述的，并且由各种制度和体制支撑的思想加在一起，也难以涵盖社会意识的全部，因为特定历史时期的人们在实际生活中的一些体验和感受，特别是那些正在形成中的体验和感受，往往很难得到清晰的鉴定、分类和理性化表述。这些在政治学、经济学、社会学、哲学和史学领域得不到系统总结的，处于变动中的社会意识或社会体验，却能在"文化是日常的"的小说传统中展现出来。

其次，情感结构是个人情感上升为总体文化的通道。个人体验和社会经验可以细化为某种生活样式，而生活样式本身具有物质性，这正是文化的根本属性。因此，依靠文本中寻找到的情感结构，历史学家和文化学家可以去"发现"甚至"建构"一种文化。

再次，情感结构在文化和社会之间起中介作用。情感结构既是文学的，也是文化的，同时还具备时代性，因此，它具备了取代"经济"而成为社会历史现象的分析工具的可能。威廉斯认为，马克思主义的经济基础与上层建筑的二元模式运用于大众文化的研究存在诸多弊病，因此必须寻求一个新工具。情感结构既是分析的，又是综合的，对于观察社会来说，是一个双向的工具：一方面，它是经验与情感的总结和归纳；另一方面，它又通过成为每个时代的无意识，影响着人们的言行举止，规约着文学和艺术的表达。

最后，情感结构是社会总体性的表达。一方面，它是内容总体性和方法总体性的有机统一。在威廉斯那里，情感结构是一个没有确切定义的范式，更像是一个分析文化与社会、个人与社会、文学与社会的工具或纽带。另一方面，情感结构指向集体性主体的意识。它不同于索绪尔语言学基础上的结构主义的结构范畴，表明的是在文化与社会关系中主体视角的存在，至于主体是个人、集体还是超个人，则依赖于具体的语境。

另外，针对当时英国社会流行的工人阶级正在逐渐中产阶级化的观点，威廉斯也提出了自己的不同意见。在他看来，工人阶级文化的优势主要在于它的政治性，即源于家庭和社会的基础关系扩展的劳工运动的集体的和民主的体制，工人阶级这种价值观的进一步扩张将产生真正的民主。也正是基于这一点，威廉斯指出，尽管随着社会生产的发展，工人阶级与资产阶级在穿着、语言或休闲方式上的一些外在差别正在逐渐消失，但根本差别依然存在，这主要体现在他们关于社会和社会关系的观念方面，而这些观念来自于阶级通过它所在的组织和制度而创造的整体生活方式中。具体来说就是，工人阶级看重的是集体的观念、机构、方式、思想习惯和意象，而资产阶级看重的是个人的观念、机构、方式、思想习惯和意象。因此，在威廉斯看来，不能将无产阶级生活水平的提高理解为他们已经或正在变成"资产阶级"，这仅仅体现了个人物品使用方式的变化。他指出，仅仅从经济状况出发进行阶级区别的方式完全是外在的和机械的。"工人阶级的生活方式"与贫民窟、铜币、帽子和廉价的衬衣并不存在必然的关联，这些只是工人阶级生活的外部特征。作为一种整体的生活方式，文化是不能还原为上述那些人工制品的，生活方式是基于特殊的人类目的而使用的资源。在更广泛的领域中，使用资源的目的是必须而且能够做出重要区分的。工人阶级与资产阶级非常明显的区别在于本质观念的不同和社会目的的不同，进而是人类关系的不同形式，这些区别在我们这个时代依旧是最重要的文化区别。

威廉斯进一步指出，从工人阶级文化的发展语境看，工人阶级文化可被视为非常具有创造性的成就。他提出，工人阶级的共同发展信念，再加上教育的普及带来的工人阶级文化水平的不断提高，以及通讯传播的扩大很有可能发展出一种"共同文化"。这种文化为所有阶级和社会阶层都创造性地参与和分享的文化提供了可能。在威廉斯看来，作为历史发展过程中的两种文化形态，大众文化与精英文化从根上来说并没有那么鲜明的界限，只是受众不同而已。他反对精英文化对大众文化的诋毁，但也没有基于为大众文化正名而去反对精英文化，而是将各种文化现象平等对待。威廉斯强调要尊重和包容多元的文化形态，也就是承认了人们社会生活和体验的多元性，进而承认了主体的特殊性。但他的研究并非仅仅局限于此，他更重要的目标在于展现社会主体基于人类的共同利益而进行的创造性活动和体验，即主体活动的共性。当然这一点也是借助于对文化的讨论来进行的。威廉斯指出，在研究各种文化现象时，如果非要加以区分和比较的话，那么最关键的是区分文化的优劣，优秀的文化是体现并维护人类共同利益的文化。人类应该在多元文化的基础上走向一种共同文化。

可见，与艾略特立足精英立场的虚伪整体观不同，威廉斯提出了从全人类出发并回归大众生活的真正的文化整体观。正像伊格尔顿所说的那样，"威廉斯的话语完全发自人类心灵深处，这种话语使得每一个人都显得无关紧要；不在于他讲的是什么，能够在这种'层次'上讲话这件事本身才体现出真正的区别"①。这里的"层次"指的就是威廉斯的这种真正的人类立场。只有基于这样的立场，一种全新的主体观才能确立起来。

汤普森则批评威廉斯研究工人阶级文化的社会学研究路径缺乏对工人阶级历史和阶级斗争的更全面的历史背景的考察。作为历史学家，他对工人阶级文化主体地位的论证，是由关注阶级主体形成的主观意识，以及工人阶级斗争的道德维度完成的。汤普森致力于挖掘英国的人民抵

---

① ［英］特里·伊格尔顿：《纵论雷蒙德·威廉斯》，载《马克思主义美学研究》第2辑，405页，南宁，广西师范大学出版社，1998。

抗和革命传统，努力从历史方面恢复普通人的经验，进而创造一种自下而上的历史。

《英国工人阶级的形成》的一个主要内容就是，解决如何评价英国工人阶级形成这一历史事件的历史意义和现实意义。为了更好地理解汤普森的立场和观点，我们可以透过他对两种典型观点的反驳来展开论述。面对工人阶级形成这一重大历史事件，当时有两种主流的评价：一是同情论者的"灾变论"。同情者是这一事件的见证者和工人阶级的同路人。他们通过实地调查和感同身受，看到了社会因工业主义的崛起而发生的巨大变化及其对劳苦大众生产资料和生活资料的惨烈剥夺。他们诅咒弱肉强食的自由资本主义，对劳苦大众深表同情。二是旁观派的"进步论"。旁观派超越亲历派的经验主义视野，他们基于掌握的大量统计资料，以后来者的眼光对"工人阶级形成"这一事件进行了价值中立的评估。通过对工资收入等各项数据指标的实证研究，他们发现，工人阶级总体的生活水平提高了，因此在他们看来，工人阶级非但不是悲惨的受害者，反而是工业革命的受益者。同为历史的旁观者，汤普森对这个问题则显得非常审慎。他认为，乐观派的研究有其优势，因为考察整体生活水平已经涉及总体性，但是，这种整体分析却是建立在抽象的数字基础上的，属于量化研究，而这种量化研究无法从根本上转化为质，如幸福感、自由感、满意度等。可见，乐观派依赖的是一个"平均人"的假设，即他们通过后来人的视角将历史中的英国工人阶级"数字化"了。况且，他们以"价值中立"的姿态把价值问题弃之不顾的做法本身就是一种意识形态，背后隐含着资产阶级的同谋。而悲观派正是从价值层面进入这段历史的，他们与受迫害的工人阶级共享着同质的价值观，以他们的苦为苦。在汤普森看来，悲观派由于取样的局限，他们的观点在当代语境下显得不合时宜。乐观派所持的进步论虽然在价值上是独断的，但在历史发展观上确实占据优势的。用威廉斯的话来讲，历史是一个"选择性传统"，它依赖于"整体生活方式"中人们对各元素的不断拆解和重组，即使有质变，也是建立在量变基础上的。从文化主义的角度看，工人阶级形成这一事件既没有乐观派想的那么美好，也没有悲观派所看到的那么糟糕。要给这段历史一个客观的评价，必须抛弃悲观派的典型化方法，而采用他们的"活生生的男人和女人"的模式，抛弃乐观派的"平均人"假设，而采用他们整体的观察视角。一句话，这需要还原历史，将工人阶级还原为"跨时代"的人，将工人阶级这个单数概念还原为一个复数概念：各种劳工群体或劳工共同体。①

汤普森在批判悲观派和乐观派的过程中，已经把矛头对准了一种潜在的"经济决定论"，因为悲观派和乐观派的立论依据主要是在经济，或者说是物质生活上。从文化主义的角度看，大众、人民，或者底层劳工绝不是一些超时空的抽象概念，而是历史的。他们确实是被迫进入一个新传统中去的，然后在经济上被剥夺的一无所有，但是他们也是带着自己的旧传统进入的，而这是他们能够发挥主体能动性，反抗新传统的唯一可依赖的东西。这些传统首先是最贴近他们生活的道德经济传统、准政治传统和非国教传统。这三者构成了他们的"遗存文化"。

从"进步主义"的观点看，遗存文化整体上是一种"落后的"封建经济文

---

① E. P. Thompson, *The Making of the English Working Class*, London, Victor Gollancz, 1963, pp. 212-213.

化体系。但从"选择性传统",即从人民对遗存文化的再创造角度看,遗存文化的解体只是意味着它作为一个总体正在逐渐退出历史舞台,但它的很多元素却被保留了下来,对工业社会产生了持久的影响。也就是说当我们用放大镜观看历史的细节时,一个人民创造的世界将会呈现出来,因此,汤普森在微观政治学的意义上重新论证了群众史观的正确性。

此外汤普森对新生文化的定性也充分挖掘了人民的创造性。如果说遗存文化是劳工群体的立足点,那么新生文化则会赋予他们更大的力量。尽管这些新生文化主要是代表统治阶级和上层社会利益的,但遭受新事物打击后的劳工群体开始学会了利用它们来为自己的利益服务,与统治阶级展开"整体生活方式"上的领导权斗争,最终推动历史朝着多数人的利益前进。

显然,汤普森看待历史片段用的是一种过程性的视角。从历史结果看,工人阶级的形成这一事件并不意味着一次凯旋,而是一场从头到尾的"灾变"。但"灾变"还不足以概括全部,通过汤普森对"整体生活方式"的分析,我们可以看到工人阶级从无到有这个过程的一些变化:劳工群体从依赖顺从自己的家长走向对立和抗争;劳工们从互相争夺有限的工作岗位走向阶级的联合与合作;从"暴民"向更有组织性、纪律性的合法群体发展;从一群迷信、相信宿命论的人变成一个相信科学、重视教育、积极介入社会的阶级。因此,工人阶级形成史的主体不是精英分子,而是一个集体主体。这背后隐含的是"活生生的人"的人性假设。这种假设把人放入"选择性传统"之中,随着人在传统中的成长,他的选择能力在增强,他的意识变得更加主动,于是他通过对传统的再选择来实现自我,同时也通过自我实现来更新传统,为后来人的选择提供了基本的物质环境和精神动力。作为后来人，我们也是在"选择性传统"的历史长河里与我们的前辈们相互呼应的。

另外，在《英国工人阶级的形成》一书中，汤普森试图把英国的人民抵抗传统和浪漫主义的理论联系起来。他写道："对于所有人都应该清楚的是，在我们的政治工作中，为道德原则而进行有意识的斗争是我们与人民的政治关系的一个重要部分。英国人民并不理解也不愿意信任没有道德语言的怪物……我们仍然必须阅读莎士比亚，就像读马克思一样。"①所以，汤普森坚持认为，莫里斯对人类道德本性进化的历史性理解，很好地补充了马克思的经济和历史分析。所以，英国的马克思主义者必须关注莫里斯思想的重大意义，即生产关系既创造道德价值，而且它们自身也有道德维度，因为在生产关系中，人与人之间存在压迫或合作的关系。在汤普森看来，经济关系同时也是道德关系。汤普森还把这种新的文化研究路径与历史学家小组的共产主义传统融合在一起，主张文化研究必须与马克思主义阶级斗争概念相结合，提出"文化是整体的斗争方式"。这种描述将总体性概念与阶级斗争理论合并在一起，认为阶级斗争的历史同时也是人类道德的历史。对阶级斗争道德维度的关注，也使得新左派强调意识、经验、观念和文化的做法具有了某种合法性。

（二）工人阶级主体的多元化

20 世纪 60 年代末和 70 年代初，英国新马克思主义者转向了对亚文化的研究。这种转移与 60 年代末的一系列政治和社会背景密切相关。

---

① ［英］爱德华·汤普森：《奥姆斯克的冬麦》，载《世界新闻》，1956-06-30。

进入新的历史发展阶段后，资本主义呈现出了一些新的特征，霍尔将其概括为以下几点：首先，公有制企业的增长使得私有财产的本质发生了改革。它更加关注共同财产、公司利益的最大化和个人责任；其次，随着战后经济的繁荣，工资、资本主义的剥削程度发生了改变，工人的工资和生活水平都有明显提高。这种改变引发了针对大公司和工资分配的不同情感反应；最后，通过普遍采用高新技术，资本主义工业生产过程进一步实现了机械化和自动化，这些都使得工人阶级在某种程度上从繁重的体力劳动中解脱出来。在这样的资本主义社会中，马克思提到的那些决定无产阶级阶级意识的因素已经发生了彻底的变化。面对新的生活状况，工人阶级产生了一种心理的迷惑——"无阶级感"。具体体现在以下三个方面。

第一，劳动的本质在资本主义社会进一步的自动化和机械化的背景下发生了一些改变，体力劳动逐渐为更多耗费精神的劳动以及单调重复的劳动所代替；熟练工和一些技术专家之间的界限逐渐被打破，在过去许多只能依靠个人天才和判断的技术被机械取代了；社会发展的高技术要求需要配合以更高程度的人类合作；自动化的工作也产生了对文化、教育和意识的更高需求。

第二，在马克思的时代，由于较低的消费水平，工人与那些脱离生产过程的商品没有多大关系。现在，由于持续增长的购买力，工人作为生产者在工厂中制造出来的商品又被作为消费者的工人在商店中购买回去。消费已经嵌入资本主义，并且变成了工人阶级与雇佣者阶级之间最重要的一种关系。工人逐渐淡忘了自己生产者的地位，开始转向更多从消费者的角度来认知他自己。于是，价格似乎成了比工资更简洁的剥削形式。工人阶级沉溺于高水平消费的行为使得剥削关系在物质欲望的满足中被掩盖了。事实上，剥削者和被剥削者之间的裂隙并没有消失，只不过是工人阶级关于区别的意识变得迟钝了。这是资本主义把一个阶级整个地同化于自身之内的功能，结果就是破坏生产体系似乎会使作为消费者的工人阶级勃然大怒。同时，商品已经逐渐积累了一种社会价值，即它们已经变成了阶级和身份的标志。一个工人阶级家庭通过消费某种特定种类的消费品，就能够在与其他家庭的关系中定义自己的社会地位。他们甚至能通过购买正确种类的商品来提升他们的阶级地位。所以，在他们的生活和工作中，工人阶级和下层中产阶级通过拥有（也许是通过分期付款）"异己的事物"就能够实现自身。可见，工人阶级在生产和消费领域里都正逐步变成自我的永久异化的因素。已经成为工人阶级意识一部分的消费——购买观念已经有效地削弱了阶级抵抗。

第三，在流动的基础上，社会表现得更加自由和开放。当代的工人阶级可以基于自己的奋斗爬上社会身份的阶梯，如"奖学金男孩"。更重要的是，与资本主义原始积累时期的那种公开的、残忍的斗争不同，现在的这种奋斗是温和的、内在的。这个阶梯将一个共同体分化为不相互竞争的个人。当·个阶级不能以群体的方式取得进步和发展时，它就会作为单独的个人进行。这种改变意味着当你拥有更多的发展和进步机会时，你一定是攫取了别人发展的机会。通过社会阶梯的隐喻，以个人主义、隐私、健康竞争的精神、各扫门前雪、财产民主制等为内涵和主要表征的资产阶级生活形象，最终进入并植根于工人阶级的意识之中。

霍尔提出的"无阶级感"在概括新的资本主义运行和统治模式下工人

阶级的心理状况的基础上，更深刻地揭示了资本主义的新统治方式的无孔不入。事实上，把资本主义的组织方式和价值观念编织到工人阶级的日常生活中，是一种更高明的统治方式。在这种统治状况下，资产阶级与工人阶级之间已经很难再仅仅从经济的因素来加以区分了，因为从经济方面看，无产阶级的生活水平的提高意味着它的无产阶级性在减少，而资产阶级性在明显增多。那么，如何区分资产阶级和无产阶级并进一步揭露这种"无阶级感"背后包蕴的新的资本主义统治方式，就成了英国新马克思主义所面临的重大任务。

对此，霍尔不无担心地指出，威廉斯的判断——"工人阶级不会通过拥有新产品而成为资产阶级"，以及工人阶级的文化是一种"整体的生活方式"而不能化简成一种人工产品——在过去可能是正确的。现在这种说法和判断可能越来越面临质疑和挑战，因为"新事物"自身已经暗示了一种全新的生活方式，这种生活方式通过新事物对象化自身，甚至由于它们的社会价值而变成欲望的对象。而"整体的生活方式"也正在被分解成许多种生活风格，每种风格精致得各个不同，而且难以觉察。这些事实增加了阶级混淆的整体感觉①。

面对上述局面，在霍尔的主导下，伯明翰学派的文化理论家们转向了对特定群体文化的研究，力图通过对各种形式的亚文化的研究来揭示不同群体中主体的存在状态。下面我们以他们对青年亚文化的研究为例来进行分析和论证。

———————————

① 张亮、熊婴编：《伦理、文化与社会主义》，162 页，南京，江苏人民出版社，2013。

　　当时英国理论界流行两种对青年亚文化的看法：一种观点认为英国已经进入了没有明显阶级差别的消费社会，阶级标准已经被年龄差别等因素所取代，青年人成了社会的新主体，青年亚文化基于服装、音乐、集体行动等因素确立起了自己的特殊"风格"。另一种观点则认为社会发展带来的道德败坏和风气的堕落典型地在青年亚文化中反映出来。基于对这两种观点的反驳，伯明翰学派的学者们提出了自己的看法。

　　首先，他们坚持了阶级的立场，努力揭示隐藏在青年亚文化背后的阶级结构。在他们看来，青年并没有基于对阶级的超越而形成一种主导性的社会主体。工人阶级也没有消失，阶级差别和贫富分化依然严重。同时，他们也指出，亚文化的潜在功能是表达和解决母体文化中隐藏着的或没有解决的矛盾。由这种母体文化所产生的亚文化都可以视为基于这一中心主题的不同变种①。也就是说，亚文化的出现，实质上源于工人阶级母体文化内部的矛盾。

　　其次，他们认为青年亚文化是一种特殊的抵抗方式，它用引人注目的风格标志着资本主义共识的破灭和瓦解②。而这种抵抗经常体现为仪式化的，也就是说，他们表面上并没有明确的目标，只是具有实质上的政治性。在伯明翰学派的学者看来，文化是社会集团"处理"他们的社会存在和物质存在的原材料的方法和形式。一个集团或阶级的文化是这一集团或阶级的特殊的和独特的"生活方式"、意义、价值和观念，所以现

①　P. Cohen, *Subcultural conflict and working-class Community*, in *Stuart Halled, Culture, Media, Language: Working Papers in Cultural Studies, 1972—1979*, London, Unwin Hyman, 1980, pp. 82-83.

②　D. Hebdige, *Subculture: The Meaning of Style*, London, Methuen, 1979, p. 17.

存的文化模式是一个历史的储存器。从这些论述中可以看到他们试图打破文化主义和结构主义范式对立的明显意图。接着，他们结合葛兰西的领导权理论，转向了揭示统治阶级的文化如何以"领导权"的形式传递和再生产的机制。在领导权理论中，传统意义上的阶级斗争成了一个不能从根本上保证的概念。最终，从属阶级在自己的能动性的基础上建立起了各种亚文化和反主流文化，并通过这些文化形式来反抗统治阶级，进而建立一种新的领导权。

总体来看，随着资本主义社会由生产性社会过渡到消费性社会，社会的政治结构发生了重大变化，突出的表现是阶级问题不再成为社会的中心问题。也就是说，大众在资本主义发展的不同阶段中呈现出了不同的姿态。在生产性社会里，大众主要体现为与统治阶级相对立的工人阶级；在消费性社会里，社会各阶级已经在消费的层面被拉平，社会的阶级划分代之以与社会主流人群相区别的社会团体的集合，比如青少年团体、被殖民者团体和女性团体等。英国新马克思主义者承认大众在当代社会的现实生活中呈现出了极为复杂的团体存在状态，并就这一状态做出了分析，表达了不同的观点和看法。他们基本的立场和观点是，这些团体从实质上来说都属于大众这个大的社会群体，其共同特点是与资本主义社会的主流群体，即资产者相分离，处于非主流的边缘地位。他们的意识也是一种边缘性的意识。边缘性群体的思想、观念、情感、价值观不是通过阅读经典书籍形成的，而是来自于社会生活和社会经历中的经验与感受。对此威廉斯有过说明，他指出，学问高深的观察者总是情不自禁地做出这样的假定：阅读在大多数人的生活中起极大的作用，就像阅读在他本人的生活中起了极大的作用那样。而这样的推论是站不住脚的，事实上，正是边缘性群体更复杂的社会生活与家庭生活的模式，共同塑造了他们自身的观念和感受。

(三)多元化的异质主体

20世纪70年代后期，受政治领域新变化、新时代氛围的影响，加上霍尔对新政治学和方法的强调，更重要的是，历史学领域和文化研究领域女权主义的出现和战后移民造成的民族和种族问题频发，女性和黑人的问题凸显了出来，他们也随之成了理论所聚焦的新时代的社会主体。这种变化推动英国新马克思主义的文化研究者们再次转变了自身的研究对象，即从工人阶级文化、亚文化转向了以性别和种族为代表的多元文化。虽然他们依然坚持以政治和社会斗争为基础来文化生活，却开始对阶级立场与各种文化形式之间的联系提出了质疑，开始转向研究语言对主体性和文化特征的影响。

当然，这种脱离阶级立场的文化研究一定会遭遇危机，而且，历史的发展很快证明了这一点。伯明翰理论家们关于女权主义、民族和种族特征的文化研究招致了诸多学者的质疑和批评。我们以哈泽尔·卡比在种族研究方面对白人女权主义的批判为例进行一下分析。在她看来，白人女权主义的研究最致命的缺陷在于它带有边缘化和压制黑人女性历史经验的明显倾向。另外，白人女权主义者将家庭视为女性受压迫的主要场所的研究思路和方法，也显然忽略了黑人这一特殊群体的状况。卡比指出，由于种族歧视对家庭的影响，黑人的女性地位比白人女性显得更加复杂。总之，在卡比看来，对于黑人女权主义者来说，直接的问题是白人女权主义者的研究框架能否被直接用来分析她们的被压迫和斗争的女性历史①。她认为只有从抽象走向具体，即拒绝普遍的性别分析范畴，黑人女性才能恢复她们自己的立足于女性主义立场强调妇女作用的历史。不难看出，在卡比的视域中，社会和文化经验表征并体现了阶级、种族和性别之间的复杂矛盾。正是基于此，她在多元文化条件下阐述了复杂的、非本质的社会和文化身份概念。总体来看，卡比的种族研究将文化研究推向了下一个新的阶段，即回归阶级立场的阶段，着力揭示并展现被压迫主体作为阶级主体的存在。

四、小结

人是文化的存在，人的世界在某种意义上就是文化的世界，文化是人类与生俱来的本质规定性，是人区别于其他存在物的生活样法。尽管作为人类社会深层内涵的文化一直在影响着人类历史的进程，但它的作用和影响在过去的历史进程中却很少为人的理性所关注。这一方面是因为长期以来社会运行和人的存在主要受制于常识、经验、习惯等文化要素的自发影响，文化不可能成为人类自觉关注的问题；另一方面是因为社会领域虽经历了分化，但在人类特定的历史时期，文化因素一直因为政治、经济因素的遮蔽没有成为一种表层的、显性的存在。

文化自觉的历程实际上源于西方社会的现代化进程之初，理性精神

---

① H. Carby, *White Women Listen*! *Black Feminism and the Boundaries of Sisterhoos*, in CCCS, *The Empire Strikes Back*, London, Hutchinson Group Ltd, 1982, p. 214.

的发达清晰地表征着人们的文化自觉，文化的影响越来越冲出历史的地平线。但直到 19 世纪下半叶，随着马克思主义哲学的创立和发展，人们对自身文化规定性的自觉认识才开始。各种文化人类学流派开展了对文化现象的自觉考证和研究。

马克思对人与文化关系的认识也经历了一个不断深化的过程。1848 年之前，他主要聚焦于人与文化问题的一般理论的探讨，人与文化在马克思的理论视域中体现为一个抽象的整体。在 1848 年发表的《共产党宣言》及以后的著作中，现实历史和现实社会中的人与文化问题才为成为马克思关注和探讨的重心。人与文化关系开始具体表征为阶级形式和民族形式，体现为一种全球范围内的社会历史性问题。马克思立足于对现实资本主义的批判，逐渐将理论的聚焦点从人的类本质的分析转到了人类社会历史领域，开始从物质生产的角度来理解和把握人的存在方式。一方面，他在理论上以技术实践或工业为中介，既关注现实的人本身，又以此为条件来透视未来社会中人的存在，揭示并展现了人的本质发展的动态性；另一方面，马克思还致力于在实践中基于现实的、具体的生产方式来分析"具体的"社会主体的分化和不同表现，明确不同阶级、阶层在变革社会和推动社会发展中的不同地位和作用，并据此制定相应的革命策略。

马克思在人类社会历史理论上的革命性变革为关于主体的理解奠定了扎实的理论基础，并开启了更加宽广的视域，即把主体问题放在了更大的历史和现实视域中进行思考。马克思对主体理解的创新，体现在他将关于主体的思想与现实统一成了一个有机的整体，即实现了对人的本质与社会本质的内在统一性的认识。马克思主义哲学从不把人视为抽象的、完全脱离于生活的、纯粹符号化的概念性的存在，更不只是将其视为生理学上描述的对象，而是将人视为一种感性的存在，特别关注人的现实的社会行为或社会实践。马克思指出，人的本质是在实践中获得和改变的。人只有在劳动中利用工具，利用各种不同的生产手段才能满足自己的需求，形成社会存在，在资本主义社会中，就是通过工业过程和利用技术来满足人的需求的。正因如此，马克思才将人的问题与生产劳动的问题关联在一起思考，在资本主义社会，就是将其同工业生产关联在一起思考。

卢卡奇在马克思关于商品拜物教的思想的启示下，深刻地揭示了人在新的历史条件下的物化存在状态，分析了主体物化的具体表现形式以及物化意识的产生。在这方面，卢卡奇的论述比马克思走得更远，涉及许多马克思没有加以论述，或没有充分展开论述的内容。而且，与马克思相比，卢卡奇更注重从人的活动方式本身来展示物化结构和物化的负面效应。葛兰西则基于对市民社会的关注和阐释转变了马克思恩格斯主要从物质生产实践角度来把握人的存在方式的做法，开始明确地将主体置于意识形态和启蒙文化的双重视域中来考察，主体变成了文化的主体。此后的西方马克思主义的文化批判理论都秉承了葛兰西的这一视角。不同的是，欧陆的马克思主义者却基于理想主义文化观，将现实主体的存在理解为一种绝对的异化状态，将大众文化，或者文化生产描绘成一种成功的意识形态统治，彻底否定了大众文化的解放潜能，将文化生产与人民主体意识对立起来。英国新马克思主义者则在葛兰西开辟的文化视域中，基于对马克思主义，特别是历史唯物主义的自觉遵循，批判本国传统的精英主义文化观，走出文献，回归生活世界，拓展文化的

内涵，将其与普通人的日常生活和经验联系起来，力图把大众文化引到
文化的内涵中来。更重要的是，他们在不同时期的各种形式的研究中，
致力于揭示现实文化生产的内在机制，努力为我们呈现了一个能动的主
体的多样化存在状态。

第三章 ┃ 意识形态批判的转向

　　对意识形态批判转向的考察，既是对前一个主
题的拓展，可以深化我们对人的社会存在方式转向
的理解，因为人的社会存在与意识形态密切相关；
也是对下一个主题展开的提示和铺垫，因为对意识
形态的不同定位和理解，正是社会变革方式转变的
关键所在。

一、马克思主义意识形态思想及其拓展

　　意识形态批判与文化研究密切相关，特别是在
20 世纪的西方马克思主义开启的文化批判理论中，
它更是如影随形，几经演变。按照卢卡奇等西方马克

思主义者开启的"文化主义的马克思主义"的逻辑，社会变革的关键在于
文化革命，而文化革命的关键又取决于意识形态斗争的成败。因此，在
文化辩证法的视域中，意识形态问题绝对是一个不可回避的焦点问题。
它既是理论探讨的核心内容，又是文化批判的起点。可以说，西方马克
思主义的文化批判理论无不与马克思的意识形态批判有着紧密的关联。
正如一位西方学者所说："在马克思的著作中，再也没有什么比他的意
识形态批判更能够影响现代的思想了。无论是支持者还是反对者常常都
会不自觉地使用马克思的语言去解释艺术和文学，并且运用马克思的尺
度去评判我们文化的整个取向。在资产阶级的意识形态批判方面，许多
不同的马克思主义派别以其罕见的一致性统一起来"①下面我们就从考
察马克思主义的意识形态思想开始，着力揭示这一思想演变的内在
逻辑。

(一)马克思主义的意识形态观

在马克思主义理论的诸多概念中，"意识形态"是一个关键的但又没
有得到充分阐释的概念。马克思的意识形态批判既是对现实社会矛盾的
分析和揭露，又蕴含着对未来社会的展望和推动。

马克思的意识形态学说是一个整体的理论体系，既有关于"一般意
识形态"的论述，也有对意识形态在更大范围的拓展。前一个方面是通
过批判资产阶级意识形态的基础，即政治经济学，尤其是通过批判拜物

---

① L. Dupre. *Marx' Social Critique of Culture*, New Haven Connecticut, Yale University Press, 1983, p. 216.

教观念实现的。这也标志着马克思把整个意识形态批判引向现实生活批判的开始。后一个方面的拓展包括马克思对存在于共产主义社会初级阶段、东方社会以及人类学研究中的各种意识形态偏见的批判，也包括恩格斯晚年关于意识形态学说的相关论述。因此，我们需要在马克思恩格斯整个意识形态思想发展的历史和脉络中来概括和总结马克思主义的意识形态观。

首先，从本质内涵上讲，马克思的意识形态概念基本上是一个批判性的概念。尽管马克思有时也在描述性的层面上来谈意识形态，但就其思想的整体背景来看，他更多时候是将意识形态理解为一个批判性概念。在马克思看来，意识形态是一种精神力量，它以编造的幻想掩盖现实关系。它对社会现实的反映是颠倒的和神秘的。国内外诸多学者都对此做出过深刻的阐述。德国知识社会学著名代表人物曼海姆认为，马克思的意识形态批判的核心意图是去神秘化，即指出思想观念背后的物质利益的支撑。俞吾金教授在他的《意识形态论》中尝试着给出了马克思主义关于意识形态的定义：在阶级社会中，基于特定的经济基础以及竖立在这一基础之上的法律和政治上层建筑而形成的体现统治阶级根本利益的情感和观念的总和，其实质是自觉或不自觉地用幻想的联系来取代并掩盖现实的关系①。按照上述阐释，马克思的"意识形态"往往与错误、虚假、幻觉和批判等消极的意涵联系在一起。在现实中，作为阶级和派别成见的意识形态总是以一种普遍性意识的姿态出现的，总是极力掩饰自己的起源，总是将事情本末倒置。英国近代哲学家培根曾提出

---

① 俞吾金：《意识形态论》，97页，上海，上海人民出版社，2014。

著名的"四假相"说（即种族假相、洞穴假相、市场假相和剧场假相），来说明人类总是生活在各种"假相"中，总是被一些错误虚假的观念所蒙骗而不自知。培根的"四假相"说是现代意识形态理论的一个重要源头。事实上，"意识形态"概念最早在启蒙运动被法国思想家特拉西提出时，并不带有否定和贬低的含义，而是一个中性的概念。意在建立一种不同于"形而上学"的"科学的"人学，即对人的观念进行科学的研究，或称之为观念科学（思想科学）。可见，在特拉西最早提出的意识形态概念中，并不带有否定消极的含义，也没有对意识形态做出"真实的观念"和"虚假观念"的区分，只是提及了偏见及其与阶级利益的关联性。直到拿破仑执政时期，因特拉西等人被指责为"空谈家"，他提出的作为观念科学的"意识形态"才被视为抽象空洞的奇思怪想。之后，意识形态这种贬义的内涵被不断地强化。到了现代，"意识形态"很多时候成了阶级成见的代名词。这种理解无疑与很多西方学者对马克思意识形态批判所做的阐释有关。按照西方学者大卫·麦克里兰的解释，在马克思那里，意识形态的贬义内涵主要体现在两个方面：第一，意识形态与唯心主义的关联；第二，它还与社会资源和权力的不公平分配联系在一起：如果社会的和经济的安排受到怀疑，那么作为其中一部分的意识形态也不能幸免。再如，澳大利亚学者安德鲁·文森特也认为："在马克思的研究中，意识形态不仅意味着实践上的无能，而且是虚幻和不现实的。更重要的是，这一看法将意识形态与社会领域的分工、被称为阶级的集团和一定阶级的统治和权力联系在一起了。"①甚至，恩格斯自己也有过类似的表述："意识形态是由所谓的思想家通过意识、但是是通过虚假的意识完成的过程，推动他的真正动力始终是他所不知道的，否则这就不是意识形态的过程了。"②

尽管马克思对意识形态的本质和作用没有展开充分的论述，但决不能因此就否认意识形态问题在其理论思考的重要的地位。事实上，马克思的意识形态批判之所以能够产生如此深远的影响，正是因为他揭示了意识形态自身具有的一种辩证的张力：意识形态既是一种与现实脱节的幻象和观念的表征，又是一种具有鲜明实践特征的政治力量。在马克思那里，意识形态结构并不独立于阶级结构而变化，阶级结构也不会独立于经济结构而变化。正是对经济的、社会的和意识形态的阐述的相互关联和相互交织，使马克思主义思想获得了特有的洞察力。西方马克思主义者正是因为非常看重马克思理论的这种洞察力，才借助对意识形态本质和作用的探讨去深化和丰富文化的辩证法，进而用其去破解历史主动性的形成机制。不过，马克思生前在他的宗教批判、哲学批判、政治批判和经济学批判中更多是从否定和虚假的方面来探讨意识形态问题的，这是因为在论述和传播共产主义理论的过程中，首要的任务就是与资产阶级辩护士的思想斗争中，揭穿现存秩序的欺骗新和矛盾性，呈现起迷惑，甚至误导作用的意识形态的虚假本质。

其次，必须结合意识形态概念的基本特征才能完整地概括马克思主义意识形态思想的丰富内涵。基于马克思的表述，学者们将意识形

① ［澳］安德鲁·文森特：《现代政治意识形态》，袁久红等译，5 页，南京，江苏人民出版社，2005。

② 《马克思恩格斯选集》第 4 卷，726 页，北京，人民出版社，1995。

态的特征归结为六点，分别是实践性、总体性、阶级性、物质性、掩蔽性和相对独立性。实践性一方面是指意识形态并非纯粹空洞的东西，而是具有现实指向性的；另一方面是指人们正是出于实践的目的才接受并努力与意识形态认同的。总体性是指意识形态是由各种具体意识形式构成的有机的思想体系。阶级性既体现每一个时代占统治地位的思想都是统治阶级的思想，又可以通过"意识形态阶层"的出现得到佐证。物质性是指形式上的物质性，即承载意识形态的载体是物质的。从内容上来说，意识形态是精神的，从形式上来讲，意识形态是物质的。掩蔽性是指意识形态的目的不是揭示而是力图掩盖生活的真相。相对独立性是指意识形态是整个社会生活的一个能动组成部分，意识形态的这种能动性体现在意识形态的滞后性、不平衡性、继承性、相关性和先导性等方面。

再次，马克思探讨了意识形态在整个社会结构中的地位和功能。根据马克思对历史唯物主义的描述，社会结构主要由社会生产、经济基础、法律和政治的上层建筑和意识形态构成。这表明在所有的阶级社会中，意识形态都构成了社会总体的一个不可或缺的部分，社会再生产的过程就是经济关系、国家关系和意识形态关系再生产的过程。在社会总体中，当不同的意识形态共同存在于同一个社会中时必然会发生冲突。经济冲突、政治冲突和意识形态冲突作为阶级斗争的主要表现形式，是阶级社会向前发展的动力。

最后，我们来分析一下马克思恩格斯关于"虚假的意识"问题的观点。这个问题在马克思的意识形态学说中是一个极富争议的问题，也很容易导致误解。事实上，马克思恩格斯所讲的"虚假的意识"，并非指意识形态内容或形式的虚假，他们仅仅是在分析和揭示意识形态必然成为"虚假的意识"的认识论根源，认为它其实源于人们对思维独立性的强调乃至崇拜。所谓思维的独立性就是把思维和观念的发展看成是可以与其他种种关系分离的纯粹独立的过程。意识形态作为"虚假的意识"具有合理性、普遍性、永恒性、目的性以及观念的支配性等特征[①]。在马克思恩格斯看来，走出作为"虚假的意识"的意识形态的根本途径在于用革命的实践摧毁其物质基础，才能扬弃这种意识形态本身。

在接下来的理论发展中，意识形态思想发生了重大变化，其中最大的变化就是意识形态概念获得了中性的含义[②]。20 世纪，出于现实斗争的需要，强调马克思意识形态理论肯定面和积极面的重要性日益凸显。列宁提出了要用社会主义的意识形态对抗资本主义的意识形态。西方马克思主义的奠基人卢卡奇也在《历史与阶级意识》一书中论述了"物化意识"和"阶级意识"的基本特征，强调了意识形态既有维护乡村秩序的作用，也有革命的作用。卢卡奇从理论上挖掘和扩展了意识形态正反两个方面的本质规定性，因此，西方一些学者称他的马克思主义理论为"文化的弥赛亚主义"。基于这种现实，有学者开始重新阐释马克思的意识形态理论并指出，意识形态在马克思的理论中有三种不同含义：第一，指称唯心史观的意识形态，这是马克思恩格斯批判青年黑格尔派时所使用的概念，基本含义是错误的意识和空想或幻想。第二，作为观念上层建筑的意识形态，它既包括错误的意识，也包括正确的意识，这是对意

---

① 俞吾金：《意识形态论》，105—109 页，上海，上海人民出版社，2014。
② 胡辉华：《马克思的意识形态概念》，载《暨南学报》(哲学社会科学版)，2001(6)。

识形态概念的中性理解。第三，指称统治阶级掩盖其物质利益和真实动机的思想观念。事实上，马克思恩格斯所理解的意识形态是在"历史的现实基础"上产生的，它与社会的生产和再生产的过程密切相关。他们强调："占统治地位的思想不过是占统治地位的物质关系在观念上的表现，不过是以思想的形式表现出来的占统治地位的物质关系。"①只不过后来很多马克思主义者都忽略，或无视马克思恩格斯关于"意识形态"一直是物质的社会过程的一部分的思想，而是误以为马克思只是将意识形态视为某些思想理论上争论的代名词，仅仅将其看作社会存在的扭曲反映。在西方马克思主义者葛兰西那里，马克思主义的意识形态思想才得到了系统的新阐释。

（二）葛兰西对意识形态的新阐释

20 世纪 20 年代，欧洲无产阶级革命的挫败，催生了葛兰西的总体革命思想，其中意识形态的斗争是核心，为此，葛兰西建构了系统的意识形态思想。他的意识形态观对后来的文化批判理论产生了始料未及且深远的影响。相比较而言，葛兰西的意识形态概念更加贴近欧洲市民社会的现实，更具文化意蕴。按照《狱中札记》英文版编者的说法，葛兰西在诸多不同的意义上使用了"意识形态"这一概念，这点在《狱中札记》里可以得到印证。葛兰西指出："人们可以说'意识形态'，但必须是在世界观……的最高意义上使用这一术语。这个问题是保持整个社会集

---

① 《马克思恩格斯选集》第 1 卷，52 页，北京，人民出版社，1972。

团……意识形态上的统一的问题。"①显然，葛兰西在这里突破了传统马克思主义者将意识形态理解为资产阶级的虚假意识的做法，开始在中性的意义上使用这一概念。这一拓展有助于我们更为真切地看清资产阶级统治的隐蔽性。

葛兰西接着分析并强调了意识形态的实践性和现实性。他将意识形态分为两种：一种是为特定结构所必需的意识形态，另一种是特定个人随意的意识形态。他指出，从意识形态是历史必需的这个意义上来理解，它是"心理学的"，它组织人民群众并使其获得对自身所处地位的意识，从而进行斗争。而从意识形态是随意的这个意义上来讲，它们只能创造个人的"运动"和"论战"等②。从这里我们我可清晰地洞察到葛兰西对意识形态概念的新阐释。与传统的马克思主义仅仅从单一的统治阶级角度考察和把握意识形态，将其视为统治阶级使自己的统治合法化的工具不同，葛兰西则将视角转向了包括统治阶级、被统治阶级，甚至个人在内的所有阶级或集团。或者说，在他看来，那些处于边缘和从属地位的集团也有用以组织和使他们关于自身及世界的观念正当化的意识形态③。由此，葛兰西突破了在意识形态问题上的阶级还原论。

另外，葛兰西还赋予了意识形态一定的独立性。在他看来，这种独立性集中体现在它的物质性特征和功能上。葛兰西以对大众信念的阐释为例，探讨了意识形态的物质性特征。他认为，认识到大众的信念具有

---

① ［意］葛兰西：《狱中札记》，曹雷雨等译，238—239 页，北京，中国社会科学出版社，2000。

② 同上书，292 页。

③ C. Barker, *Cultural Studies：Theory and Practice*, London, Sage, 2000, p. 63.

物质性力量这一点很重要。在对这些问题进行分析时，葛兰西引入并强调了"历史集团"的概念。物质力量是这一概念的内容，意识形态是这一概念的形式，虽然二者之间的这种区分只有纯粹的训导价值，但还是十分必要的。如果没有形式，物质力量在历史上就会不堪设想，反过来，如果没有物质力量，意识形态就会陷入个人的幻想①。显然，葛兰西将意识形态与物质力量理解为形式和内容的有机统一。而且，在他看来，在历史集团的形成中，意识形态的物质性具有至关重要的意义和作用，因为正是它保证并实现了对人民群众的动员与组织。可见，意识形态是积极主动的。葛兰西的这一新阐释彻底突破了传统马克思主义将意识形态看作"虚假意识"的观点。此外，葛兰西还指出，正是基于意识形态的物质性带来的斗争，才使得意识形态成为一个斗争的场所。

英国新马克思主义者深刻地洞察到葛兰西赋予意识形态的这种新解释及其重要意义。墨菲在《葛兰西的领导权与意识形态》一书中总结并明确地指出了葛兰西对马克思主义意识形态思想的创新和贡献，即葛兰西首次明确强调了意识形态的物质特征、拒斥了意识形态的阶级还原论和否认了意识形态是虚假意识②。葛兰西对意识形态这三个方面的新阐释，深刻影响了后来的文化批判理论。

法兰克福学派和英国新马克思主义基于对文化的不同理解，并在葛兰西意识形态理论的中介下，形成了对意识形态概念的不同理解和区别

---

① ［意］葛兰西：《狱中札记》，曹雷雨等译，292 页，北京，中国社会科学出版社，2000。

② C. Mouffe. *Hegemony and Ideology in Gramsci*，in Chantal Mouffe（ed.），*Gramsci and Marxist Theory*，London，Routledge&Kegan Paul，1979，p. 199.

运用，从而在一定程度上推动了意识形态批判的转向。

二、欧陆马克思主义意识形态理论的批判模式

第二次世界大战后，随着科学技术的发展和大众文化的急剧扩张，西方资本主义社会进入发达工业社会阶段。西方马克思主义立足这一时代特征，对意识形态进行了不同以往的全面而深刻的探讨。他们开始将科学技术和大众文化看作新型的意识形态，将其视为维护现存社会秩序最有效的控制工具。法兰克福学派、结构主义的马克思主义者阿尔都塞分别基于对马克思主义哲学批判性和科学性的强调，在葛兰西开辟的文化批判视域中建构了两种不同的意识形态批判理论。这两种意识形态批判虽有巨大的差异和不同，但从本质上看，却都可以归结为意识形态理论上的批判模式。

(一)意识形态是资本主义控制的新形式

在全部西方马克思主义中，法兰克福学派作为一个整体，发挥着十分独特的作用。它自觉延续了早期西方马克思主义者开启的批判传统。法兰克福学派的代表人物立足于马克思主义哲学的批判精神，充分吸收、借鉴同时代西方人文社会科学研究的优秀成果，对资本主义的现实和意识形态进行了全方位的批判。这就是将科学技术和大众文化指认为新型的意识形态，看作维护现存社会秩序的最有效的控制工具。法兰克福学派力图揭示当代发达工业社会超稳定运行的意识形态原因，即科学

技术和大众文化的双重护卫：一方面，他们将对科学技术意识形态作用的揭示延伸至对启蒙以来的技术理性主义的批判，具体体现为从人类文明史和思想史的角度对现代人的异化和生存困境进行反思；另一方面，他们也从大众文化的角度批判了现实资本主义社会的同一性和单面性。

前一个方面的内容主要体现在霍克海默和阿多诺关于启蒙辩证法的论述中。在他们看来，启蒙是从反神话开始的，它的目标是消除自然的魔力，从而确认主体的权力，但在其逻辑展开和现实发展的过程中，启蒙最终却重新沦为了统治自然和他人的神话。从本质上讲，启蒙思想中的人本主义和理性主义是一种资产阶级的意识形态，是表征人类中心主义的一种统治神话，它们为资本主义统治自然和他人的恐怖现实提供了意识形态支持。

首先，从思想史的角度看，启蒙试图通过对自然的祛魅而确立人对世界的主体地位。它总是把神人同形论当作神话的基础，即用主体来折射自然界。而资产阶级意识形态正是启蒙精神颠倒的反映。它强调启蒙要消除神话，用知识代替想象，即根除泛灵论。在这一过程中，启蒙要求完全掌握自然和人，而这一点是通过知识来达到的。知识就是人对自然权力的表现形式，因此，知识和权力是同义语，知识即权力。而技术是知识的本质，因为知识不满足于仅仅展示真理，行之有效地在操作层面解决问题才是它的真正目标，所以知识就是力量更确切的含义是技术就是权力。技术这种权力表现为对自然和人的双重统治。启蒙割裂了人的内部自然与外部自然，并在此基础上形成了人与自然的对峙状态。而且，更糟糕的是，人基于征服自然形成的统治欲和占有欲绝不仅限于用来对付自然，它也被用来对付和控制人，因此，人对自然的统治是以对人的统治为代价的。同样，支配自然力量的增长导致了制度支配人的权力的同步增长。总的来说，万物有灵论使事物精神化了，而工业主义则使精神客观化了，或者说，文化的物化开始沦为物化的文化。

其次，从现实角度看，最重要的问题是揭示资产阶级启蒙运动与资本主义制度之间的联系。霍克海默和阿多诺一方面从逻辑上对当代资本主义统治的性质进行了分析，揭示了这种新的统治形式与启蒙之间的关联，即启蒙思想既是统治的反映，也是统治的工具，正是在它的支持下，工具才赢得了独立性；另一方面动员来自文化工业以及更为普遍的日常生活例子来解说它们。在分析现代资本主义的普遍统治时，霍克海默和阿多诺认为有两个基本原因造成了启蒙的颠倒。第一，启蒙遵循数学的规则，把不等的东西归结为抽象的量，从而使不同质的东西变成了可以进行比较和交换的东西，这是卢卡奇早期对物化现象批判思路的延续。第二，启蒙之颠倒，乃是由于一切主体与客体的性质在市场中被抽象与蒸发。启蒙对待万物，就像独裁者对待人。通过以上两个方面，霍克海默、阿多诺深刻地揭示了启蒙思想与工具理性之间的关联。启蒙的隐性本质还是统治，只不过是一种外观上好看一些的强权。

通过思想史的考察和对现实的分析这双重视角，霍克海默、阿多诺从必然性角度说明了以启蒙为原则的现代文明会走向"彻底而又神秘的恐惧"，论证了资产阶级意识形态的神话性质。资本主义经济过程中的工业和理性共同塑造了其统治，这是一种无人的统治，即观念统治。对于启蒙的结果，他们指出："天堂和地狱是连在一起的"，进步转化成了退步。在理性统治的世界中，人类进入一种真正合乎人性的发展状况的理想，被堕落到一种新的野蛮状态的现实无情地粉碎了。

　　大众文化批判是技术理性批判在狭义的文化领域，即文学艺术领域的延伸。《启蒙辩证法》通过对"文化工业"的分析，开辟了法兰克福学派的大众文化批判的主题。他们关于大众文化的阐释是在狭义上探讨的，即专门分析了作为艺术和审美形式的文化的异化。在霍克海默和阿多诺看来，文化历来有精英文化与大众文化之分，但大众文化发展到一定时期，即变成了现代大众文化时，它的主要特征就不是大众化、通俗化了。为了使人们不至于望文生义，以为大众文化就是大众化、通俗化的文化，霍克海默建议用"文化工业"这一概念取代大众文化。《启蒙辩证法》关于文化工业的分析，主要目的是要揭示作为一种异己力量的大众文化的消极功能。在启蒙辩证法的视域中，文化工业产品的大众性，事实上是掩盖其实质的一种大众欺骗。文化工业通过生产极权主义的驯服工具起到了维护资本主义统治的作用。这是因为：第一，大众文化的商品化使其创造性丧失了。它开始以娱乐消遣为主要目的和价值追求，进而造成了消费者人格的片面化；第二，大众文化的技术化使得工具理性支配了文化领域，造成的后果是文化的生产者、传播者和享用者都变成了工具；第三，大众文化的标准化趋向使人也变成了同一模式的人，更便于操纵；第四，文化产品通过对时空更强的占有性，剥夺了个人的自由选择。总之，虽然消费者认为他的一切要求都可以借助文化工业得以满足，但他却忽视了被满足的这些需求都是由社会设定的，人只不过是文化工业的对象，这种状况严重限制了人的思想和想象力。

　　综上所述，"文化工业"通过消弭艺术作品的反叛性，致力于将工人阶级非政治化。通过把生活中的所有矛盾表征为基于现有体制政治和经济目标的实现都可以得到解决的问题。一言以蔽之，"文化工业"成功地阻碍了人们的政治想象力，对现存社会秩序的稳定起到了十分重要的作用，这是它的全部实质。

法兰克福学派最早对现代大众文化进行了系统研究，深刻分析现代资本主义社会基于大众文化制造的审美幻觉进行文化控制的复杂机制，是他们的重大理论贡献。在他们看来，现代社会的国家机器通过它控制的大众传播媒介影响甚至控制了人们情感的表达模式，成功实现了对现代社会大众的情感控制乃至无意识层面的控制，致使原本作为资本主义生产方式敌对力量的文学艺术成了意识形态控制的主体。他们用"文化工业"这一概念深刻揭示了资本主义生产方式与大众文化之间的共谋关系。

科学技术和大众文化联手塑造了一种新型的"极权主义"，从根本上抑制和扼杀了无产阶级的造反意识。这一思想在马尔库塞的《单向度的人——发达工业社会的意识形态研究》一书中得到了更为系统的阐述。意识形态的实质在马尔库塞看来就是"同一性思维"。这种同一性思维具体讲就是"单向度的思想"，即一味地肯定，而缺乏否定的向度。单向度的思维造就了单向度的人，单向度的人构成的只能是单向度的社会。

需要指出的是，尽管法兰克福学派对西方发达工业社会的新型控制形式的揭露，包括对法西斯主义起源和流行的社会心理基础的研究无疑是深刻的，但是将现代社会的批判过度聚焦在意识形态问题上，总是带有一种泛意识形态化的倾向。

(二)意识形态是社会历史生活的基本结构

揭示当代意识形态理论演变和发展的过程，阿尔都塞绝对是一个不能绕过的代表人物。阿尔都塞学派是 1968 年"五月风暴"失败后产生的具有重要影响的西方马克思主义学派。其创始人阿尔都塞基于对法兰克福学派在意识形态问题上的简单化错误的批判，全面而深入地揭示了意识形态的复杂性、实践性及其在社会发展过程中的重要作用。

阿尔都塞凭借结构主义和弗洛伊德主义组合起来的方法论原则，提出了"结构主义的马克思主义"理论体系。基于马克思的社会整体观，他强调用多元决定论和结构因果观去解释历史进程，去定位历史唯物主义的科学性。从多元决定论的理论框架出发，阿尔都塞与那些仅仅在虚假意识或仅仅从统治策略角度界说意识形态的学者们分道扬镳，致力于以科学化的态度研究意识形态，并从理论和实践两个维度阐释了意识形态实践的客观性和必然性。

为了说明意识形态的结构和功能，阿尔都塞提出了三个重要的观点：(1)意识形态表述了个人与其生存条件的想象关系。阿尔都塞指出，意识形态是一种表象体系而非科学理论，它具有一种独特的逻辑，体现为一种独特的结构。意识形态的本质特征是想象性的和体验性的，意识形态与科学的区别在于，它是人类为了消除生存中的各种矛盾而想象出来的东西。(2)意识形态具有一种物质的存在。意识形态虽是想象的产物，但绝不是抽象的存在，而是作为物质性的存在，不断具体化为并存在于国家机器及其实践中的宗教、伦理以及政治等形式。(3)意识形态把个人质询为主体。意识形态特定社会语境产生之后就客观地发挥着将人塑造成主体的作用。结构主义尤为关注的就是人是如何被文化后面的无意识机制塑造出来的。阿尔都塞指出："意识形态的表征在大多数情况下都与意识没有关系……它们首先是作为结构强加于大多数人的……

正是在这种无意识中，人们与世界之间的活生生的关系被成功地改变了。"①阿尔都塞还进一步通过改造拉康的镜像阶段理论，揭示了主体与意识形态认同的过程，强调了意识形态实践的"无意识"性。在他看来，意识形态的作用机制就是把主体之间的真实关系和相互依赖性碎片化，然后勾画出一幅强调主体自由和自主的社会关系图景。主体之所以认同意识形态，正是因为他们在其中看到了自己的独立而强大的形象。但实际上，这种所谓主体的自由或自主作为意识形态的产物却是虚幻的。阿尔都塞指出，作为一种决定或塑造人的主体性地位的形而上的结构，意识形态总是通过一种隐蔽的、不为人察觉的方式将个体质询为主体，使他臣服于意识形态。资本主义社会所有的意识形态的国家机器都导致了同一结果，即生产关系或者说资本主义剥削关系的再生产②。

由此可见，与马克思恩格斯一样，阿尔都塞也非常关注和重视意识形态的实践性及其社会功能。他认为，意识形态的作用就在于创造承认现存世界合理性的主体。因此，统治集团往往借助于意识形态把事实上是政治的、局部的和可以改变的东西转变成似乎是内在的、永恒的东西来维护自身的利益。同时，我们也可以看到，阿尔都塞眼中的意识形态绝不仅仅是一个关乎阶级领导权角逐的概念范畴，而是更多地带有人类学、社会学和心理学的意味。他指出："意识形态不是胡言乱语，也不是历史的寄生赘瘤。它是社会的历史生活的一种基本结构。"③因此，他

---

① L. Althusser, *For Marx*, London, Penguin Books, 1966, p. 233.

② 胡大平编者：《西方马克思主义哲学概论》，356—357页，北京，北京师范大学出版社，2010。

③ ［法］阿尔都塞：《保卫马克思》，顾良译，202页，北京，商务印书馆，2010。

强调应该超越意识的限制，将意识形态理解为人类世界的存在形态，甚至人类世界本身。于是，意识形态在阿尔都塞的理论中被普遍化了，成了人类社会生活得以正常进行的前提和基础。

　　阿尔都塞也关注并探讨了艺术和意识形态的关系问题。他一度把艺术与意识形态相对立，认为艺术、科学与意识形态形成的是一种三元关系。强调艺术是处于科学与意识形态之间并与二者若即若离的一种活动，服从平庸时，它就沦为意识形态，拒绝堕落、追随崇高时，它就会接近科学。由此可见，在意识形态和艺术的关系问题上，阿尔都塞表现出了一种复杂的态度：一方面，他认同意识形态对文学的影响，甚至认为意识形态构成了文学的基本加工对象。就文学不能完整、客观、真实地反映现实这点而言，它和意识形态都具有遮蔽现实的功能。但他同时也指出，艺术对意识形态的加工并非简单地、一味地反映和模仿，它也会起到规范和改变意识形态的作用。显然，艺术和意识形态除了同一关系之外，还有一种"离心"关系。"我相信艺术的特性就是'使我们看'、'使我们感知'、'使我们感觉'某种暗指现实的东西……作品与产生它的意识形态保持一种退后姿态或内部距离。"[①]艺术的任务就在于帮助人们在洞察意识形态真相的基础上达到对个人和社会存在状况的客观认识。如此，艺术又与科学密切相关。再则，艺术只能让人们看到、察觉到意识形态的破绽，却并不能给我们提供严格意义上的知识。因此，艺术与科学也不是一种同一关系，而是一种差异关系。

————————

　　①　[法]阿尔都塞：《关于艺术问题给安德烈·达斯普莱的复信》，见[英]拉曼·塞尔登编：《文学批评理论：从柏拉图到现在》，刘象愚、陈永国等译，466页，北京，北京大学出版社，2003。

阿尔都塞的理论贡献在于，虽然他对意识形态和科学理论进行了严格的区分，但还是对意识形态的结构和功能做出了正面的探讨，特别是从学理上分析了审美意识形态的机制和作用，并探讨了超越审美意识形态的可能性。同时，他也十分关注并强调了意识形态领域里的阶级斗争，提出了意识形态的国家机器概念，全面而深刻地揭示了现代资本主义社会通过意识形态国家机器将人质询为主体的过程。这些都进一步丰富和深化了马克思主义的意识形态理论。但阿尔都塞还是因为学术立场的贵族化和理论方法的简单化常常遭人诟病，一些学者指责他的理论和方法对于分析和揭示当代复杂的社会和文化现象缺乏实践性和彻底性。

三、英国新马克思主义意识形态理论的建构模式

在阿尔都塞学派兴起的同时，英国发展起了另一种模式的意识形态理论。与同样深受卢卡奇、葛兰西影响的欧陆马克思主义流派一样，英国新马克思主义的意识形态理论也是建立在反对经济决定论的基础上的。他们通过揭示社会现实和社会历史进程的总体性，彰显了意识形态和文化在社会中的自主性。面对 20 世纪兴起的大众文化这一新现象，与欧陆诸多马克思主义者将大众文化视为意识形态，从而对其抱敌视态度不同，英国新马克思主义者以马克思主义的意识形态理论为基础，从批判艾略特、利维斯等人的精英主义文化观出发，同时借鉴葛兰西的文化领导权理论，高度重视基于大众传媒发展起来的大众文化以及各种不同形式的亚文化。他们聚焦新兴大众文化产生和发展的社会基础时，特

别强调人们基于大众文化实现的沟通与交流对理解和把握现代社会生活和现实的社会关系意义非凡而重大，由此肯定了大众文化的强大生命力。于是，他们在揭示和论证大众文化解放潜能的过程中，形成了一种独特的建构模式的意识形态理论。

当然，在众多的英国新马克思主义者中，不同学者对意识形态及其与主体能动性关系的理解和认识存在很大的不同。总体来讲，我们可以将威廉斯对意识形态的理解概括为"文化视域中的意识形态"；伊格尔顿受阿尔都塞影响，更侧重于揭示文化的意识形态性，因此可以概括为"意识形态视域中的文化"；霍尔则在借鉴以葛兰西的文化领导权理论为主导的诸多理论资源的基础上对意识形态提出了一种介于二者之间的相对折中的解释。

（一）文化视域中的意识形态

威廉斯在传统马克思主义关于意识形态错误观点的基础上，重新阐释了马克思主义的意识形态理论。他指出，传统马克思主义倾向于把意识形态理解为某些思想理论上的争论的代名词，忽视或无视"意识"一直是物质的社会过程的一部分。这一点在威廉斯看来更多源于马克思恩格斯在他们的著作中表述意识形态时的用语过于简单，而且在不断地重复使用中造成了混乱和错讹。像"反射""反响"，以及"头脑中模糊的幻象"这类表述用语，属于唯心主义二元论在机械唯物主义中的翻版，这种理论总是把"意识"和"物质现实"唯心地分开，徒有唯物主义的幌子。正是因为这些简单而不甚严谨的用语，致使关于意识是物质社会过程构成部分的思想被马克思本人以及后来的马克思主义者忽视了。在他看来，马克思意识形态理论的核心是他在《资本论》中阐述的思想。这种思想可以将其简单地概括为，意识形态是物质生产过程的一个部分，而不是像马克思恩格斯在《德意志意识形态》中所论述的那样，是社会存在的"反射""反响"。威廉斯指出，马克思在反对唯心主义历史学家脱离物质社会过程抽象地理解人们的思想观念的过程中，确立起自己关于意识形态的正确观点，后来被马克思自己遗失了。这种遗失导致了后来的倒退，之后的马克思主义者也都错误地理解了意识形态，仅仅将其理解为社会存在的扭曲反映。这种反映论的理解并没有超出近代将主体和客体分裂开来的二元论。威廉斯指出，意识及其产物，无论其外在表现形式有多么不同，从来都是社会过程本身的一个构成部分，只不过它们有时作为马克思分析的劳动过程中必要的"想象"要素而存在，有时又体现人们从事共同劳动的必要条件。虽然在物质社会过程中经常地、有意识地被遗忘，但是"思维"和"想象"这些因素事实上一直就存在，只不过它们必须借助于各种各样的物质形式才会为人们所理解和接受①。从整个物质社会过程中排除掉上述这些外显为意识的物质活动的做法，是极其错误的，就如同我们不能为了某些另外的抽象"生活"目的而将所有的物质社会过程贬低为仅仅是技术性的手段一样。

基于上述批判，威廉斯提出了自己对意识形态的理解和认识。在《马克思主义与文学》一书中，他从唯物主义出发对意识形态理论进行了独特解读。威廉斯在一般意义上对"生产"这一马克思主义的核心概念做

---

① ［英］雷蒙德·威廉斯：《马克思主义与文学》，王尔勃等译，67页，开封，河南大学出版社，2008。

出了阐释。尽管这种阐释与阿尔都塞的理解有本质上的差异，但关于意识形态的物质性却是他们二人的基本共识。

首先，与他关于文化是对观念的建构过程的理解一致，威廉斯将意识形态界定为生产各种意义和观念的一般过程。在威廉斯看来，广义的意识形态其实就是文化，而狭隘的、阶级的意识形态则是文化的一种形式。他曾总结过意识形态在马克思主义著作中的三种用法，即分别用来指一定阶级或集团所特有的信仰体系、一种基于错误意识或观念的幻觉性的信仰体系和生产各种意义和观念的一般过程。[①] 大致来讲，大多数学者，甚至马克思本人在实际使用这一概念时，经常是将前两种含义混合使用，将其界定为一种虚假的，并为某个阶级服务的否定意义上的意识形态。他们以及主流的马克思主义传统都隐匿甚至抹杀了"意识形态"概念的第三种含义，即中性意义上的意识形态，最终否认了主体的能动性，而这正是威廉斯极力倡导的。他将意识形态阐释为生产各种意义和观念的一般过程，实际上就是要强调文化对社会构成和发展的重要作用。这一定义同时也论证并凸显了主体在意识形态运作过程中的能动性。

其次，威廉斯高度关注意识形态的物质性。他指出，意识与物质社会过程是相互联系的，甚至可以说，意识本身就是物质生活的一部分。具体来讲，威廉斯关于意识形态物质性的理解集中体现在关于"生产"的全新阐释上。他指出，马克思的生产力应该指称的是"现实生活的生产和再生产的所有方式"。但是，在经历了特定的资本主义生产之后，它

---

① ［英］雷蒙德·威廉斯：《马克思主义与文学》，王尔勃等译，58 页，开封，河南大学出版社，2008。

就被狭隘地理解成了"物质生产"。事实上，马克思对"一般生产"和"资本主义生产"是有明确区分的，只是因为他要批判和揭示的重点是资本主义的生产是如何通过其政治经济学宣称了自身特殊的历史条件的普遍性的，他才在关于资本主义生产的分析中赋予了"生产劳动"和"生产力"概念"一种专门的以生产商品为形式材料的最初劳动的意义"①。由此，马克思这个极其重要的"生产力"概念就走向了"偏狭化"。同时，威廉斯坚称，任何一个统治阶级都会极力将物质生产中具有重大意义的部分用来建立社会秩序，正因为如此，任何形式的上层建筑从本质上来讲都是一种物质性的存在。

对比阿尔都塞关于意识形态物质性的论述，威廉斯基本上否定了经济基础与上层建筑之间的明确划分。他认为，在整体的社会过程中，二者是无法截然区别开的。阿尔都塞则在某种程度上保留了经济因素的决定作用，同时也强调了意识形态的结构作用对社会生产关系的再生产具有独立的影响。必须指出的是，威廉斯强调意识与物质社会过程相互联系本无可厚非，但是过于强调这一点，即从根本上抹杀意识与物质社会过程的区别，将意识完全等同于一种物质社会过程的做法，也是对马克思关于意识是物质社会过程的组成部分这一思想的误解。

威廉斯后期通过借鉴葛兰西的领导权理论，完善了自身关于文化与意识形态关系的认识。他指出，领导权理论超越了包括他自己在内的英国新马克思主义者之前关于"文化"与"意识形态"的理解。具体体现在：

---

① ［英］雷蒙德·威廉斯：《马克思主义与文学》，王尔勃等译，100 页，开封，河南大学出版社，2008。

一方面，"领导权"为"整体的生活"引入了权力及意识形态的斗争的因素。威廉斯逐渐意识到财产的不平等以及由此生发出来的地位和能力方面差异和不平等存在于任何一种现实社会的方方面面。一种有效的理论必须确认并直面文化中的主导和从属方面以及它们之间的相互斗争、协商和妥协的过程。另一方面，"领导权"瓦解了"意识形态"的同质性，使其从单数变成了复数，即从"意识形态"变成了"意识形态之间的斗争"。威廉斯指出，传统意义上的意识形态概念未能囊括和涵盖所有的社会意识，它仅仅被用来指称一种被清晰表述出来的关于意义、价值和信仰的思想体系，而忽略或遮蔽了特定社会中现实人们的那些混合的、相对复杂的、不完整的、未得到清晰表达的思想意识，而且依据结构的同构关系，它们一定会从程序上被排斥到边缘或即生即灭的地位上去[1]。同时，"领导权"理论还很好地解决了意识形态斗争的主体问题。

借助于"领导权"概念的强大解释力，威廉斯对基础——上层建筑这一隐喻性命题中的每个术语，以及它们相互之间的关系都进行了重新阐释。他指出，"基础"是一个动态的发展过程。这一过程既包含着个人和阶级所进行的具体活动，也包括从协作到敌对的一系列活动方式。同样，"决定"除了指设定限度之外，还意味着施加作用力。在全部社会过程中，发挥积极能动作用的主体既可以是人，也可以是社会团体。在这一过程中，那些带着尚未实现的意愿和要求的新兴力量也施展了它们作用力[2]。毫无疑问，威廉斯这种全新阐释使得我们对基

---

① ［英］雷蒙德·威廉斯：《马克思主义与文学》，王尔勃等译，116—117 页，开封，河南大学出版社，2008。

② 同上书，84—95 页。

础——上层建筑模式的理解得到了彻底的更新。它有助于我们更好地认识和把握上层建筑本身的多变性及其在具体历史过程中发挥作用的具体过程。从这种阐述方式中可以看出，威廉斯的"文化"观依然侧重强调的是整体性和个人的经验性，领导权概念只是让他明确了主体以及主体的阶级地位等历史差异性对文化构型力量的制约。

很明显，威廉斯引入"领导权"概念的重点还是在于要完善他的文化理论，因此，可以认为，领导权在威廉斯那里依旧是一种文化。正如他自己所说："它提供了一种完全不同的看待文化活动（既作为文化传统又作为文化实践）的方式。现在，文化产品和文化活动在任何通常意义上都不再是某种上层建筑了。"[①]作为一位富有原创力的马克思主义文化批评家，威廉斯基于文化唯物主义的立场高度评价了基于工人阶级的生活和情感的大众文化所内含的革命意义。他强调指出，大众文化作为现代都市社会普遍文化现象，既与包括传媒、技术等因素的物质生产领域的革命性发展密切相关，又紧密关联着现代都市社会的主体，即工人阶级的日常生活、情感和愿望。

（二）意识形态视域中的文化

以伊格尔顿为代表的英国新马克思主义者在吸收阿尔都塞意识形态理论时的主要宗旨，是彰显文化的意识形态功能，进一步拓展文化和文学批评的意识形态维度。同时，基于对结构主义研究方法的借鉴，伊格

---

① ［英］雷蒙德·威廉斯：《马克思主义与文学》，王尔勃等译，120 页，开封，河南大学出版社，2008。

尔顿也侧重从文化以及文学的结构形式探讨意识形态的内涵。

　　伊格尔顿是当代英国著名的西方马克思主义文学理论家和具有独特风格的文化批判家。20 世纪 80 年代以来，他一直致力于文化问题的研究。他认为后现代是一个文化研究的时代。他不断继承并超越西方马克思主义文化批判理论，形成了颇具特色的后现代语境下的文化批判理论。他的文化批判一方面具有鲜明的马克思主义文化批判的色彩，另一方面彰显了文学和文化两大维度。

　　伊格尔顿以马克思的文化与社会理论为指导，从社会物质关系来诠释文学和文化。同时他继承了威廉斯文化主义的研究思路，并加以批判改进，形成了注重文化的物质属性以及文化与社会的互动关系的研究路径。此外，他也受到英国本土经验主义思想的影响，在自己的著作中常常引用洛克等经验哲学家的思想。"文化批判"合法性的逻辑基础是"文学"这一概念内涵的扩大。文学的范畴和文学研究的对象不再仅仅局限于文学的范围，而是包罗了一切文化现象，实现了从文学向文化的转向。这种转向构成了伊格尔顿文化批判的前历史和现实态势的背景。在代表作《马克思主义与文学批评》一书中，伊格尔顿从马克思主义的经济基础与上层建筑的关系入手研究文学理论，提出了他的文学批评观点。他指出："文学理论具有无可非议的政治倾向性。所谓'纯文学理论'只可能是一种学术神话。作为有着鲜明的意识形态意义的文学理论绝不应当因其政治性而受到责备"①伊格尔顿认为文学是意识形态的一部分，

---

　　① ［英］特里·伊格尔顿：《马克思主义与文学批评》，文宝译，38 页，北京，人民文学出版社，1980。

但从另一种意义上说，它也是经济基础的一部分，文学生产的是表达体现，各个时代的文学文本从行文风格、内在结构、人物塑造等方面形成了风格各异的文本物质形式。

在《文学理论引论》和《批判的功能》等著作中，伊格尔顿开始从理论思辨转向政治实践，从文学批评转向文化理论。这种方法坚持了文学批评的大视野，注重文学本身的外部性联系，即文学一方面处于文化生产的中心地带，另一方面又与社会生活中的其他领域，如经济生产和政治生产等存在着千丝万缕的关系。因此文化研究不能仅仅从文化本身着手，应该从文化所具有的经济属性、政治属性等这些唯物主义的性质入手。伊格尔顿牢牢地树立了"文化"在社会思考中的中心地位。利维斯主义把文化单一化地变为高雅文化，把文化创造者和分享者规定为少数精英知识分子。按照这一路径，文化批判必然走向体制内的自我批评，缺乏多元的交流与汇通。最终即没有解释清楚文化的内在机制，也没有正确认识文化的本质和社会功能。简言之，利维斯主义的文化批判缺少社会批判的维度。伊格尔顿的文化批判将文化看成是人类智慧之光，它的社会功能在于控制没有受过教育的民众及其生活和思想。在他看来，马克思主义的文化理论必然是为政治实践服务的，这种政治实践的目的就是早日实现社会主义。最终，伊格尔顿以马克思主义文化批判理论为出发点，以威廉斯的文化主义方法为模板，形成了自己的文化批判理论。

1. 一般意识形态的政治维度

与威廉斯不同，伊格尔顿并不执着于为意识形态下一个简洁恰当的定义，因为在他看来，这样做既无可能，也没必要。他感兴趣的是深入分析和探讨各种不同意识形态定义背后的思想传统。在深入研究的基础上，伊格尔顿提出了两种主要的传统。一种是注重讨论真假观念的认识论传统，它以黑格尔、马克思、卢卡奇和一些新近的马克思主义思想家为代表；另一种则是关注意识形态社会功能的社会学传统①。简言之，就是一种认识论意义上的传统和一种存在论意义上的传统。伊格尔顿认为，在应该同时蕴含这两种趋势的马克思主义的传统中，不应片面强调其中的任何一方。

首先，伊格尔顿明确批判了功能主义的意识形态论。这一理论坚称，在现实社会生活中，人们经常会基于一些由预想的观念构成的坚韧结构，来对特定的实践进行判断。但是，他们通过这种途径看到的事物，是透过一些既定的、先验的原则强加给我们的外部系统所形成的小孔而成像的，因此并不真实。没有这种预想，人们就无法对事物及自身所处的环境做出确认和判断。这种意识形态体现为一种封闭的、排外的，甚至反对革新的思想体系，代表着一种先验的、僵化的并具有明显政治指向的看待世界的方式。同时，伊格尔顿也明确反对意识形态的泛化，他指出"一切都是意识形态"的激进观点无疑都是在自掘坟墓。例如，福柯及其追随者认为权力更多的时候并不都是源于军队和国会的规定与限制，而是由一种无形的力量的网络来规定的，并认为这种网络可以无限制地延伸至一些细微的姿态变化和私密的话语表达。伊格尔顿认为，这种观点面临一种潜在的危险，即一种没有价值和信仰附载的权力阐释，会导致意识形态这个概念过度膨胀、泛化，甚至消灭。也许正因为如此，福柯不得不放弃了"意识形态"这一术语而使用了一个更具包容

---

① T. Eagleton, *Ideology: An Introduction*, London, Verso, 2011, p. 3.

性的概念"话语",但这依然不能从根本上解除上述危险。伊格尔顿指出,意识形态这个概念的真正力量在于它能将那些相互斗争的权力进行核心与边缘的区分。同时,他还指出:"与其说意识形态是一种内在的语言属性,不如说是谁为了什么目的对谁说了什么问题。"①与此同时,针对泛权力主义者提出的关于意识形态是与特定的社会利益纠缠在一起的观点,伊格尔顿也提出了质疑和反驳。在他看来,在尼采思想的影响下,后现代主义思想变成了不同利益之间混合的典型。主张主体的一切活动无不处在利益之中,会造成理解上的一种普遍性,从而使人们根本无法获得任何关于特殊东西的认识。因此,伊格尔顿明确提出,意识形态聚焦的是特殊社会群体利益,而非某个人的贪婪。所以将意识形态描述成利益的话语时需要做出具体的规范。

其次,伊格尔顿也明确反对仅仅基于认识论角度来解读意识形态。他指出,认识论本身就是奠基在认为我们的某些观点和事物运行的方式是相符的这样一个天真的假设之上的,并坚持了一种断言少数理论家垄断了关于社会如何运转的基础知识,而他人则处在虚假迷雾中的典型、可笑的精英主义的立场②。尽管如此,伊格尔顿也对许多马克思主义者主张放弃这种认识论意义上的意识形态,转而支持政治的或社会学意义上的意识形态,即主张在符号、意义和表征的层面上进行社会和政治的斗争的做法提出了严重的警告。他指出,支持政治的或社会学意义上的意识形态并不意味着可以将政治和意识形态等同起来。在他看来,二者存在明确的区分。

---

① T. Eagleton, *Ideology: An Introduction*, London, Verso, 2011, p. 9.
② *Ibid.*, p. 11.

前者聚焦权力的过程，而后者聚焦的则是权力过程与意义间的一致性。

总之，伊格尔顿同时反对过于泛化和过于狭隘的意识形态定义。他认为应该从以下四个角度来定位意识形态：其一，从文化的角度来理解，意识形态是指社会生活中价值、信仰和观念的一般物质过程。它指称个人与社会之间的各种活生生的关系；其二，从世界观的角度来理解，意识形态指特定社会中象征着重要团体，或者阶级处境和生活经验的或真或假的观点和信仰；其三，从其实际运行的机制来理解，意识形态在面对敌对的利益群体时促进和合法化某些社会集团的利益，主要是占统治地位的社会力量的利益。这个定义基于这样一种预设，即占统治地位的意识形态常常以一种方便统治的方式整合社会结构，当然，这并非简单地将其思想强加于人，而是努力寻求与被统治阶级或者团体之间的共谋关系。这一定义在认识上是中立的；其四，从其呈现形式来看，意识形态是以歪曲和掩饰的方式帮助统治阶级利益合法化的观念和信仰。需要注意的是，这种信仰是被作为整体的社会物质结构决定的，而并不是基于统治阶级的利益。

2. 文学、文本与意识形态的辩证关系

阿尔都塞曾把文学艺术看作意识形态与科学的中介，认为真正的文学艺术与科学之间有一种特殊的关系，它有助于我们洞察意识形态的秘密。文学艺术一方面源于意识形态并浸润其中，另一方面也能将自己从意识形态中分离出来并暗示意识形态[1]。阿尔都塞进一步指出，文学艺

---

[1]　L. Althusser, *Lenin and philosophy and Other essays*, Translated from the French by Ben Brewster, New York and London, Monthly Review Press, 2002, pp. 203-206.

术是通过其潜在结构的动力，即一种不对称的离心结构的支撑，来实现这种中介作用的。换言之，这种内在批判不是通过作品外在的言语，或作者或显或隐的意图，而是通过剧本结构各要素间的内在和非内在关系实现的。在阿尔都塞那里，真正的批判首先是一种真实的和物质的批判，唯有如此，它才有可能成为有意识的批判。

英国新马克思主义借鉴了但没有照搬阿尔都塞的上述思想，他们指出，阿尔都塞的思想仅仅涉及精妙的艺术形式，甚至只是传统意义上的戏剧和绘画，没能触及工人阶级文化和大众文化，甚至有意将其排除在外。简言之，他没有从广义文化的角度来理解文学艺术和意识形态之间的特殊关系。英国新马克思主义在扬弃阿尔都塞理论的基础上，开始从整体文化的角度出发探讨意识形态与文学形式，和作为文本的大众文化形式中所体现出的意识形态以及权力的压迫与斗争。在建构自身的理论过程中，他们借鉴并吸取了结构主义的研究方法，如语言学、符号学、话语分析和精神分析所取得的积极成果，对各种具体的文化形态进行了文本式解读。

首先，在文学艺术与意识形态的关系方面，英国新马克思主义者，特别是伊格尔顿，开启了马克思主义文学批评的一个全新的意识形态维度。他们秉承了唯物史观关于社会存在决定社会意识，经济基础决定上层建筑的基本原理，但并没有机械地理解为二者之间的关系，而是注重分析上层建筑的各因素对经济基础的反作用。在英国，尽管从考德威尔开始就致力于建构一种"文学社会学"的批评方法，但结果并不尽如人意。之后威廉斯坚持了这一方向。他指出，从事文学批评就是要关注书籍怎样出版，作者和读者的社会身份、文化水平，以及决定他们文学趣味的社会因素。抽象一点讲就是，文学批评一定要关注文学的生产、分配和交换手段。伊格尔顿批评威廉斯的这一方法并没有系统地展现整体的文化生产中意识形态与文本的辩证关系。在他看来，文学艺术是社会意识形态的一部分。只有知晓了这种认识方式的秘密，才能深刻洞察和理解整个历史过程。显然，在他看来，文学艺术的价值是通过它意识形态性来实现的。因此，根本不存在所谓的"纯"文学理论，文学非但不应该因其政治性而遭受谴责，相反，它对自身政治性的掩盖甚至无知，才是不可原谅的。马克思主义文学批评的关键就在于探求文学形式与意识形态形式的关系。

需要指出的是，在伊格尔顿的理论视野中，意识形态作为一个极其复杂的整体，呈现了物质和精神要素的有机统一，但它最终还是由社会生产方式所构成的经济基础所决定的。他的这一思想质疑了将文学作品仅仅理解意识形态的反映或挑战的极端观点，颇具辩证色彩。他认为，在特定的社会生产方式中，文学艺术作为意识形态的一部分，只能反映这种现实状况下的意识形态，无法获得什么超越性的真理。它唯一能做的就是通过与意识形态保持距离来获得认识。可见，真正的批判应该探究那种使文学作品受制于意识形态又与其保持距离的原则。而且，这种探寻应该从作品的形式结构开始分析其与意识形态的关系。

其次，英国新马克思主义者认为，真正的马克思主义文学批评应该建立在对文本与意识形态之间动态发展的辩证关系的探讨和研究中。伊格尔顿把马克思主义解读为一种"关于人类社会以及改造人类社会的实践的科学理论，即为摆脱一定形式的剥削和压迫而进行斗争的历史"[①]。

---

① ［英］特里·伊格尔顿：《马克思主义与文学批评》，文宝译，2 页，北京，人民出版社，1980。

显然，马克思主义批评应该是这个"更大的理论分析体系中的一部分，这个体系旨在理解意识形态"①。此外，马克思主义还具有强烈的实践性，能够运用到真实的社会变革和阶级斗争中去。在这种理解的基础上，伊格尔顿既批判庸俗马克思主义仅仅将文学形式视为表现历史内容的技巧，也批判俄国形式主义仅仅将内容视为形式的一种作用。他借鉴了卢卡奇、马舍雷和本雅明等诸多思想家的观点，提出形式本身就是一种意义结构。它的变化与意识形态的变化密切相关。

伊格尔顿着重分析了文本与意识形态生产的内在关系。他指出，一旦将文学与生产范畴进行有机结合，那文学生产就从本质上变成了一种意识形态的生产。他提到六个与意识形态生产相关的范畴，即一般生产方式、文学生产方式、一般意识形态、作者意识形态、审美意识形态和文本，并分别进行了详细的分析和阐述。不难看出，伊格尔顿强调的文本形式包含了更多社会内容的形式，如生产、出版形式、作者的阶级地位等，远远超越了形式主义意义上的文本形式。换句话说，他们强调文本不是意识形态的直接反映，更重视从广阔的社会形式来考察文学及文化的意识形态性。反过来，意识形态也并非文本的微观宇宙。总之，在他们看来，文本应该解读为意识形态的生产。这一论断同时兼顾了意识形态在文本形式内部的自我生产。

伊格尔顿揭示出的这种多元决定状况下的复杂运动，只能理解为文本与意识形态之间的一系列的相互建构与解构。文本与真实历史的关系

---

① ［英］特里·伊格尔顿：《马克思主义与文学批评》，文宝译，2—3页，北京，人民出版社，1980。

由于意识形态的插入而变得异常复杂。为此，伊格尔顿提出了著名的"滤网"之喻。现实的某些要素通过意识形态这个"滤网"后会脱落，形成一种不在场。但我们还能以呈现出来的这种在场去洞察那不在场的因素。可见，不是意识形态建构了现实，而是生产建构了现实。另外，文本与历史之间也并非一种自觉的、直接的和精确的联系，只有借助美学构思的能力和一种意识形态的结合物之间的生产性关系才能描绘历史的真实，这种结合物比文本本身会呈现更多的历史真实。一言以蔽之，文本的价值既在于它的洞见，也在于它的忽略。批评的目的就是让历史以一种双重不在场的形式而存在。

伊格尔顿试图以这种颇具辩证意蕴的抽象分析，来克服生硬的结构主义分析的缺陷与不足。虽然结构主义也把文本视为一种意指实践，但它更侧重的是揭示意识形态如何借助于表征系统对主体进行建构和施加影响。很明显，这种分析方式忽略了文化形式的生产问题，仅仅局限于意指系统本身的生产，从而陷入了一种"文本决定论"。伊格尔顿不否认文化可以通过文本来研究，但同时他也指出，只能将文本作为一种手段，真正应该聚焦的是文本实践与习俗、机构、阶级等社会因素之间的张力。不深入分析和探讨这种张力，不仅会伤害理论的解释力，更重要的是，还会导致基于政治的学术实践能力的丧失。

伊格尔顿在《批判与意识形态》一书中提出了一种与威廉斯的"社会主义人本主义"根本不同的、更为动态的意识形态理论。在他看来意识形态远不止是一些自觉地政治信念和阶级观点，而是构成个人生活经验的内心图景的表象，是与体验中的生活密切相关的、审美的、宗教的、法律的意识过程；而文学文本反映的并不是历史实在，而是反映了产生现实影响的意识形态的作用机制。据此，伊格尔顿批评了威廉斯的感觉结构概念，认为所谓"感觉结构"本质上都是意识形态作用的结果。他对威廉斯想依靠活生生的经验来建构共同文化的目标提出了怀疑。马克思主义认为，在阶级社会里，新兴文化伴随着阶级的产生而出现。在伊格尔顿看来，文化既是人类的自我区分，也是人类精神的自我治疗，文化还是对工业资本主义进行批评的东西，它在对工具理性的崇拜浪潮中，充分肯定人的能力的整体性、均匀性和全面发展，具有超阶级性、反党派偏见的超越地位。伊格尔顿从自己的文化批判角度出发理解马克思主义。与马克思一样，重视文化与阶级、国家的关系。他认为，民族性是文化的自然属性之一，并且，任何特殊的民族或种族文化要盛行起来，只有通过国家的统一原则，而不是凭着自己的力量。各种各样的文化本质上是不完整的，需要国家的补充才能真正完善。

伊格尔顿进一步使阶级问题突破文艺学范畴，上升到社会性的结构问题。他认为阶级是社会结构的一个象征，阶级无论是在马克思的时代，还是在汽车流行于街头的当今时代，都是一个无法否认和回避的问题。针对阶级理论在当代经济社会是否应该被抛弃的问题，伊格尔顿在《民族主义：反讽与立场》一文中给出了答案："一厢情愿地摆脱阶级或民族，或者像某些当代后结构主义理论那样，全力救活不可还原的'此时'差异，只能对压迫者有利。"①

伊格尔顿的文化批判理论具有浓厚的人本色彩，其根源就在于他接

---

① Terry Engleton, *Nationalism*, *Colonialism*, *and Literature*, Minneapolis: University of Minnesota Press, 1990, p. 23.

受了对于马克思学说中的总体性思想和文化批判的认识，把马克思的总体性思想引入文学、文化和社会的交叉领域，并且把文化批判和理性反思这一在威廉斯看来是马克思哲学批判的内在精神发挥到极致，对现代社会的技术合理性、大众文化以及日常生活进行批判，把马克思主义的文化批判推到一个全新的高度。

霍尔也表达了同样的观点，但是他却建构了另外一种模式的超越"文本决定论"的意识形态理论。

(三)领导权对文化与意识形态的超越

面对如何在密不透风的意识形态网络中为人的主体性发挥找到一个突破口这一难题，以霍尔为代表的伯明翰学派的文化研究者不约而同地求助于葛兰西的文化领导权理论，同时也结合了当时哲学领域兴起的语言学转向，他们在文化和意识形态研究中开始关注性别、阶级、民族、种族等诸多问题。

相较于威廉斯，霍尔对领导权理论的借鉴更为复杂。他指出，威廉斯与阿尔都塞的意识形态思想各有优缺点，因此，在实践中必须实现二者的结合，不能简单地做一种非此即彼的选择。领导权理论在很大程度上既弥补了二者的不足，又彰显了他们各自的优势。另外，霍尔的理论也有机整合了福柯的权力话语理论、拉克劳和墨菲的领导权理论以及德里达的解构思想，体现为一种多重思想的接合。因而，霍尔要探讨的是领导权在社会中话语式运作的总体方式及规律，这种领导权更多地体现为一种结构性的存在。

霍尔在《文化研究：两种范式》一文中分析了关于文化研究的两种范

式，即文化主义和结构主义，指出了它们各自的优缺点，并尝试在此基础上建立一种接合范式，努力以更灵活的方式展开文化研究。虽然霍尔认同意义和经验是通过表意实践建构的，反对仅仅将经验理解为语言结构决定的总和，但客观讲，它还是更倾向于以结构主义为基础来整合文化主义，因为他更看重结构主义所提供的理论化的道路。霍尔同时也强调这种结合只能在一种特殊的环境下进行，因为在他看来，只有服务于一个实际目的的理论才是有用的。所以，霍尔感兴趣的不是理论，而是理论化。他指出，葛兰西的特殊之处就在于他总是基于一种特殊的历史时刻，或一系列环境来展开自己的思想探讨，实现了理论与实践的结合，从而避免了理论的抽象。正如普罗克特所指出的那样："葛兰西的领导权作为一种意识形态斗争正在进行的过程使霍尔既坚持了文化主义关于动因的关键问题，又没有陷入天真的和英雄主义的人文主义，个人在结构的限制中是完全自由的。而阿尔都塞关于意识形态总体化的趋势却忽略了对抗和矛盾的可能性这一领导权理论的核心问题。"[1]

通过葛兰西，霍尔巧妙地将文化和意识形态理论结合在了一起。更重要的是，领导权理论为他提供了优化结构主义的方法，这主要体现在他关于电视话语中的意识形态的研究上。霍尔在《电视话语中的编码和解码》中创建了一种新的传播理论。在霍尔看来，信息是被生产的、循环和消费的。首先，意义的传递是一个依赖语言规则对符码的组织完整的结构。霍尔基于马克思的商品生产理论建立了"发送者——信息——接收者"的模式，在这个模式中，发送者即生产者，接收者即消

---

① J. Procter, *Stuart Hall*, London, Routledge, 2004, p. 49.

费者，接收即一种引导生产的主动过程。这一模式提供了考察媒体话语中不同意识形态间的冲突的可能理论空间，超越了结构主义所倡导的整体结构的完全覆盖。其次，接合既表现在整体的意义传播过程中，也渗透于意义传播的任何一个环节，即信息的编码和解码过程中。霍尔指出，并不存在完全对称的解码过程和编码过程，或者说它们之间并不总是构成直接的同一性，他将这种差异归结为广播者和听众之间地位与关系的结构差异。

从上述分析可知，霍尔在结构主义和符号学那里找到了一种分析媒体话语的激进方法，而对接受者能动性的关注则表明了他依然持有的文化主义的信仰。但必须强调的是，与媒体的语言学内涵相比，霍尔最感兴趣的是其政治内涵。而且，这种政治内涵也是与语言规则以及相对立的意识形态内容结合在一起的，而并非由信息的内容直接传递出来的。霍尔通过把葛兰西领导权理论凸显的斗争因素运用于传递信息的符码中，从而在编码和解码的过程中深入而清晰地揭示了意识形态的斗争过程。

值得一提的是，作为威廉斯的学生，近些年来，伊格尔顿在意识形态问题上向他老师的立场回归的倾向越来越明显。他在新近的论文《再论基础与上层建筑》中指出，在知识经济时代，决不能仅仅将文化或意识形态的作用归结为保护和促进经济基础的发展，它更应该重视的是人类基于物质需求之上的，与人性的内容密切相关的需要。满足人的这种需要的文化或意识形态在内涵上更丰富，在形式上也更为复杂。事实上，早在1980年出版的《瓦尔顿·本雅明或走向革命的美学》一书中，伊格尔顿就批评阿尔都塞意识形态理论过于简单化，提出应该回到威廉斯，应该高度重视威廉斯和本雅明所关注和强调的审美经验，因为在他看来，革命的力量就内在于现实中受压迫者的生活经验和审美经验中。

四、小结

通过分析，我们非常明确地知晓，意识和意识形态是两个完全不同的概念。从本真意义上讲，意识不能独立存在，而意识形态则是独立存在的，而且可以反映某个特定阶级的利益。意识是获得独立性外观的主要原因在于物质生产中"分工"的产生。分工后产生的意识形态之所以带有普遍性的色彩在马克思看来，主要是因为任何分工都有权力机构，特别是国家的参与。国家是抽象意识的制造者，它代表一种虚幻的共同性。它的抽象权力在个体关系方面补偿了一致性的现实缺陷。国家的阶级本质决定了意识形态的阶级属性，所以意识形态是一种独立化的、异化的、为现状辩护的社会力量。正因为意识形态的这一特性，马克思才提出破解意识形态的迷雾，通过批判还原并认识世界的真相。

今天，意识形态的泛化与转型已是一个明显的趋向，意识形态已经从马克思主义意义上的维护和反映统治阶级利益的思想体系转向日常生活和文化实践。在马克思那里，意识形态蕴含浓厚的阶级色彩，指的是阶级社会中直接、自觉和系统反映基础和政治制度的思想体系。应该说，就文化的意识形态职能来讲，狭义文化指称的内容与意识形态的思想体系在很大程度上是重合的。但从根本上来说，精神文化的内涵比意识形态范畴更广泛，它包括一切社会意识形式。另外，占统治地位的意识形态深刻影响着文化对社会生活的反映形式及其社会整合的广度和深度。文化整合允许社会与个人互动不同，意识形态整合是自上而下的层级整合和自下而上的递阶整合的有机统一，它具有强制性。因此，文化虽然具有意识形态性，但并不能等同于意识形态。只有当政治和精神文化被用作占统治地位阶级的意识形态时，文化才能起到支配和控制从属阶级的价值观和世界观的作用。

一些西方马克思主义者将"文化"理解成"意识形态"，主要是基于它们具有同样的社会控制功能。可见，这些后来的马克思主义者都延续了马克思主义创始人对意识形态的实践品格和社会功能的重视。特别是法兰克福学派基于马克思主义意识形态思想的批判性，对发达工业社会展开了深刻的意识形态批判。在他们看来，现代社会的统治形式已经发生了很大的变化，即由传统的政治经济统治变为了意识形态控制。意识形态在他们看来是一种异化的文化力量，是统治阶级为巩固和扩大自身的阶级利益，左右和控制人们的思想，决定社会的生活而杜撰、虚构出来的，因此，虚伪性是一切意识形态所固有的普遍特征。他们甚至将阶级差别的平等化也理解为一种意识形态功能的体现。在这种意识形态的控制下，主体已经完全丧失了革命性。

与法兰克福学派不同，英国新马克思主义的文化理论家们仅仅把技术和媒介作为思考文化或意识形态的基础和条件。他们的研究重心聚焦在文化或意识形态与当代日常生活经验关系的研究。早期关注大众文化与工人阶级生活关系，后期重视少数民族和被压迫群体情感和愿望的审美表达。他们尝试从揭示审美意识形态的复杂机制问题入手，探寻解决当代政治和社会问题的方案和途径。他们的理论努力将西方马克思主义在意识形态研究上的批判模式转变成了一种建设性模式。在一定意义上，英国新马克思主义者在意识形态领域的贡献可以概括为对审美意识形态积极作用的深入研究。威廉斯把文学艺术、审美和文化看作一种独特的政治实践，他指出："一切文化都蕴含着政治价值；同时也必须承认这些政治价值作为意义是文化的。"①从积极的生活经验的意义上讲，文化就是审美意识形态。

英国新马克思主义在两个方面坚持并发展了马克思主义的意识形态思想。一是关于审美的物质基础问题。在西方的学术传统中，审美现代性强调情感和想象的超功利性。这种基于浪漫主义的美学理论的基本表达机制是视觉性隐喻和精英主义的文化观念。英国的新马克思主义者们则基于英国的经验主义哲学和文化传统，再加上与工人阶级生活的有机联系，从考德威尔开始就自觉地抵制上述传统，努力寻找审美活动的物质基础。伯明翰大学当代文化研究中心探讨和分析了大众传媒、社会语言以及亚文化形式等物质载体在当代审美活动中的地位和作用。威廉斯尝试以"感觉结构"概念为审美活动的研究提供了经验基础以及表达和交流的根据。二是重新思考了基础与上层建筑的关系问题。在历史唯物主义的理论框架中，基础与上层建筑的关系问题一直是争论中的难解之谜。与法兰克福学派简单否定这一问题和阿尔都塞学派回避这个问题不同，英国新马克思主义者的理论研究则始终以这个问题为核心和突破

---

① ［英］弗朗西斯·马尔赫恩：《当代马克思主义文学批评》，刘象愚等译，132页，北京，北京大学出版社，2002。

口，将对意识形态问题的探讨推向深入。威廉斯在借鉴阿尔都塞"多元决定"概念和方法的基础上，提出了颇具影响的"文化唯物主义"思想，并基于此对文化的物质基础、文化与经济基础的不同关系做出了深入地分析。后来，伊格尔顿联系实现社会主义的可能性问题，运用政治经济学的方法，基于人类学的角度阐述了人类创造文化、文学、艺术的作用和意义。在他看来，在生产力不发达，经济基础只能保证人们的基本物质生活时，上层建筑就会形成对文化的支配，只有当文化生产摆脱经济基础的目的，致力于人们的普遍幸福时，社会主义才是可能的。

必须要指出的是，无论文化与意识形态在现实的生活经验中是如何密不可分，在理论上对其做出明确区分仍是必要的。按照马克思主义的观点，作为文化一部分的意识形态是上层建筑的重要组成部分，无论它与经济基础的关系有多复杂，从最终的意义上看，还是经济基础决定着文化或上层建筑的性质和意义。如果过分强调文化的重要性和表达机制的复杂性，或者如英国新马克思主义所讲的整体性并将其视为根本的决定因素，那么在理论上对物质和精神关系的把握就会重新陷入本末倒置的局面。比如，在英国新马克思主义者那里，意识形态更多地体现为一个社会学概念，用来泛指一切社会中反映社会存在的社会意识，从而淡化了它的阶级属性。另外，我们虽不否认文化作为一种实践性体系，本身有物质性的一面，并且具有多重性质和功能。但必须明确的是，文化最根本的功能还是赋予人类幸福与和谐，而这需要依赖生产关系和生活方式的改造。

在区分文化与意识形态时，必须批驳两种截然相反的极端观点。一是把意识形态扩大化，将一切文化视为意识形态，混淆学术讨论与政治斗争的界限，将学术政治化，将文化的意识形态职能视为文化的唯一职能。二是意识形态"中立论"或"终结论"。这是包括英国在内的西方新左派的立场，它要终结的是与激进运动相联系的斯大林主义，主张用话语分析的方式解构一切包括资本主义与社会主义宏大建构的权力体制，其实质是淡化意识形态的阶级属性以及社会主义意识形态与资本主义意识形态的本质区别。实际上，"意识形态终结论"这种提法本身也是意识形态的。

第四章 | 社会变革方式的转向

　　随着社会实践的发展，人们的社会存在方式发生了巨大的变化，人不再从根本上体现为物质生产过程中具有物质需求的主体，而是在更大程度上展现了在文化生产过程中的异化状态。19 世纪，马克思恩格斯基于无产阶级物质层面的极度贫困，从生产力与生产关系、经济基础与上层建筑之间的基本矛盾出发，论证了无产阶级通过革命推翻私有制，从而推动社会变革和发展的必然性。20 世纪 20 年代，西欧各国的无产阶级革命相继失败，并随之转入低潮的现实促使无产阶级理论家乃至诸多哲学家开始了全新的思考。基于对主体意识和革命意识问题的不同理解和回应，形成了两种异质的文化批判路径，开启了在社会变革方式上的不同思考。

一、基于物质生产主体的阶级斗争

在马克思恩格斯的时代，产业革命造成的经济政治条件将阶级关系变得简单明了，也使得阶级斗争与经济关系和物质生产的联系进一步清晰化了。进一步讲就是，历史的动因与它的结果之间的联系更清楚地表现了出来，从而为马克思正确认识历史提供了可能。

（一）无产阶级历史使命的物质规定性

资本主义生产方式的确立和发展，特别是工业革命的发展造成的直接后果就是资产阶级财富的急剧积累和工人阶级的日益贫困。物质生活上的极端贫困促使无产阶级开始思考并认识到自己的利益与资产阶级利益的对立。这种对立会激起无产阶级对资产阶级的反抗，从而促使阶级斗争尖锐化并导致无产阶级的进一步觉醒。无产阶级反抗资产阶级的阶级斗争也会由经济斗争逐渐转向政治斗争。无产阶级必然将作为社会的主要力量登上历史的舞台。

可见，无产阶级的革命意识在马克思恩格斯那里从来没有成为一个问题。他们认为，随着资本主义经济危机的频繁爆发，以及两大阶级矛盾的尖锐化和阶级对抗的加剧，无产阶级必然会基于对他们的悲惨生活条件以及被资产阶级压迫与统治事实的深刻理解和认识，在持续不断的革命实践中形成共同的革命意识。换句话说，在马克思恩格斯那里，革命是形成阶级意识的学校。马克思在《共产党宣言》中明确表达了这样的思想：随着工业资本主义的进一步发展和资本家对无产阶级剥削的加剧，工人必然会克服由于竞争而造成的分散状态，通过结社而实现革命的联合。这种联合的发展壮大必然能促使使无产阶级形成基于共同利益的阶级意识。因此，马克思恩格斯断言，资产阶级的生产与剥削在积累了巨大物质财富的同时，也造就了它的掘墓人——无产阶级。概言之，无产阶级革命意识是资本主义经济的发展的必然产物，无产阶级的革命实践则是这种意识形成的必由之路。

当然，马克思也提到了影响无产阶级阶级意识的其他一些因素，比如教育。马克思指出，随着一些因为各种原因而加入无产阶级的队伍中的资产阶级成员的增加，会带给工人阶级教育因素，进而促进无产阶级革命意识的形成。但从马克思恩格斯的主要论述来看，他们更多的还是基于资本主义的经济矛盾和无产阶级革命的角度，来论证无产阶级革命意识形成的自发性和必然性。

(二)政治解放和人类解放

在无产阶级的革命意识高涨的年代，马克思将主要的精力放在了关注和思考西欧各国无产阶级革命的战略和具体策略上。通过研究西欧各国不同的经济政治发展状况，马克思将无产阶级的阶级革命斗争区分为两个阶段，即"政治解放"和"人类解放"。"政治解放"是资产阶级民主革命的结果，它指的是市民社会中的资产阶级的解放，它的具体内容是废除国教，承认信仰自由以及取消政治选举方面的财产资格限制等。政治解放是一个重大的历史进步，但却不是一种触及私有制的革命。"人类解放"则是要求废除私有制的、彻底的革命。它的实现不仅需要批判的武器，还要使用武器的批判。

尽管马克思区分了政治解放和人类解放两个阶段，但他并没有机械地理解二者之间的关系，而是以对德国实现人类解放的可能性与条件的分析为例，阐述了二者之间的辩证关系。他指出，德国在政治和社会方面是时代的落伍者，但却由于自己的哲学而成为现代文明民族的同时代人，对德国哲学的批判也就是对现代文明国家的批判，社会发展的根本要求就是人类解放。对德国来说，争取人类解放是唯一的出路。也就是说，与在法国部分解放是普遍解放的基础不同，德国的普遍解放却是任何部分解放的必要条件。

当然，马克思也分析并指出了德国解放的关键在于形成一个作为人类解放的实际承担者的阶级。马克思指出，这个阶级就是无产阶级。因此，对于德国来说，人类解放是无产阶级和新哲学相结合的产物。从具体策略上看，马克思主张在德国实现人类解放的斗争过程中，无产阶级可以而且应该参加到资产阶级民主革命中，但要与资产阶级和小资产阶级划清思想界限，明确自己的阶级利益和诉求，把民主革命进行到底。在条件具备的前提下，无产阶级应不失时机地把资产阶级民主革命转变为社会主义革命，建立无产阶级专政，实现对生产资料的社会主义改造。这之后，无产阶级还要利用自己的政治统治，尽可能快地发展生产力，通过调整和改革，使生产关系与生产力、上层建筑与经济基础相适应，建设高度的物质文明和精神文明，为进入无产阶级的社会准备必要的物质条件和精神条件。

另外，在具体的斗争中，马克思也非常强调各国无产阶级斗争之间的相互支援和配合。非常典型的例子就是马克思曾多次呼吁并指导各国的无产阶级积极参与和支持波兰人民的民族解放斗争，并强调这种支持绝不是出于人道主义的援助，而是基于全世界无产阶级的共同利益以及人类解放的价值诉求。

从上面的这些论述可以看出，在无产阶级革命意识高涨的 19 世纪中期的欧洲，马克思的社会革命理论聚焦的是基于物质生产主体的阶级斗争。在理论方面，马克思分析了影响无产阶级阶级意识和革命意识的诸多因素，如物质生活的极度贫困、革命的锻炼、教育的引入等，但更主要的是基于无产阶级在物质生产中的地位来分析的。在实践方面，马克思更加注重和强调的是对无产阶级阶级意识和革命意识的引导。

二、激发主体革命意识的文化批判

20 世纪的社会历史发展状况，特别是 20 世纪 20 年代中西欧各国无产阶级革命的失败，推动了卢卡奇和葛兰西等早期西方马克思主义者对马克思主义哲学的重新探讨。他们克服了所谓正统马克思主义机械决定论的错误，强调了总体性原则的重要性，进而把对马克思主义的讨论转移到了文化领域。他们首先关注的是无产阶级革命意识的丧失与恢复问题。

(一)革命意识问题的凸显

卢卡奇基于对第二国际所倡导的"经济决定论"和资本主义的物化现实所做的批判，揭示了社会现实和社会历史进程的总体性。卢卡奇的总体性首先是人的存在的总体性，而人的存在的总体性是通过主客体统一的辩证法体现出来的。卢卡奇把辩证法限定在社会历史领域的做法，凸显了他对人的主体性，特别是无产阶级主体性的极大关注。他认为，无产阶级主体能否实现其能动性和创造性，关键在于其革命意识的恢复或重新生成，而后者有赖于无产阶级的"内在转变"和"自我教育"，具体讲就是要无产阶级突破资本主义意识形态的控制，摆脱资本主义生活方式以及资产阶级文化的影响。当然，这并非易事，卢卡奇指出："无产阶级的自我教育是一个长期的和困难的过程，只有经过这个过程，无产阶级才能成为成熟的革命阶级，因为无产阶级受着资本主义生活方式的影响，所以一个国家的资本主义，以及资产阶级的文化越是高度发展，那么无产阶级的自我教育过程就越是一个艰巨的过程。"[①]

葛兰西基于列宁的思想也探讨了无产阶级的阶级意识问题。他指出，列宁是否认工人阶级意识形成的自发性的。在列宁看来，无产阶级受到资本主义制度及其思想的束缚，根本不可能自发地产生社会主义的革命信仰，并在此基础上开展反对资本主义的社会斗争，最多只能从改善自身的局部利益的目的出发进行一些罢工运动，但从性质上看，这种斗争根本算不得是社会主义的斗争。因此，列宁强调，必须借助职业革命家的努力，将社会主义的思想和信仰从外部灌输到革命群众的斗争中去。

葛兰西继承并改造了列宁的这一思想。一方面，他也赞同列宁所说的工人阶级的革命意识要依赖杰出精英从外部进行灌输，而不能依赖其完全自发地从工人阶级的生产环境和阶级斗争中产生，正如他所说：

---

① [匈]卢卡奇：《历史与阶级意识》，王伟光等译，207 页，北京，华夏出版社，1989。

"自发性的要素对革命斗争是不够的，它永远不能导致工人阶级超越现有资产阶级民主的界限。需要的是'自觉'要素，'意识形态'的要素。"①另一方面，与列宁不同，葛兰西并不完全否认自发性。他指出，革命意识一方面是从外部灌输给工人阶级的，另一方面也是工人阶级的经验所固有的，而且大部分是从群众自身的自发冲动、见识和能力中提炼加工而成的。虽然葛兰西也注意到，群众本身拥有的众多意识许多时候表征为一种"常识"。这种"常识"表现为他们对社会日常生活未加批判的世界观。但葛兰西辩称说，决不能因为这种"常识"是未加批判的和不系统的，就简单地将其视为一种完全被资产阶级思想同化了的资产阶级的世界观。事实上，它是一种蕴含部分真理成分的从属阶级的世界观。在葛兰西看来，这些"常识"作为历史的产物和历史过程的组成部分，当然还有赖于有机知识分子通过与群众的接触，用一种以融贯的、系统的、批判的方式对其进行改造。由此可见，葛兰西在一定程度上承认了"常识"的合理性，但也坚持要对其加以批判和引导。

（二）西方社会革命的实质在于赢得领导权

葛兰西最有影响的理论就是他的以市民社会和文化领导权两个核心范畴为基本内涵的西方革命理论。这一理论是以他对国际共产主义运动的经验总结为依据提出的具有很强现实性和实践性的革命战略。

葛兰西在对东西方国家社会结构的分析和比较中，洞察到西方国家

---

① 毛韵泽：《葛兰西　政治家　囚徒和理论家》，255—256 页，北京，求实出版社，1987。

中的市民社会对无产阶级革命的重要性。他看到，由于市民社会的发达，在西方社会中，传统国家的政治强制性逐渐弱化，文化和意识形态领导权开始突出，日益展现为一种二重本质，即强力＋同意（领导权）。尽管国家的暴力和强制职能依旧存在，但更多的是通过文化上的"领导权"来实现控制的。由于资产阶级现代国家的合法性和领导权的确立，以暴力为特征的传统无产阶级革命模式在西方社会已经不适用了，必须采取新的革命战略。在葛兰西看来，西方社会革命的核心和实质就是争夺文化领导权。

第一，无产阶级应该首先取得市民社会的文化领导权。葛兰西指出，一个社会集团的领导权地位体现在"统治"和"智识与道德的领导权"两个方面。一个社会集团能够也必须在赢得政权之前开始行使"领导权"，当它行使政权的时候就最终成了统治者，但它即便牢牢掌握了政权，也必须继续以往的"领导"①。所谓"智识与道德的领导权"就是指文化领导权。它的具体内涵是指统治集团除了依靠武力强制和暴力之外，还必须不断取得被统治者的认同或共识，才能更好地维持自身的统治。所以，无产阶级在市民社会的领域中获得领导权，是其推翻资本主义统治的必要前提。

第二，夺取文化领导权应该采取阵地战的方式。葛兰西提出"阵地战"是为了强调价值冲突在革命中的重要性。阵地战是指在资产阶级意识形态控制的市民社会内部，基于无产阶级政党及其知识分子的努力，

---

① ［意］葛兰西：《狱中札记》，曹雷雨等译，38 页，北京，中国社会科学出版社，2000。

用无产阶级道德这种新世界观逐步克服无产阶级从属于资产阶级信仰的状态，建立无产阶级的思想阵地，进而取得市民社会的领导权。为此，葛兰西亲自研究了意大利的历史发展与各种文化流派，剖析了意大利社会中的各种社会力量及其阶级实质。值得注意的是，葛兰西在强调阵地战的同时，并没有否认在无产阶级革命中运用其他战略的可能性。在他看来，具体战略的选择应该取决于市民社会中各种力量对比的实际发展状况。葛兰西指出："如果由于某种原因，这些阵地失掉了它们的价值，决定性的阵地反而处在危机中，那就得转向包围战。"①

第三，获得文化领导权的过程是一个漫长的理性化进程。其中，构造以无产阶级的文化领导权为主的新的市民社会阶层的核心要素，是有机知识分子的生成。但除此之外，还要依靠并加强政党的培养和组织功能，以及通过文化启蒙意义上的教育促进平民大众的知识分子化，最终实现建立"新的知识界阶层"的目标。总体来讲，赢得文化领导权，就是在发达资本主义国家中首先反对深层扼制人们心灵的无形压迫的斗争，即在"灵魂深处闹革命"，重建一种无产阶级的新的"整体文化"。

面对现代资本主义社会的复杂性，葛兰西力图揭示现代社会复杂的内在关系，尤其是权力关系。客观来讲，在意识革命，或者说文化革命的途径和方式问题上，与卢卡奇提出的恢复无产阶级关于自身的主客体统一的认识这种抽象的方式相比，葛兰西的思想显然更具现实性。在葛兰西看来，"历史集团"是由阶级以及许多从阶级中分化出来

---

① 《葛兰西文选》，421页，北京，人民出版社，1992。

的各种形式的亚集团组成的，因此，它是一种比阶级，甚至阶级联合更为复杂和"异质性"的结构。作为一个空间概念，集团注重的是寻求多种立场、多种决定因素以及多种联盟，而并不强调单一的统一原则或本质，这是"历史集团"概念与正统马克思主义语境中的"阶级"概念的重要区别。"历史集团"概念的提出，一方面是迫于无产阶级革命的严峻形势，即资产阶级力量仍然非常强大，只有争取各种多元的力量，才有可能获得领导权；另一方面这一概念也体现了对传统政党政治在葛兰西理论中的淡化。在他心目中，革命最终要实现的是新文化的启蒙和新文明的创造，而并非一个阶级取代另一个阶级的所谓"新"政权的建立。

葛兰西指出，"历史集团"的形成在领导权的争夺过程中非常关键。领导权是多种社会力量历经不断谈判和斗争逐渐形成的一种综合力量。质言之，领导权的获得是不同社会力量之间不断结合——解结合——再结合的过程。葛兰西对这些阶段的关系进行了细致的描述。他指出，在真实的历史中，横向的社会经济活动与纵向的国家、政治相互交织，以各种不同的方式结合或分离，每一次结合都可以由自己的经济和政治组织体现出来，当然也要考虑国际关系与这些国家内部关系的相互交织、进而创造出具有独特历史意义的一种新结合①。异质性作为历史集团的一个根本特征，并非单纯的相互排斥，而是共同致力于争取领导权的目标。雷德克里斯南清楚地阐释了历史集团的矛盾性，他指出，"一方面

---

① ［意］葛兰西：《狱中札记》，曹雷雨等译，145 页，北京，中国社会科学出版社，2000。

它宣布了'同一性'这一经典概念的消亡；另一方面，它又共同塑造了一个战略同一性效果。"①可见，异质性取消同一性的同时，又在争夺领导权的意义上造就了一种战略的同一性。简言之，"历史集团"是"同一性中的差异性"与"差异性中的同一性"这一矛盾的结合。

"历史集团"在葛兰西的语境中还凸显了经济基础与上层建筑的统一。这点与我们前面所说的不同社会力量之间的联合共同构成了历史集团的水平和垂直两个基本方面。水平方面指的是横向的不同社会力量的接合，"一旦这些水平方面联合成功，这种历史集团就可在垂直维度上被理解为一种结构与上层建筑、经济生活与它的政治、文化意识之间、社会的存在与其意识之间的相对的稳定的关系"。②葛兰西在垂直维度上强调历史集团，体现了结构与上层建筑的统一，意在限定历史集团的发展与走向，使其符合社会生产发展的要求，以保障其真正获得领导权。不难看出，文化领导权秉承了马克思关于经济基础是社会历史发展最终决定因素的思想，它将经济斗争、政治斗争和思想文化斗争纳入广义的文化领导权概念中，保证了这些斗争的内在的有机统一。葛兰西强调文化上的领导权，是基于对经济斗争在一定历史条件下具有相对局限性和意识形态有时是具有物质和政治力量的清醒认识和判断的。

领导权理论实际上是卢卡奇的阶级意识问题在逻辑上的必然延续。因为如果说让西方发达资本主义国家无产阶级起来革命的关键是无产阶

---

① ［美］布鲁斯·罗宾斯：《知识分子：美学、政治与学术》，王文斌等译，118页，南京，江苏人民出版社，2002。

② W. L. Adamson, *Hegemony and Revolution*: *A Study of Antonio Grimsci's Political and Cultural Theory*, Berkeley, University of California Press, 1980, p. 176.

级意识的觉醒，即无产阶级在自我意识中重新成为自为的成熟思想主体的话，那么革命的中心任务就要从原来那种更多关注社会经济和政治变革，转向更加重视人的主体结构乃至整个社会文化心理系统的根本变革上。这样，葛兰西与卢卡奇从不同角度出发，却得出了共同的认识，即都基于对意识形态和文化层面的强调，突出了文化革命的首要地位。事实上，这种文化革命观的实质，就是强调了主体在历史演进中的作用，强调了人的主体性的生成对社会革命的重要意义。

在西方马克思主义哲学的发展逻辑中，20 世纪 30 年代崛起的法兰克福学派就从文化领导权角度揭示了资本主义社会对人的全面控制，后又沿着这种批评路线发展出了包括心理结构、本能结构和日常生活变革在内的文化革命理论。在西方马克思主义哲学家眼中，现代资本主义社会的有效控制就在于物化意识和压抑性文化成功地阻碍了无产阶级的自我意识，它得益于资产阶级意识形态借助于文化、教育和大众传媒等工具向人的个性结构的渗透。所以，只有彻底打碎这些真正禁锢人们心灵的心理、本能和意识结构，动摇资本主义现存秩序背后的文化框架，瓦解资本主义压抑和欺骗人的意识形态系统，才能最终推翻资本主义制度。

(三)激发主体超越意识的审美救赎

葛兰西的文化领导权理论对整个西方马克思主义的文化批判思想产生了深刻的影响。有学者甚至认为，正是基于他的贡献，西方马克思主义对大众文化意识形态维度的理解才逐渐引发关注并广泛传播开来。法兰克福学派的文化批判理论就深刻揭示了大众文化在意识形态层面上的这种整合作用。

在法兰克福学派的理论家看来，随着文化工业的发展，大众文化的商品化和齐一化特征消解了艺术的创造性和个性。同时，它不遗余力地为机械劳动中的人们提供了越来越多的娱乐消遣。人们对现实的不满和内在的超越维度在这种娱乐中被消解了。这表明了在发达工业条件下人的异化的严重性，连原本最具创造性的文化领域也异化了。文化不再是人的创造性本质和个性的确证，而成了统治和操控人的力量。我们知道，文化是人的基本的生存方式，或生存样法，文化的异化无疑体现了人的深层次的异化。因此，它造成了一个人们面对一个不合理的社会却反抗无效的局面。面对这一现实，法兰克福学派的学者们都寄希望于人类实践的超越本性和批判精神，以与自身的文化困境相抗争。

在法兰克福学派的理论家们看来，要改变人的异化状况，必须从扬弃大众文化的异化这一根源入手，恢复艺术和审美的个性和创造本质。他们指出，从生存的基本意义出发来理解，艺术也是人们理解和认知世界的一种基本方式，内在于人们的日常生活之中。只是随着历史进程的发展，它才开始逐渐脱离人的社会日常生活，进而体现为人的一种独立的生存方式，并成了人最神圣、最崇高的存在领域。在很长的历史时期内，因其超越了为生存压力所困扰的程式化和常规化的社会生活，文化一度是最具创造性的领域，这种创造性集中体现在自由和超越性这两个方面。

霍克海默对艺术的自由本质进行了详细的论述。他指出："个性——艺术创作和判断中的真正要素……人类，就其没有屈从于普遍的标准而言，他们可以自由地在艺术作品中实现自己。"①当然，艺术的这种自由本质是内在的，审美活动也更多地体现为独立个体的自由体验或创造。但在法兰克福学派的学者看来，这点并不影响艺术和审美活动的现实性。在他们的理解中，艺术中展开的自由创造和自由体验会在理想和现实之间创造出一种张力，基于这种张力，艺术就会成为否定和超越异化世界的革命力量。所以，真正的艺术在法兰克福学派的理论家那里既是一种自由的创造，也是一种变革现存的力量。正如霍克海默的断言："反抗的要素内在地存在于最超然的艺术中。"②

概言之，法兰克福学派的理论家们认为，作为最精致的文化创造，真正的艺术一方面是人的自由自觉的本质最深刻的体现，另一方面也是驱动人类社会发展的重要力量。他们还通过对艺术自律性、形式独立性、审美主体性的阐发，集中论述了艺术的政治潜能。阿多诺系统论述了艺术的批判功能。在他看来，艺术不是针对现实做照相式的复写，而是现实的"本质"和"形象"，它在现实内部活动，揭示现实的矛盾。阿多诺认为，艺术就是对真实世界的否定性认识。而且，艺术本身的这种自律性就显示了它对资本主义社会一体化统治的不调和姿态，具有鲜明的政治意涵。马尔库塞对艺术政治潜能的表达最为清晰，他指出，不是艺术必须负载某种政治内容，而是艺术本身就蕴含了政治潜能，这种潜能是艺术形式的开放性、艺术感受的创造性所决定的。在马尔库塞看来，艺术不仅能为人们带来新的感受力，而且更能以此为基础，创造一个新世界。

---

① ［联邦德国］霍克海默：《批判理论》，李小兵译，258—259 页，重庆，重庆出版社，1989。

② 同上书，259 页。

　　法兰克福学派的学者们甚至还探讨了如何利用艺术的政治潜能，开展艺术革命，并使其成为人类总体革命运动的一个重要组成部分的路径和方法。阿多诺认为艺术革命的根本道路是摹仿。马尔库塞则认为艺术革命的要旨是维护和坚持艺术的美学形式，培养新的感受力。总体上看，他们提出的通过艺术革命来实现社会变革的思想属于一种带有浓厚乌托邦色彩和韵味的审美救赎。

三、重塑主体的大众文化抵抗

　　英国新马克思主义者一方面借助于卢卡奇的"总体性"方法，批判了传统马克思主义的"经济决定论"，开始以一种"整体的、过程的"视角来审视本国资本主义的现实，将现实看作一个由各要素在相互联系中形成的一个有机的整体；另一方面受到葛兰西文化领导权理论的启发，他们也首先把关注点聚焦于文化，用文化来指称上面提到的"整体的社会过程"。

　　基于对传统和日常生活的关注和分析，英国新马克思主义者试图重新定义社会斗争，寻求与发达资本主义国家中民主的和社会主义的政治相适应的新抵抗形式。葛兰西的文化领权思想启发了英国新马克思主义者对革命的新理解，即革命除了凸显政治经济权力的转移，更重要的是推翻一种完整的阶级统治形式。这种形式一方面存在于政治、经济的制度和关系中，另一方面也存在于人们的经验和意识形式中。由此，他们试图重新定义社会斗争。在这一目的的指引下，英国新马克思主义者把研究的视野转向了文化，因为"它一方面指示了这种政治被重新思考的领域，另一方面认识到这个领域是政治斗争的场所"①。并建构起了一种独特的文化批判理论。在他们看来，文化批判就是对整体生活方式中的各种因素之间关系的研究。与法兰克福学派把当代文化看成低级民众的文化工业，完全否认人民的主体能动性不同，英国新马克思主义者将文化视为一种整体的生活方式、一种社会物质实践，力图通过文化批判，唤醒大众的革命意识。在文化实践领域重塑当代社会的革命主体，是英国新马克思主义文化理论家们自觉而重要的使命。

正如第三章讲到的，英国新马克思主义从理论和实践两个层面上克服了法兰克福学派以及传统文化研究漠视甚至否定民众主体能动性的弊端。全面论证了当代资本主义社会中能动的革命主体依然存在。而且，英国新马克思主义者基于对文化的物质性理解，赋予了文化斗争极其重要的地位，即不再将其视为经济过程的必然结果，而是把它看作社会形态的一个组成部分。为此，英国新马克思主义者专注于各种意义的文化与政治社会的关系，强调从文化出发改造社会的可能，并把希望寄托于新的文化主体的生成和塑造上。他们甚至非常深刻地洞察到应该从生产和消费的多次循环中动态地把握当代社会文化生产的复杂运行机制，以创造出新的主体位置。

（一）工人阶级文化的抵抗潜能及必然性

第一代新左派理论家基本上都坚持认为政治抵抗是工人阶级文化与

---

① ［美］丹尼斯·德沃金：《文化马克思主义在战后英国》，李凤丹译，5页，北京，人民出版社，2008。

生俱来的功能。他们基于"文化主义"的研究范式，主张各种文化形式、经验与阶级之间的必然对应关系，强调大众主动地、创造性地建构有意义的共享实践的能力。汤普森、霍加特和威廉斯都非常强调在当代社会中文化主体和文化生产的决定性作用。同时，他们也都强调了文化的阶级基础，注重对工人阶级和底层阶级的文化研究，探讨文化与阶级权力的关系。

汤普森关注工人阶级的经验和文化，致力于恢复从属阶级的经验。他认为工人阶级文化中有鲜明的革命传统，只要善加引导，革命就会再次降临。社会主义的人道主义正是这种努力的一种尝试。它结合了自由传统对个人的关注以及社会主义社会的平等主义目标。强调社会主义和人道主义同等重要，确定了人类动力在历史中的核心作用。通过对工人阶级文化形成过程的分析和论述，汤普森揭示了政治抵抗逐步融入大众文化并构成其内在性质和功能的过程。他详细描述了英国工人阶级从1790年至1830年的形成过程，并通过这种实证性的分析，发展了马克思主义对阶级的理解，提出阶级是一种社会和文化的形成，而且认为工人阶级"也许是英国所熟知的最有名的通俗文化"①。所以，我们可以将汤普森关于工人阶级形成的分析，理解为对大众文化形成过程的揭示，当然，在这种揭示中也贯穿了工人阶级这种大众文化对资本主义社会制度的抵抗。

汤普森从工人阶级阶级意识的形成出发，探讨了工人阶级文化的形

---

① ［英］约翰·斯道雷：《文化理论与通俗文化导论》，杨竹山等译，60页，南京，南京大学出版社，2001。

成。他认为，作为抵抗意识的阶级意识是民众的生活经历与思想传统借助于文学的传播而形成的。在英国，为维护传统的价值观念，不同行业、不同生活背景的工人群众同雇主展开了激烈的斗争。正是基于这些共同斗争的生活经历激发的思考，工人群众才形成了共同的阶级意识。值得一提的是，汤普森明确的区分了阶级经历和阶级意识。阶级经历是由人们在生产中的地位决定的，而阶级意识并非完全自发地源于人们的阶级经历，而是人们基于他们所继承的文化资源对其阶级经历进行总结和反思的产物。可见，民众的思想文化传统对工人阶级阶级意识的形成来说，是不可或缺的前提条件。汤普森还分析了英国民众思想传统的独特构成，它既包括蕴含公有制思想和民主因素的非国教传统，也涵盖民众源于道德经济学的自发反抗行动中表现出来的"亚政治"传统，以及"生而自由的英国人"的传统信念。为了维护这些传统的价值观念，英国民众在工业化早期的社会变革中进行了不屈不挠斗争，并在这种斗争的经历中形成了阶级的"自我"意识。工人的生活经历和思想文化传统都是通过对文学文本的阅读与创作来进行传播和延续的，以形成同时代工人之间以及民众思想传统与工人之间的观念和思想的交流，进而达成他们之间的共识，形成阶级意识。

汤普森基于独特的文化视角，探讨并指出了工人阶级阶级意识形成过程中传统与变革的连接点。提出英国工人阶级阶级意识的形成是基民众自身经历、传统和体验的一个自主的自我形成过程。另外，汤普森指出了考察阶级意识的两个方面：一是不同群体的民众之间的利益认同及其关于自身与其他阶级的利益相对立的意识；二是体现这种意识的许多组织机构以及这些机构组织的一系列抵抗活动。所以，在汤普森看来，工人阶级在形成过程中对整个资本主义制度进行了从意识到实践的全方位的抵抗，正是这种抵抗使工人阶级成了大众文化抵抗功能的最初诠释，同时也将政治抵抗功能深刻地植入了以工人阶级文化为最初表现形式的大众文化体内，从而使得大众文化对社会日常生活的介入蕴含了政治抵抗的色彩。之后的青少年亚文化、被殖民者文化以及女性主义文化一直延续了这种抵抗传统，他们共同抵抗的对象就是当代资本主义社会的现代性。

威廉斯则关注当代文化的发展，重构了大众文化讨论的前提，为工人阶级文化的合法性辩护。在他那里，大众文化不再被视为洪水猛兽，它产生于大众，接受于大众，强调了大众作为文化主体的能动性。尽管汤普森和威廉斯在文化是"整体的斗争方式"还是"整体的生活方式"这一问题上有争论，但他们都重视阶级或大众与文化的关系，认为阶级斗争是两种文化、两种生活方式之间的冲突，将工人阶级文化看成是对统治性文化的抵抗，研究目的最终都指向社会主义政治。

工人阶级出身的霍加特，在工人阶级文化受到大众娱乐新形式的严重威胁时是，依然阐述了他对工人阶级的信心，坚信他们能够基于自身的能力抵制大众文化的控制："工人阶级天生有强大的能力，通过适应或吸收新秩序的需要，忽视其他，在变化中生存下来。"[1]

很多学者都对文化主义的这一理解和阐释提出了质疑，如托尼·本尼特就认为："仿佛它能以某种纯粹的形式存在，被保存和滋养在某个隐蔽处，不为资本主义社会中居支配地位的文化生产形

---

[1]　R. Hoart. *The use of literacy*. Harmondsworth，Penguin Books，1990，p. 32.

式所影响。"①同时，20 世纪 60 年代的英国社会出现了的一系列新变化，如福利国家的建立、消费主义的出现以及大众文化的盛行等。特别是 1968 年"五月风暴"失败后，由于撒切尔对人民意识的重构，人民也不再必然具有左派性质，民众大多对政治持冷漠态度，要被组织起来支持新左派的总体目标很困难。英国社会发展的这一残酷现实很快打破了第一代新左派理论家强调工人阶级文化解放功能的乐观态度，进而动摇了他们基于人民主体意识的人道社会主义的根基。工党内部的修正主义者安东尼·克罗斯兰甚至扬言，工人阶级生活水平的日益提高不但会带来一个无阶级社会，而且会使经典理论构想的社会主义不再为人们所需要。威廉斯和霍尔分别对这种观点给予了驳斥。

威廉斯指出，不能依据工人阶级穿上了资产阶级的服装、住着半独立的房子，拥有汽车、洗衣机和电视机等，就判断工人阶级正在变成资产阶级，正在转变成资产阶级的生活方式。工人对资产阶级心存艳羡，并不是说他想成为那样的人，其中绝大多数人只是想达到资产阶级的物质标准，而在其余方面他们宁愿维持现状②。

与威廉斯相比，霍尔的态度则显得较为矛盾。一方面，他也驳斥了克罗斯兰对物质生活与工人阶级意识之间做的那种极为简单化的因果分析，指出工人阶级文化的基础在于它的价值观和制度体系。他指出："一种生活方式必须在一定的关系模式以及一定的物质的、经济的和环

---

① T. Bennett. *Popular Culture and the turn to Gramsci*, in Storey, John(ed.) *Culture Theory and popular culture: A Reader*. New Jersey, Prentice Hall, 1998, p. 218.

② [英]雷蒙德·威廉斯：《文化与社会》，高晓玲译，336 页，长春，吉林出版社，2011。

境的制约下才能够维持下来。"①也就是说，关注和探讨不断变化的客观环境与主体反应之间的关系，是理解工人阶级文化的一种必然选择；另一方面，霍尔也表达了对这种状况的担忧。他指出工人阶级文化正像中间阶级的文化一样，被分解成多种生活风格，这虽然并不能说明导致阶级不平等的客观因素变得不真实，甚至不存在了，但被无阶级的虚假感经验之后，这些因素就会导致一个悲剧性的矛盾，即"工人阶级通过陷入新的和更加精致的奴役形式而解放了自己"②。

　　进入 20 世纪 70 年代，英国政治和社会领域的变化最终还是使得社会主义政治不再根据人民的共同经验来思考了。霍尔一改之前的矛盾态度，尖锐地指出了汤普森所推崇的经验概念导致的两个政治问题：一是它可能导致一种承诺政治，即主观地认定通过唤起与赞美过去的经验，社会主义的未来就能得到保证；二是它赞同并依靠了一个对社会主义政治来说已经不再富有成效的"人民"概念。霍尔指出，20 世纪 70 年代，已经不可能再把政治策略建立在资本使工人阶级联合起来的方式的基础之上了。但霍尔也并未因此就陷入悲观，陷入对主体反抗潜能的否定，他相信转变正在发生，新左派必须面对它们，这是在既定条件下寻找抵抗潜能的唯一途径。他指出："社会主义将从差异开始，这种差异既产生对抗又产生与对抗一样多的联合，只要我们观察一下可能会产生联合的斗争与组织形式，就知道社会主义只能从差异开始。"③最后，需要指

---

①　S. Hall, A Sense of Classlessness. in *University and Left Review*，No. 5，1958，p. 27.

②　*Ibid*. , p. 31.

③　S. Hall, *Transcripts of Ruskin College Debate*. London, University of Oxford December，1980，p. 36.

出的是，在英国新马克思主义那里，文化主义的研究范式虽然受到了挑战，但他们对文化抵抗的深刻关注却延续下来。

(二)现实文化抵抗斗争的可能性和复杂性

以安德森为代表的第二代新左派从文化主义的对立面出发，开始关注并强调大众文化的意识形态功能。在他们看来，当代英国资本主义已经实现了对文化领域的统治，因此，英国文化和思想处于贫困状态，不可能建立革命文化。他们希望通过超越本土的思维方式，创造一种全新的社会主义思想文化，使工人阶级能挑战统治阶级和资本主义国家的权力。于是，在安德森接手《新左派评论》以及伯明翰文化研究中心成立后，这些新马克思主义的文化研究者们试图转换思维范式。一方面他们开始关注第三世界政治，但不再以阶级政治为核心，而是更关注民权运动、学生反叛运动以及女性解放运动等政治形式；另一方面他们开始大量译介欧陆的马克思主义理论。在借鉴阿尔都塞理论的基础上，安德森开始将文化作为意识形态来研究。他指出，文化是生产意义的领域，社会现实是通过文化得以建构、生产和阐释的。在结构主义的新马克思主义者的视域中，文化不再仅仅是经验的表现，更是产生经验的前提，是意识和经验的基础。正如伊格尔顿所说，文化是问题的一部分而非解决问题的办法。在这种结构主义思维方式的影响下，第二代新左派的理论家们开始将文化生产视为一种文化商品的生产与再生产，其理论研究的重点转向了揭示和分析各种形式的大众文化实践内部主导意识形态的存在及其运行机制。

第二代新左派的结构主义理论家们关注和研究的内容虽然发生了变

化，但这种变化并没有导致他们对人民主体意识的否定和放弃，而是推动他们尝试通过理论上的努力，揭示文化生产中人民主体意识存在状态的复杂性和总体性。换句话说，他们用更加理性的理论研究取代了第一代新左派的文化主义者基于感性经验的略带信仰色彩的乐观判断。文化研究的这一转向是在现实的发展冲击了人民主体意识同质性的情况下，英国新马克思主义重塑人民主体意识的一种理论努力。

面对 20 世纪 70 年代政治和社会领域的变化，特别是青年亚文化以及多元文化的出现，再加上"撒切尔主义"对人民革命意识的进一步消解，传统意义上的阶级斗争成了一个不能从根本上被保证的概念。现实的危机使伯明翰学派的文化理论家们意识到构建真正的、不受干扰的、来自民众自己的"大众文化"是不现实的，因为并不是每个人都可以用平等的方式参与到文化生产实践中。换句话说，文化并非大多数人共建和共享的价值和意义系统及实践活动，而自始至终都表现为不断变化的意义网络，因为现实社会中的意义创造与象征性权力密不可分。

威廉斯和以霍尔为代表的伯明翰学派的理论家们在借鉴葛兰西文化领导权理论等诸多理论资源的基础上，实现了对文化主义和结构主义范式的有效整合。努力揭示和展现大众文化的抵抗潜能。他们指出，作为一种实践，文化生产不能仅仅被理解为一种意识形态的灌输，而应该被理解为人民主体对自身存在意义和价值的选择与建构。这种选择与建构在现实生活中遇到的各种冲突和斗争被诠释为文化领导权转换的动态机制。基于这种理解，他们开启了大众文化研究的新领域，致力于揭示文化生产过程中主体意识转换的动态机制，并力图在此基础上探求主体意识确立的方式和途径。这些学者的理论探讨同时也清晰地展现了文化抵抗斗争的复杂性。

霍尔的一个重要贡献在于，他对霍加特、威廉斯和汤普森等前辈的理论进行了总结和批判性继承，并将他们的理论从阶级视角转移到了种族、性别，以及亚文化等视角上，推动了国际人文学界的"文化转向"。

1. 大众文化是文化领导权斗争的阵地

面对当代复杂的文化生产状况，英国新马克思主义者尝试揭示大众文化的政治维度。在威廉斯看来，文化领导权概念一方面超越了作为整体社会进程的"文化"，因为它除了指涉整体社会进程外，还指出了文化运行过程中权力和影响的特定分配。我们知道，人类确定和形成他们自己的整体生活只能是在抽象的意义上，在任何真实的社会里，人们在财富的分配和实现这种社会进程的能力方面都是不平等的；另一方面也超越了作为表现各种特定阶级利益价值体系的"意识形态"。领导权"包含意识形态，但不等同于，也不能还原为意识形态，它应被视为在统治和从属构成的关系中的一种实践意识"①。也就是说，文化的内容由统治阶级获得领导权的实践和被统治阶级对各种领导权的抗争共同构成。可见，领导权设定了某种真正总体性的东西，它不是次要的或上层建筑的东西，而是广泛地渗透于社会中，构成了在它影响下的大多数人的常识的内容和局限。因此，它比源于经济基础和上层建筑这个公式中的任何概念都更适合对应于社会经验的本质。

威廉斯同时也认识到，学者们在运用领导权这一概念时，总是忽视

---

① 李隽：《威廉斯的主体思想探析》，载《山西大学学报》(哲学社会科学版)，2015(6)。

概念本身的总体化倾向，或者仅仅抽象地理解这种总体性，忽略了社会中其他对抗因素的作用。实际上，现实的社会过程是相当复杂的，它蕴含了社会整体的各种因素的变化。因此，必须强调领导权内部结构的复杂性。于是，威廉斯提出了对领导权的独特理解，将领导权看作一个动态的发展过程，虽然它以高度的认同为特征，但冲突和抵制也始终存在。因此，领导权并不是一个抽象的总体，应该包含"反领导权"和"替代性领导权"，它们是实践中真实而持久的因素，尽管其存在会受到种种条件的限制，但却对领导权自身的进程有重要影响。在威廉斯看来，领导权最关键的功能体现在对其他文化形态的控制、转化乃至合并上，但现实的文化生产既提供一种支配的力量，同时也提供抵抗所需要的资源，因此，领导权就是一种永无止境的斗争。威廉斯指出：在复杂的社会中，文化分析最有趣又最困难的部分就是试图在领导权的那种能动的、构成性的和不断发生着变化的过程中把握领导权本身。[①]

　　威廉斯还指出，为正确理解领导权运作的物质基础，必须区分文化过程的三个方面，即传统、机制和构型。选择性传统作为一种领导权运作的最明显的表现方式，依赖于各种机制的建立，而某些新出现的文化构型则使不断变化的领导权模式更加复杂和多变。现实中的"大众文化"总是与统治文化之间保持着一种持久性的张力。

　　上述思想从主体角度表达就是，现实的领导权代表的是一种动态结

---

　　① ［英］雷蒙德·威廉斯：《马克思主义与文学》，王尔勃等译，122页，郑州，河南大学出版社，2008。

构，它不属于某一个阶级，而是由统治者和附属阶级或群体以及一些动态联合体共同维持的一种动态结构。起初，虽然处于从属地位的群体或阶级虽不拥有主导权，但却仍能在文化内部表达和实现其从属地位的生存和经验。主导文化在将自身再现为整个社会文化的同时，还必须面对来自从属阶级文化的挑战。后者在从属于主导文化的同时，还要与主导文化协商和斗争，要改造、抵抗，甚至推翻主导文化的领导权。这一思想得到了其他文化研究者的普遍认同，并在此基础上将大众文化阐释为从属阶级或群体反对统治阶级领导权的场所，是多元异质主体在争夺文化生产主导权过程中相互妥协的产物。正如约翰·斯道雷所说："大众文化既不是一种本真的工人阶级文化，也不是一种由文化工业所强加的文化，而是如葛兰西所称的两种文化之间的一种折中平衡，一种来自底层和上层力量的矛盾性的混合体。"①以霍尔为代表的伯明翰学派的亚文化研究者们在自己的理论分析中，就强调了多元异质主体领导权与反领导权兼具的性质，试图在结构和能动性之间获得一种平衡，进而挖掘亚文化的激进潜能。可见，伯明翰的文化研究者们普遍接受了葛兰西的思想，把文化领域看成统治阶级和被统治阶级之间关于价值和意义问题进行争论的场所。葛兰西的文化领导权思想还影响了英国新马克思主义者对革命的理解。威廉斯认为："革命不仅强调政治经济权力的转移，而且强调推翻一种完整的阶级统治形式，这种形式存在于政治、经济的制度和关系中，也存在于生动活泼的经验和意识形式

---

① ［英］约翰·斯道雷：《记忆与欲望的耦合——英国文化研究中的文化与权力》，徐德林译，108 页，南宁，广西师范大学出版社，2007。

中，只有借着创造出另一种领导权——一种崭新的、优势的实践与意识——革命才能成功。"①英国新马克思主义者坚信，社会主义完全有可能通过社会主体基于自身意识的觉醒，在大众文化领域对文化领导权的争夺和掌控得以实现。

2. 大众文化重构主体的内在机制

葛兰西的领导权思想对理解社会总体范围内各种不同文化力量之间复杂的相互作用提供了有益的启示。透过它，伯明翰学派的文化研究者不仅看到了大众文化抵抗的可能，也更清晰地意识到了实现这种可能，即在现实实践中掌控文化领导权的困难性和复杂性。于是，他们开始关注并分析各种文化形态和文化作为权力的运行过程，致力于揭示人们日常经验背后的各种微观权力关系。在这一过程中，他们借鉴了更多的理论资源。罗兰·巴特打开了对视觉文化和大众文化进行符号学分析的视野。符号学理论认为，任何一个事物都要靠社会和文化的灌注才能获得意义，因而可以将其看作一个文本，并在符号学的意义上加以解释。正是文本构成了大多数知识和信息得以传递和存储的种种手段，从而在日常表意活动中扮演着非常重要的角色，它可以泛指生活中的意义实践和文化现象。这种"文本的转向"成为英国文化研究的重要推动力之一。朱迪斯·威廉逊受罗兰·巴特分析方法的启示，在《解码广告》中运用符号学理论揭示了大众文化领域无处不在的意识形态和意义。

---

①　[英]雷蒙德·威廉斯：《关键词：文化与社会的词汇》，刘建基译，202页，北京，生活·读书·新知三联书店，2005。

福柯的权力话语理论则进一步将符号与权力紧密联系起来。他的权力分析是一种典型的符号学意识形态分析。福柯运用知识考古学进行分析时发现，权力问题远远不只是浮现在社会表面的那些政党、领袖和政权问题，这些因素只是权力生产网络中极其有限的，而且是表面的部分。权力生产渗透于人类日常生活的时时刻刻、方方面面。现代社会每一知识断层都充斥着无处不在的权力，每一话语系统都含有权力的运作与规训，人类的所有行为都成了现代话语体系和知识体系的控制对象。康纳谈到过福柯的理论对后现代文化政治学发展的两个方面影响：第一，由于话语理论将表征和场合本身视为权力（而不仅仅是存在于别处的权力的反映），文化就再也不能被简单地视为表征领域，视为以非物质形式超脱于现实生活的残酷事实之外的东西；第二，要超越仅仅从阶级或国家这些宏观的政治意义上理解和认识权力的做法，从现实社会中无处不在的权力关系网络的微观政治意义上来认识和理解权力。康纳的这一分析同样适用于英国新马克思主义文化研究的"福柯转向"。

在上述理论的影响下，英国新马克思主义者以争取文化领导权为目的，深刻揭示了文化的建构特质，尝试借此创造出新的主体位置，从而克服人民主体意识的危机，实现主体意识的转换和重塑。在这个问题上，除了第四章意识形态批判的转向中提到的内容，我们还可以从英国新马克思主义对现代性统治的揭露和批判这一视角加以阐述和论证。

英国新马克思主义者普遍认为，现代主义的文化观念是当代资本主义社会的主导文化观念。威廉斯指出了现代都市社会中存在的五种社会意识，即陌生感、孤独感、恐惧感、新团结意识、积极乐观的意识，后面两种意识与前面三种感受是截然对立的，它们是大众文化意识提倡的平民意识的表现，而前面三种感受则是现代主义思潮的产物，它们相伴而生，但在价值立场上却是对立的。

威廉斯还通过对利维斯主义的反思对现代主义做了更为详细的分析和阐述。他指出，对于现代主义，利维斯主义在形式上总是坚持一种抵抗的立场，但它却没有认识到自身就是现代主义的一种表现形式。在威廉斯看来，现代主义观念绝非考察现实社会之后得出的具体结论，有时候更多地体现为一种理论或行动的运作方式和状态。利维斯主义的主要的特点，同时也是其最大的问题就在于它在学术规则上与语言的研究保持距离。威廉斯指出："从理论和实践上说，很明显，是在语言中，决定性的实践和贡献反映出'文学'、'生活'和'思想'"。[①] 利维斯主义则只是将语言作为引发阅读兴趣的工具，忽视甚至否定语言作为正在社会意识的符号系统和物质实践过程，割断了语言与它所承载的社会意识之间的紧密联系，进而导致了语言与其所承载的社会意识的异化。语言被异化为阅读工具，社会意识被异化为纯粹的精神产物，这集中体现了现代主义的观念，即"断裂""疏离"和"异化"。现代主义的弊端体现在诸多学术思潮中。威廉斯指出："文学分析中的形式主义；作为分辨马克思主义的认识论断裂；精神分析的断裂与革新；从索绪尔开始的理论语言学的断裂和革新；人类学与社会学的结构主义：这些作为思想的形式和

---

① R. Williams, *Writing in Society*. London，Verso，1984，p. 188.

随之而来的文化实践，组成了'现代主义'。"①

威廉斯对现代主义的特点进行了辩证分析，他指出，现代主义一方面成功地扫除了封建主义约束性的残余，解放了个体本身的主体体验，赋予社会个体以极大的活力；另一方面现代主义的破坏性也是前所未有的，威廉斯指出："直到现在，文学还在赞扬一种忧郁的静止，心醉神迷和麻木。我们却想赞美胆大妄为，兴奋的失眠，赛跑者的大步迈进，垂死的跳跃、猛击和拍打。"②可见，在威廉斯看来，现代主义打碎封建主义文化统治的同时，也使社会陷入一种荒诞、无聊、空虚的心理状态。

现代主义作为当代资本主义社会的主导文化观念，必然要被灌输到具体的文化形式中去，以实现对整个社会文化领域的控制。其中，高雅文化与商业文化就是现代主义观念被物质生产赋形的结果。它们以不同的形式展现了现代主义思潮"断裂""疏离"和"异化"的精神。高雅文化通过强调自己的神圣和完美将自身与其他文化形式分隔开来，将自身与生活、与受众分离，使受众无法参与到文化实践中去。商业文化则通过种种渗透性很强的手段将人类与人类本性复杂的、无限多样的生活感觉分隔开。英国新马克思主义者在批判现代主义思潮的基础上进而批判了高雅文化和商业文化。

费斯克认为，高雅文化被美化与鉴定文化档次的"鉴赏力"密切相关。布迪厄曾指出康德的"鉴赏力"范畴起到了一种阶级标识的作用。从

---

① R. Williams, *Writing in Society*. London，Verso，1984，p. 220.
② ［英］雷蒙德·威廉斯：《现代主义的政治》，阎嘉译，7 页，北京，商务印书馆，2002。

鉴赏力的等级层次来看，处在顶端的是"纯粹的"审美凝视，或者说是一种历史创意，它强调的是形式而非功用。费斯克借助布迪厄的思想阐述了高雅文化的实质，他指出，高雅艺术在经历制度化后，其功用已丧失殆尽，从而彻底沦为了一种纯粹的形式，作为一种纯粹的形式，它与通俗艺术之间并不存在实质性的差别，唯一的不同就是高雅艺术具备进入艺术殿堂的资格。它的作用就是把不同群体的文化差别制度化。伯明翰学派的另一位学者保罗·威利斯进一步指出了这种制度化的实质，即把艺术与生活分离，进而在"欣赏"艺术者和"没有文化"的民众之间制造理所当然的、不可逾越的鸿沟。实际上，在高雅文化的审美鉴赏方面并不存在阶级的划分，它只是一个知识获取权的问题。大多数人只是因为没有受过必需的"代码"教育，才无法欣赏高雅文化。但在现实中，大多数人会因为看不懂这类"高雅代码"自惭形秽，将"自己视为无知的、麻木的，不具备那些真正能够进行'欣赏'活动的人所具备的优秀的感受力"[1]吗？这种错觉，就是高雅文化的制度化所造成的恶果和达到的目的。

总之，高雅文化的所谓"高雅"并不是天生的，而是人为造成的，它随着阶级的分化而被分化。就作为人类的社会实践来说，它与大众文化并没有什么本质的区别。霍加特也在阅读的意义上论证了这一点，认为品质阅读与价值阅读"适合于分析大众艺术或粗俗艺术，但对高雅艺术来说亦如此"[2]。

---

[1]　P. Willis, *Common Culture*, *Buckingham*. London, Open University Press, 1990, p. 3.

[2]　周宪等编：《当代西方艺术文化学》，38 页，北京，北京大学出版社，1988。

至于商业文化，按霍加特的说法，它兴起于 20 世纪 50 年代，之后由于技术的发展经历了一种快速的增长。他对这种商业文化持否定态度。他指出："我们正在创造一种大众文化，但从某个重要方面看，这种新的大众文化并不比它正在代替的粗俗的文化更健康。"①在霍加特看来，商业文化非但不能提供任何启迪心智的东西，而且还会使更具积极意义、更为丰富多彩、更具合作精神的种种快乐逐渐走向枯竭，使我们与人类本性复杂的、无限多样的日常生活的感觉越来越远。各种形式的商业文化展示了社会中相当多的人所处的顺从、接纳的消极状态，它将现代主义的异化、疏离、分裂等情绪传播到整个社会中。

需要指出的是，霍加特着力批判的商业文化与形式相似的大众文化有着本质的区别，表现在以下几个方面：第一，二者产生的动机不同。大众文化是基于反抗资本主义的主流文化，展示民众的意识情感而产生的；商业文化则产生于现代工业社会，带有明确的赚钱这一功利目的。第二，两种文化的流通过程不同。大众文化的创造过程与被接受的过程是同一的，民众兼具创造者和接受者双重角色；商业文化的制作过程与接受过程是分裂的，它是少数人利用现代工业手段快速炮制成的，然后向民众倾销，民众完全是商业文化的被动接受者。第三，两种文化的精神气质不同。大众文化是广大民众自觉的创造物，因而清新自然、质朴刚健，而且生气勃勃；它或许不够精致但决不矫情造作。商业文化由于是出于牟利动机快速合成的，其中表达的情感和其对生活的理解都是对

---

① Richard Hoggart，*The Use of Literacy*，New Brunswick，Translation Publishers，1998，pp. 9-10.

世界的虚假感受。通过为民众制造种种幻象，麻痹民众对自身真实处境的感受力，从而堕落枯竭下去。

与大众文化相比，商业文化从本质上说更接近高雅文化，因为它们都是资本主义社会的产物，前者代表社会的商业利益，后者代表社会的政治利益。斯特里纳蒂曾形象地指出，商业文化只是推翻了高雅文化形式的外墙，"将民众整合进一种降级形式的高雅文化，从而成了政治统治的一种工具"①。可见，商业文化和高雅文化一样，都致力于运用各种隐蔽的手段，将资本主义社会的主导文化观念在社会人群中广泛传播，只不过影响的人群范围不同罢了，其手段都具有欺骗性、控制性与强迫性。大众文化是为了反抗这两种形式的资本主义文化而产生的。

伯明翰学派的学者们注意到，无论他们如何批判高雅文化和商业文化，时代与社会自有其发展的必然规律，随着物质生产技术的改进，高雅文化与商业文化开始被越来越多的人所接受，其覆盖面越来越广。许多人都逐渐由一个能动的文化的创造者、生产者变成了被动的消费者、接受者。这时，无论是单纯地批判现代主义，还是单纯地批判其载体高雅文化和商业文化，甚至将三者合一，都是远远不够的，因为它们产生的根源在于整个资本主义的社会环境。按照这一理论逻辑，他们必然要开启对资本主义社会的批判。

（三）大众文化抵抗的现实途径

英国新马克思主义对现代性统治的揭露和批判是从文化层面逐渐过

---

① D. Strinati, *An Introduction to Theories of Popular Culture*, London and New York, Routledge, 1995, p. 11.

渡到社会政治层面的。大众文化通过反抗高雅文化和商业文化展现了自身存在的必然性，通过反驳现代主义的偏见，确立了自身在社会文化中的身份地位，之后逐渐进入社会政治领域，开始了对资本主义社会的抵抗。需要指出的是，抵抗当代资本主义社会的大众文化与反抗高雅文化与商业文化、寻求文化身份的文化，存在明显的区别。具体的大众文化形式本身决定了它的政治抵抗功能的程度和范围。当大众文化作为反抗高雅文化与商业文化的形式以及作为寻求文化身份的形式时，它主要是在文化层面上实现自己的目的的，即寻求一种文化层面的平等。这样的抵抗基本都通过民众的"符号游击战"来进行，并不属于由理性组织的、直接的、纯粹的政治行为，充其量只是一种在文化层面有政治色彩的抵抗游戏或抵抗艺术："这种艺术会在它们的场所内部，凭借它们的场所，建构我们的空间，并用它们的语言，言传我们的意义。"[1]民众在实施自己的政治行为时，不仅能够实现自己在文化层面上具有政治色彩的目的，而且也会得到非常好的娱乐[2]。正是在这个意义上，大众文化的这种抵抗行为被费斯克称为是与宏观的纯粹政治相对的微观政治。当大众文化要抵抗整个资本主义社会时，它抵抗的目的就改变了，不单是一种文化层面的抵抗，更是一种纯粹政治的抵抗，显然这种抵抗更严肃也更具普世性。因此，进行这种抵抗的大众文化也应该比具体的通俗文化形式具有更大的普世性。

---

① ［英］约翰·费斯克：《理解大众文化》，王晓珏等译，44 页，北京，中央编译出版社，2001。

② L. V. Zoonen, *Entertaining the Citizen*: *When politics and Popular Culture Converge* Lanham，MD，Rowman&Littlefield，2005，p. 143.

"共同文化"或"真正民主的文化"是对抗资本主义社会的理想选择。威廉斯曾提出以工人罢工作为这种具有普世意义的大众文化形式。然而，工人的罢工虽然可以在政治层面上展开对当代资本主义社会的对抗，但它无法涵盖其他种类的大众文化形式，因此并不能作为对抗资本主义社会的大众文化的理想选择。事实上，这样一种理想形式在现实社会中还没有真正形成，威廉斯和霍加特却认为可以将其培养出来，并将这种理想化的大众文化形式称为"共同文化"，或"真正民主的文化"。当然，他们的这一构想并不被伯明翰学派的其他学者们认同。费斯克宁可将民众的抵抗局限于文化层面，霍尔、威利斯和默克罗比也不愿再向前迈进一步，即在理论上将民众的抵抗变为真正的社会政治行为。

值得注意的是，威廉斯和霍加特所讲的"共同文化"与"真正民主的文化"，不是背后掩藏意识形态的形式民主，而是一种向全民开放的、真诚的真正民主①。这种文化强调真正的道德、民主、自由，能够完全实现民众的政治理想，是大众文化发展的理想境界。如果这种文化获得了整个社会的文化领导权，成为整个社会的主导文化，就会帮助一种真正民主和真正文明的社会到来。霍加特认为，20世纪30年代的工人阶级文化在某种程度上体现了这种理想大众文化的特征，因此这一传统的"活的文化"可以作为"共同文化"与"真正民主文化"在某种程度上的范例。它还以童年时期经历的工人阶级文化作为大众文化在现实生活中的理想模式。

---

① R. Hoggart, *Mass Media in a Mass Society*: *Myth and Reality*, New York, Continuum, 2004, p. 203.

建构"共同文化"与"真正民主的文化"的最大阻碍就是当代资本主义制度本身。与以前的社会相比，资本主义对社会的统治更策略化，也更具隐蔽性。霍加特指出，当代资本主义制度主要利用"相对主义"来剥削和统治民众①。相对主义是商业社会和消费社会的主要特征："在它的条件下，没有什么是重要的，除了那些能消费的东西，无论好坏。它们必须是'十全十美'的，因为大众在消费它们，大众的消费就意味着大众的赞同。"②也就是说，在当代资本主义社会中，好坏善恶丧失了应有的界限，它们在消费的平面上被拉平了，消费成了评价产品的唯一标准，只要是能被消费的东西，就是好的，这就是霍加特所说的"相对主义"。

霍加特认为，消费社会是出现这种"相对主义统治"的一个主要原因，但只是间接的原因，更直接的原因在于宗教信仰的衰落与大众媒介等文化形式所负载的"假民主"的兴盛。他在自己的著作中详细描述和分析了 20 世纪下半叶宗教信仰在人们，尤其是年轻人中间迅速衰落的状况。信仰的衰落使它原来的位置出现了空缺，急需一种替代物，以证明人类的价值性存在，于是，资本主义社会的统治意识形态悄然渗入，"假民主"就是这种意识形态的实质内容。真正的民主给民众以真正自由的自我选择权利和平等权利，它是真诚的、坚忍不拔的③。假民主只是在表面上做出真民主的姿态，隐藏了意识形态的真正目的。其主要表现

---

① R. Hoggart，"*Introduction*" in Richard Hoggart(ed.)，*The Tyranny of Relativism*：*Culture and politics in Contemporary Englishi Society*，New Brunswick，N. J.：Transaction Publishers，1998.

② R. Hoggart，*Mass Media in a Mass Society*：*Myth and Reality*，New York，Continuum，2004，p. 48.

③ *Ibid*.，p. 170.

在经济权利上的平等、政治权利上的平等及社会生活的平等。社会生活的平等又蕴含大众传播的真正自由、教育权利上的平等、精神与心理上的奖励和富人的赞助与慈善四个方面。同时，这一体系化的意识形态借助于大众媒介与大众传播成功地渗透到社会日常生活的每一个角落，控制了整个资本主义社会。

当代资本主义社会的"相对主义"统治形式与"假民主"的统治技巧淋漓尽致地体现了当代西方社会的弊端。霍加特指出，随着社会物质生产的扩大和丰富，社会的发展与竞争更倾向于一种知识与技术的竞赛，而当代的知识与技术主要以信息的形式出现，因此，信息的快速传播与交流就成了当代社会生活的必需。谁掌握的信息最快、最准确，谁就会在发展与竞争中占据有利地位。于是，作为信息快速传递与交流中枢的大众媒介就不可避免地具有了重大价值，大众媒介的发展决定着大众社会的存在与发展。虽然大众媒介很重要，但它仅仅是一种信息传递的工具而不是目的本身，所以它极易被"假民主"利用，成为它的统治工具。更重要的是宗教信仰的衰落使民众逐渐丧失了超越世俗的精神和对客观世界冷静的判断力，再加上"假民主"又善于用温情与理想来伪装，从而导致了一种强有力的社会统治。大多数民众被"假民主"蒙蔽，陶醉于大众社会的神话世界里一味地消费，接受大众社会对他们的奴役。

大众文化参与和介入社会生活的目的就是对这些弊端进行积极的抵抗。霍加特和威廉斯从两个方面探讨了大众文化抵抗的现实途径。共同文化或"真正民主"的文化如何对资本主义社会进行反抗呢？在这个问题上，霍加特提出了颇为中肯的看法。他指出，当代资本主义制度之所以能够实现对民众的统治，关键在于它利用大众传播媒体和"假民主"的政策将"相对主义"观念广泛而深入地传播到民众中去，对他们的意识进行欺骗，进而形成控制。因此，共同文化要对抗资本主义制度也要立足于现实的资本主义社会使自己在最大范围内被社会认同和接受。霍加特坚信，虽然"相对主义"的意识形态已经侵入当代西方社会的机体，但并不意味着它已经完全统治了当代西方社会。共同文化与"真正民主"的文化在现实中还是存在的，并与前者形成了对立之势。从社会环境来看，霍加特认为，尽管商业文化腐蚀了当代社会的道德风尚，但道德、民主、自由的因素依然存在于社会生活的方方面面，甚至是商业文化本身之中。从社会个体角度看，霍加特依然相信民众和工人阶级体内仍然存在着道德源泉，他们受到的大众文化的影响比想象的要小。同时，他相信信仰在普遍的心理中依然是权威主义的主要来源。正是这些积极的因素，让霍加特不仅看到了走出困境的希望，而且致力于在现实社会中努力开辟让这些积极因素在全社会生长和壮大的具体途径。他从社会环境的培养和社会个体的培养两个方面进行了阐述。

就社会环境的培养而言，霍加特十分重视大众媒体的作用，威廉斯在这一点上与霍加特达成了共识，聚焦构建民主的传播系统。他们特别强调，在大众传媒的社会中，统治阶级的文化领导权是通过"语言的阶级斗争"而演变为全社会的意识形态的，要解构这一过程，就需要探讨媒体有意无意中采取的意识形态立场。正是基于这样的认识，他们非常重视现代传播系统、语言和教育的作用。需要指出的是，民主的传播系统、语言和教育其实是有机的联系在一起的，它们之间相互影响，相互促进。而且，在威廉斯那里，领导权与反领导权是同一个历史过程的两个方面。

　　在霍加特看来，"开放的民主"与理想的文化要建立，就不能仅作为全民的意识，更要作为一种规则和立法在社会中予以确立，这样才能使其在社会中得以真正实现。这就要通过对广播、电视等大众媒体的建立与检查来进行，在阿尔都塞意识形态国家机器理论的基础上，霍加特和威廉斯认识到在社会中建立共同文化的关键就是对意识形态机器——传播系统的控制。控制媒体传播，真正按照公共服务的原则将其改造成为真实客观的反映民众生存状况和想法的公共服务机构，即构建民主的传播系统。这样才能够将开放的民主不仅作为一种全社会的共识而且也作为一种制度和立法建立起来。

　　威廉斯研究媒介时秉承的原则是不能脱离社会制度和社会结构来孤立的研究媒介。在任何社会中如果最终不讨论权力，就不可能讨论传播和文化，因为统治阶级无时无刻不在以较为间接的方式对媒介进行控制。由此，威廉斯基于对媒介中权力运行机制的详细考察，区分了影响和控制传播机构运作的三种系统，分别是家长制系统、专制系统和商业系统。在家长制系统模式下，统治者的价值和目的常常被说成是公共利益的代表，他们的活动充满了责任和服务；在专制系统模式下，传播工具和审查权都掌握在政府手中，媒介的内容几乎都是国家设定议程。但由于政府有限度地允许争议，这种控制有时候会给人以"开放"和"民主"的假象；商业体系则是以市场为基础，它被视为保证传播自由的一种方法，表面上是民主和自由的。但由于商业体系掌握在生产者和广告商的手中，因此也只是一种由金钱驱动的文化机构。

　　威廉斯敏锐地意识到，以上通过将"听众"解读为"大众"的传播，必然引发交流中的真正矛盾，因为，交流并不是只有传达，还有接收和回应。因此，他致力于构建一种新的系统，即民主的系统，并坚信它完全可以用作反对领导权的工具。在《传播与共同体》中，威廉斯指出："传播属于整个社会，它的健康成长必须以社会个体最大可能的参与为基础……我们必须抛弃传播只是少数人对多数人进行说教和引导的观念，我们还应该抛弃我们已经广为接受的有关传播的错误意识形态。"①

在威廉斯看来，为了建立民主的传统，传播首先应该摆脱少数人的控制，回归大众，为大众服务；其次，传播应该从金钱的束缚中解放出来。在这点上，他特别强调了大学和学术的重要性。他指出，作为公共系统的大学，是唯一能够帮助人摆脱那种把文化当作简单商品的人的控制的机构。因此，它应该致力于提高人们参与媒介的能力和水平。

同时，还要充分利用语言的武器进行抵抗。伊格尔顿指出："语言，连同它的问题、秘密和含义，已经成为 20 世纪知识生活的典范和对象。"②更有学者如罗蒂以"语言学"转向来指称这一现象，认为语言已取代 19 世纪的理性成为 20 世纪占主导地位的术语。威廉斯作为一个具有敏锐洞察力的理论家，早在《文化与社会》和《漫长的革命》等著作中，就谈到过标准英语的问题。20 世纪七八十年代后，威廉斯对语言的研究上升到理论的水平，并明确把文化唯物主义与语言联系起来。他认为文化唯物主义是"在创造的实际手段和环境中对所有意指形式的分析，包括主要的写作

---

① J. Eldridge and L. Eldridge, *Raymond Williams*, *Making Connection*, London, Routledge, 1994, p. 100.

② ［英］特里·伊格尔顿：《二十世纪西方文学理论》，伍晓明译，107 页，西安，陕西师范大学出版社，1987。

形式，因此，充分的历史语义学就能够等同于文化唯物主义"①。

作为马克思主义者，威廉斯致力于把语言学研究与人类的自我创造性关联在一起。威廉斯认为，语言符号远非物质现实的简单"反映"，而是一种与所有的社会活动相互交织和渗透的实践意识，它既是一种能动的经验的表达，也是一种动态地表征出来的社会存在。质言之，与符号相关的"意指作用指的是社会通过符号的运用创造意义的过程，这是一种实际的物质生产过程，也是实践意识的特殊形式"。②

语言是一种社会活动，它在特定的社会里起着区分社会等级和社会集团的作用。特定社会里关系的变化会通过语言体现出来，因此，可以透过语言洞察运用语言的人们那充满矛盾的社会史。正如威廉斯指出的那样："语言的社会运用可以成为各种转换、利益和控制关系表演的舞台。"③因此，我们可以通过对词汇及其用法的详细研究，去洞察社会中的权力及其分配机制，并据此找到抵抗权力的方式。一般来讲，官方语言是统治阶级规定并强加于人们头上的。另一方面，人们依旧在继续使用违背系统的规范和限制自己的语言，直接或含蓄地对统治阶级的意义提出质疑和挑战。同时，威廉斯也清醒地认识到，由于历史原因，工人阶级往往只掌握了简单的符码，无法像统治阶级那样熟练自如地运用复杂符码，他们不会清晰地表达自己，更无法使用复杂的符码来进行必要

---

① R. Williams, *Writing in Society*, London, verso, 1983, p. 210.

② R. Williams, *Maxism and Literrature*, Oxford, Oxford University Press 1977, p. 38.

③ R. Williams, *Keywords: A Vocabulary of Culture and Society*, Glasgow, Fontana, 1983, p. 18.

的斗争。因此，赋予工人阶级语言这一斗争工具就具有更加重要的现实意义，工人阶级需要掌握所有用于传达社会转化的工具。为此，必须鼓励工人阶级去发现自己的语言传统，将其用作挑战官方语言霸权及社会革命的武器。为了实现这一目标，也必须借助教育的改革和发展来提高工人阶级对语言的使用能力。

构建民主的传播系统和充分利用语言进行斗争这两点的真正实现，最终都有赖于教育的发展，有赖于教育活动培育社会主体。可在威廉斯看来，英国现实的教育模式却难以让其承担起这样的责任，因为教育也像社会中的其他"商品"一样，已经成为使自身依附于身份象征的等级制中的一种社会价值。学习或阅读不再是一个个体出于自身的原因来拓宽和深化他的经历的过程。它们自身就是身份阶梯的推进模式。最终导致的结果就是，与文化的持续拓展相反，由于生活标准的提高和生产资料的技术进步，在社区中就存在一种文化上的非连续性，即技能上日益熟练的工人阶级与其身处的阶级文化的丰富性之间的差距，而社会机遇的些许变动并不能弥合这种非连续性。因为一旦工人阶级踏上这个身份阶梯，一旦阶梯本身的概念被工人认为是生活的一个必要组成部分，就只剩下永远的努力形式了。这个阶级把共同体分成了一系列独立的、竞争的个人，因为作为一个阶级的阶级是不能通过这种方式发展的。而且，通过社会阶梯这一思想，资产阶级生活中的其他观念，如个人主义、自私、"健康的竞争精神"、"培育一个人自己的花园"，以及"拥有民主的财产"等，最终将成为工人阶级的意识[1]。

---

[1] 张亮、熊婴编：《伦理、文化与社会主义》，164 页，南京，江苏人民出版社，2013。

为了摆脱教育的现状，必须推动教育模式的转变，必须转变教育的理念。教育的目的不是培养熟练的技术工人，也不是提高个人身份的阶梯，而是提高人们公共参与的意识和能力；拓展教育的途径，突破英国传统的公立教育模式，积极推进成人教育，还要重视大众传媒教育功能的发挥；丰富教育的内容，还原被文化领导权掩盖的那些社会知识领域，进而揭穿并粉碎文化领导权制造的神话。

就培养社会个体的理性文化来讲，霍加特也寄希望于教育作用的发挥。在他看来，教育的对象主要是社会中的年轻人，因为年轻人最容易被大众文化与相对主义观念腐蚀，同时也最容易接受教育的观念。霍加特所说的教育是一种真正的教育和陶冶，这种教育的目的是使每个被教育的个体成为一个具有自我选择能力的人。这种自我选择的能力通过对三种素质的培养而实现。第一种，批判的阅读能力、道德的素质和信仰的素质。其中批判的阅读能力是实现民主的基础，因为它提供了两点暗示：一是通过做出自我判断所体现的普通人自身的价值；二是避免陷入周围被意识形态所控制的文化陷阱。批判的阅读能力从社会个体刚刚上学起就进行培养，才能保证它内化为社会个体真正的潜能。第二种，在西方社会宗教信仰一直是伦理道德的基础，但道德又不止于宗教信仰。第三种，宗教信仰为人们提供了超越现实生活的精神维度，而道德则为现实生活提供了基本的活动准则，这两种素质都是一个具有自我选择能力的人所必备的，有了信仰，素质精神上才会有所超越，对现世的社会才会保持客观冷静的头脑，不至于陷入"相对主义"泥潭。有了道德素质，才会坚守传统优秀的文化因素，抵抗商业文化的侵袭。

霍加特和威廉斯认为，通过社会环境与社会个体的双重培养，一定有助于一种真正民主、自由的共同文化在全社会范围内的实现，这种理想状态的文化的实现会帮助一种真正民主和真正文明的社会的到来。在这种社会中，传播体制完全真实地将社会的各种信息传达给民众，民众平等地、积极地参与文化和社会的讨论，同时每个人都遵守公共的社会原则，有着良好的民主素质、道德素质以及信仰素质。霍加特称这样的社会是一种开放的社会。他指出，虽然任何一个开放的社会都十分容易受到威胁，因为它太开放，开放到容易被人颠覆的程度；然而，无可置疑的是，它比我们现在所知道的任何社会形式都更让我们充满希望①。

四、小结

19 世纪中期，马克思恩格斯基于生产力的发展、生产关系的变革、阶级对立的状况等一系列范畴对人类社会，特别是西方资本主义社会历史的发展和变迁进行了深入的分析和考察，提出了以阶级斗争为主的社会变革。20 世纪上半叶，历史的发展将文化从政治经济体制的背后拉到历史进程的表层，社会发展过程中的文化维度开始凸显，主要表现在主导西方社会的理性文化模式通过经济运行的理性化、行政管理的科层化、公共权力的民主化和契约化等，形成了日益理性化的、高效率的社会运行体系。这种文化模式在快速发展中，也展示了自身的限度和危机

---

① R. Hoggart, *Mass Media in a Mass Society*: *Myth and Reality*, New York, Continuum, 2004, p. 209.

特征，同时，无线电、电影和电视等现代传媒技术的发展直接催生了大众文化的出现和发展。从理论上分析和说明这种变化，就成为对马克思主义创造力及其适应时代变化能力的考验。

西方马克思主义理论家们拓展了马克思主义的社会批判理论，他们是以文化批判的方式来介入并展开对现实社会变革的分析的。法兰克福学派的贡献是深刻分析了现代资本主义社会用大众文化制造的审美幻觉进行文化控制的复杂机制，他们用"文化工业"这一概念说明大众文化与资本主义生产方式的共谋关系。其局限是由于对大众文化的积极作用缺乏研究，最终只能寄希望于一种乌托邦式的审美救赎。

与欧陆诸多西方马克思主义研究者将大众文化视为意识形态，从而对其抱敌视态度不同，英国新马克思主义者采取"从下往上看"的理论视角，运用马克思主义的方法论，试图寻找一种能够改变现实进而实现社会主义的力量，他们清醒而又乐观地认识到这种力量来自下层，来自普通民众的文化实践。他们从批判艾略特、利维斯等人的精英主义文化观出发，重视对大众文化及作为其不同形式的亚文化的探讨和分析。他们以唯物史观为基础，同时借鉴葛兰西的文化领导权理论等诸多理论资源，深入分析新兴的大众文化的社会基础、运行机制及其功能，试图从对大众文化和审美活动的深入研究中，找到一条建设新文化和新社会生活的道路。

在当代社会中，文化不再仅仅是一种信仰体系，更是一种权力体系。英国的文化研究者关注社会关系、社会主义以及社会权力不平等的生产和再生产，表面上是对大众文化的承认和重视，实质上是为了工人阶级的利益而进行的改变资本主义社会关系的政治斗争。这从根本上体现了这一时期文化研究者重塑社会政治主体的强烈意识，及其对马克思主义的坚持。可以说，英国新马克思主义的文化批判本质上是一种马克思主义的政治分析形式，其最终目的是试图在当代语境下建立适合当代社会的民主的和社会主义的政治。

第五章 ｜ **价值选择的转向**

　　哲学领域关于文化的自觉研究集中体现在 19 世纪价值论学说的兴起。文德尔班指出："我们时代的高度的文化意识使得所有关于社会历史对于个人生活的价值问题活跃起来。"①关于文化的价值论研究对于凸显作为价值主体的人的主体地位和文化规定性，具有重要推动作用。20 世纪的很多哲学家都从不同视角出发，聚焦生活世界，提出了他们关于生活世界的批判理论。在他们看来，很多宏观革命的方式由于忽略了对日常生活世界的微观变革，只能算是一种最低限度的革命。基于对日常生活中蕴含的积极因素的深刻洞察，他们主张从日常生活批判入手，借助于日常

---

① ［德］文德尔班：《哲学史教程》下卷，860 页，北京，商务印书馆，1993。

生活的革命来推动整个社会革命的实现。他们都坚持从文化的角度探寻人类否定、扬弃并超越现实的路径，体现了对资本主义异化现实批判的深化和扩展。同时，也证明了文化在当今社会的经济发展、政治变革以及日常生活的重建中的重要的意义和价值。

一、马克思主义文化实践论的价值选择

马克思的唯物史观从人的自由和全面发展出发，来确定文化进步的方向和价值追求，并基于实践实现了人的自由、文化进步和社会发展的有机统一。对文化的这种理解和阐释，一方面丰富了人类关于社会历史发展的理论，另一方面也彰显了马克思主义哲学的批判精神和实践旨趣。

马克思主义文化理论承认人的实践和社会历史运动中充满各种必然性的制约因素，但是，它同时也指出，这些因素的作用是通过人的价值选择机制和文化创造机制来实现的。比如，人是通过自己的活动改变和控制自然法则的，人性对自然法则具有顽抗性。马克思恩格斯认为，迄今为止的各种历史观的最致命缺陷在于："历史总是遵照在它之外的某种尺度来编写的；现实的生活生产被看成是某种非历史的东西，而历史的东西则被看成是某种脱离日常生活的东西，某种处于世界之外和超乎世界之上的东西。"[1]马克思恩格斯的这一论述，凸显了社会历史的文化丰富性。

---

① 《马克思恩格斯文集》第 1 卷，545 页，北京，人民出版社，2009。

我们知道，受文化进化论和传播论的影响，马克思恩格斯在《德意志意识形态》《共产党宣言》等著作中曾一度把历史向"世界历史"的转变，描述为资本主义文化以西欧为中心向全世界各个地方的传播与渗透，并把所有民族都卷入资本主义文化体系的过程，并将其确认为历史发展的必然趋势。后来，基于对原始社会和东方社会的深入研究，马克思探讨了不同民族历史和文化特殊性，提出了东方社会"跨越资本主义卡夫丁峡谷"的设想，进而指出人类发展道路具有多样性，限制和修订了他早期关于世界历史的思想。在唯物史观的视域中，除了生产力的发展水平，历史的进步外，还应该从人的全面自由解放、生命价值意义的实现的角度来衡量。唯物史观的这一观点明确指出了文化对历史进步的重要制约和推动作用。

马克思晚年最主要的任务在于，通过建立完整的世界历史的发展线索进一步补充和完善唯物史观。他强调社会交往独立性的目的就是要把文化纳入历史进步的内涵中。透过马克思晚年对人类历史发展道路多样性的阐释和对历史发展动力的探索，可以看出，历史进步在马克思看来是多种因素共同作用的结果，特别是标志着人的全面发展程度的文化已经通过渗透到生产力发展和生产关系变革的各个环节，正在发挥越来越重要的作用，成为赋予历史发展多样性和创造性最有张力的重要因素。揭示历史的文化内涵和文化在历史中的重要作用，就成了马克思晚年研究的主题。一方面，他开始基于文化的规定性来揭示历史的内涵和深层本质；另一方面，他也开始在一定程度上尝试从文化和文明形态的演变的角度来理解历史发展的机制和内涵。

马克思恩格斯关于人类历史发展多样性的认识的逐步深化，与他们强调文化进步和人的自由的价值维度密不可分。马克思在给《祖国纪事》和查苏利奇的信中，不仅表明了自己对俄国探索不同于西欧资本主义发展道路的做法的认可，而且在信的末尾特别从方法论的高度为确立人类发展道路和模式的多样性提供了理论分析。他指出："极为相似的事变发生在不同的历史环境中就引起了完全不同的结果。如果把这些演变中的每一个都分别加以研究，然后再把它们加以比较，我们就会很容易地找到理解这种现象的钥匙。"①这是因为，在特定国家的历史发展中，文化的发展与演化始终存在无限的可能性空间，存在着内在的选择和创造机制。文化的选择性特征体现在文化创新、文化传承、文化模仿和文化学习等方面。总之，文化通过其特有的方式构成了人类历史演进的内在机制。

基于此，目前国内已经有学者提出，在马克思主义的社会历史理论中，包含着对历史发展的多种解释方式，既包含最基本的经济解释模式，也包含政治解释模式和文化解释模式。相对而言，在创立唯物史观的初期，为了抵御各种唯心史观片面夸大历史进程中主观随意性的做法，马克思恩格斯更多探讨和强调了具有普遍性的经济力量和经济运行的基础地位。同时也根据阶级和阶级斗争的状况，按照政治的尺度来区分原始社会、阶级社会和未来的共产主义社会的发展线索。此外，在坚持物质生产和经济运动的基础地位的同时，马克思也越来越多地从其他侧面，按照其他要素，特别是文化要素来区分人类社会的发展阶段，如在《政治经济学批判手稿》（1857—1858）中，他就从主体存在的三种样态，即"人的依赖关系""以物的依赖关系为基础的独立性"和"全面发展

---

① 《马克思恩格斯文集》第 3 卷，466—467 页，北京，人民出版社，2009。

的自由个性"出发，对人类历史发展的阶段进行了区分。当然，这种区分中仍然包含着对物质交换、生产能力等经济要素的强调，但核心是人的自由与文化的进步。

马克思对社会历史运行文化内涵的揭示，对我们理解社会发展具有重要的价值。与服从于客观必然性的自然过程和具有普遍性的经济运动相比，文化的本质特征之一是其独特的多样性、差异性和个别性。正是各个层面、各个领域、各个方面、各种形式的文化多样性的交互作用，推动着文化理念的不断更新、文化价值的不断丰富，从而驱动或引领着社会的技术创新、生产方式的变革、社会的发展和历史的进步。

此外，马克思恩格斯还自觉地把文化分析与人的主体性关联起来，指出主体不断超越自身的"自然"发展阶段而进入按照主体目的"自觉"发展的阶段，是人作为主体所完成的文化价值上的成就。社会革命的实质就是人的本质不断彰显、主体文化不断生成的过程。在唯物史观视域中，主体文化的生成集中体现在对资本主义条件下生成的异化的"客体文化"进行扬弃和超越。总之，马克思主义的文化分析根植于人的实践活动，以人的自由和全面发展为旨趣，并基于人的生存境遇和命运，通过批判一切束缚、压迫和统治人的物化结构和异化力量，致力于人的自由和全面发展。

二、从文化启蒙到现代性批判

20世纪的马克思主义者深刻洞察并秉持了马克思关于历史发展思

想中的文化和价值维度，指出文化的进步本质上就是人的发展和进步，其核心价值追求是人的自由和全面发展。

(一)文化领导权的启蒙意蕴

葛兰西的文化领导权理论具有深刻的文化启蒙根基，但后来的很多学者在阐述和运用它时往往只注重领导权中的斗争因素，而忽略了这一点。事实上，如果没有文化启蒙的保障，领导权的争夺或谈判往往就会走向简单的夺权运动，这显然绝不是葛兰西所倡导的文化革命的目的。

在葛兰西那里，文化是其政治问题的暗线[1]，二者密不可分。政治与文化除了一种实用性的关系外，更体现为一种更广泛而细密的关系。这种"细密关系"体现在以下两方面：一方面，政治保障了文化的发展；另一方面政治本身就是启蒙的一种结果，如社会主义政治在葛兰西看来，就是一种文化启蒙的扩展。由此可见，在葛兰西那里，革命行动或政治实践，指向的是对民众的文化启蒙，进而创造一种新文化、一种新文明，乃至新人类。正因如此，葛兰西"不为党本身着迷，不把兴趣放在创造一种职业精英去统治大众上，也不把政治教育仅仅局限于革命中的工具地位上"[2]。这鲜明地体现了他对单纯政党政治、阶级政治的淡化。他坚持对民众进行文化上的启蒙，积极地致力于将下层民众从常识状态提升到健全的见识的高度，使民众真正看清自己及其所在的世界。

---

[1] A. Gramsci, *Selection from Cultural Writings*, *edited by Forgas*, D. *et al.*, Cambridge, Harvard University Press, 1985, p. 13.

[2] W. L. Adamson, *Hegemony and Revolution*: *A Study of Antonio Grimsci's Political and Cultural Theory*, Berkeley, University of California Press, 1980, pp. 100-101.

葛兰西非功利性的革命目的论正是他作为一个政治家和革命家的独特之处。

对文化启蒙作用的强调，意在保障文化领导权的维护与争夺方向。在葛兰西那里，文化领导权争夺中的谈判与斗争有一个明确而清晰的启蒙的方向，即为人民创造新文化、新文明，推动大众走向解放与进步。基于此，雷德克里斯南曾明确指出了葛兰西与福柯在政治上的区别，即"葛兰西不会接受一种没有方向的政治。放任或狂放的政治'或与整体无关的'特殊的政治'都不是他能接受的"①。葛兰西所坚持和倡导的是一个启蒙的方向。可见，葛兰西的领导权理论具有很强的启蒙色彩。

另外，葛兰西经常使用的"历史集团"概念，在一定程度上也体现了他的价值选择倾向。在他的语境中，"历史集团"是一种不同社会力量之间的结合，更是经济基础与上层建筑的统一。葛兰西说："结构和上层建筑形成一个'历史的集团'。也就是说，复杂的、矛盾的和互不协调的上层建筑的总和是社会生产关系总和的反映。"②葛兰西之所以在纵向上强调历史集团是经济基础与上层建筑的统一，目的就在于强调历史集团应该体现了社会生产发展的要求，体现历史发展的必然规律，进而才有可能真正获得领导权。葛兰西指出，一个只体现在单纯横向上的力量联合的历史集团，即便暂时获得领导权，也绝不是长久的，比如法西斯主义的政权。

① ［英］布鲁斯·罗宾斯：《知识分子：美学、政治与学术》，王文斌等译，112 页，南京，江苏人民出版社，2002。
② ［意］葛兰西：《狱中札记》，曹雷雨等译，280 页，北京，中国社会科学出版社，2000。

归纳起来讲，"历史集团"作为一个"描述性的范畴"，指称的是在争夺领导权的过程中，不同社会力量借助于谈判而不断地接合、解接合与再接合的过程中，所形成的一种综合性的异质的社会力量，它会随着社会历史的发展而变化。

(二)现代性批判中的价值预设与自主选择

基于 20 世纪人类的生存境遇以及人类精神面临的危机，西方马克思主义的思想家们展开了深深的思索。在这一过程中，对文化的批判开始拓展为一种现代性批判。他们的现代性批判展现了两种不同的价值选择，即价值预设与自主选择。前者将文化理解为一种基于人类的永恒价值，并以此为依据反思现实人的生存困境，对现实社会中一切压迫、束缚和统治人的物化结构和异化力量展开了全方位的批判，尝试通过这种批判实现主体从个人价值向人类价值的回归。后者以本雅明为代表，他基于唯物史观的立场和方法，以自己独特的意象阐释，开启了解释人文价值生发的选择模式，为时代的发展注入了一个趋向合理的价值选择。

法兰克福学派的学者们囿于对文化的抽象理解和定位，将葛兰西开启的带有鲜明启蒙色彩的文化批判思想演变成了一种漠视乃至否定社会主体在现实的大众文化实践中进行价值选择可能的意识形态批判。他们或强调对启蒙理性的非辩证性否定，或致力于通过审美激发人类的原始生命力。不论他们的具体思路有怎样的不同，最终都是寄希望于一种基于抽象的、永恒的，所谓终极价值的审美乌托邦来实现对现实社会主体的解放和救赎，即通过审美来恢复人的感性认识，进而实现人自身的价值。他们还将这一切的实现与现实隔离开来，最终使审美陷入了乌托邦。从这点上说，无论法兰克福学派早期的学者们对大众文化发挥意识形态统治功能的作用和内在机制揭露得多么全面和深刻，其文化批判理论从本质上来看，仍是一种停留在形而上学层面的哲学批判，并没有拓展至社会学的层面。

作为法兰克福学派的边缘人物，本雅明的现代性批判则展现了一种完全不同的理论样态。他的现代性批判思想深处有一个不可动摇的精神依托，即马克思对现代性的批判精神。他的现代性批判从根本上说，是源自马克思唯物史观的启迪，因此，他的现代性批判蕴含着浓厚的辩证意象。

当谈到本雅明与马克思主义的关系时，人们常常会毫不犹豫地提及他与同时代倾向马克思主义的左翼作家布莱希特的友谊，以及与俄国女共产党员拉西斯的恋情。毫无疑问，这两个人的确拉近了他与马克思主义的距离，但仔细研究就会发现，真正促使本雅明接受马克思主义唯物史观的，是德国社会学家曼海姆。他在 1929 年出版的《意识形态与乌托邦》一书中指出，人的思维方式不是绝对地由意识形态左右，而是最终由人所处的社会状况决定的。本雅明对这一观点深表赞同，由此转向了唯物史观。

本雅明认为，唯物史观的出现彻底突破了将历史视为传承的传统历史观。它最伟大的意义就在于，从现实的社会生活出发解读历史，开启了基于当下建构历史的全新视野。本雅明指出，与历史主义注重展现过去的永恒画面不同，历史唯物主义凸显的是一种打破历史连续性的现在意识。也就是说，历史唯物主义将历史看成是基于特定时代、特定生活去建构的对象。

本雅明指出，机械的理解唯物史观，即将基本的经济生产活动视为理解社会历史现象的唯一因素，就会抹杀理论本身的生命力。他在《机械复制时代的艺术作品》等诸多著作中都沿用了唯物史观，甚至使用了其中的一些基本概念，却从未将其简单地理解为这些概念和命题本身，而是将其视为一种方法论，并创造性地将这种方法论运用到对现实问题的研究中。他指出，马克思从未就如何具体看待上层建筑与经济基础的关系问题做过详尽的论述，他只是强调了一系列类似于传动的中介，它们在物质生产关系与上层建筑之间发挥着作用。而且，本雅明还指出，不同时代的"传动中介"也是不同的，所以研究时代的具体状况才是问题的关键。但经典马克思主义之后的马克思主义者们常常忽略这一点，只满足于类比，从而脱离了对具体现实的切入。本雅明认为，在唯物史观的视域中，一切都是历史的。即便技术，也不是纯自然科学性的，因为人类对自然的提问总是受到他们生产水平的制约，实证主义却忽略了这一关键点。

可见，从方法论角度看，唯物史观的启示是，事物唯有与当下结合，或者说在当下经验的参与下，才会显现出意义。从艺术领域来说，就是要避免脱离艺术作品的生产及流传过程来看待这些人类精神的创造物，也就是说，要注意作为创造物总和的文化概念的拜物教性质。本雅明据此评论了当时的文化史研究，认为它只是增加了堆积在人类身上的负担，却没有给人们提供卸下这一负担进而将其掌握在手中的力量。①显然，在本雅明看来，要获得这样的力量，就要遵循唯物史观的指导，

_____

① 王才勇：《现代性批判与救赎：本雅明思想研究》，89 页，上海，学林出版社，2012。

将文化史方面的大量财富与不同时期的当下经验相结合，从而使其焕发出生命力。本雅明还以当时德国社会民主党提出的"知识就是力量"的口号为例对此进行了说明。他批评德国社会民主党并未深刻理解这一口号，指出那些用来巩固资产阶级对无产阶级统治的知识，根本不能带给无产阶级从这个统治中解放出来的力量。知识只有与当下的经验相结合才具有真实的意义。

作为一名杰出的文艺评论家，本雅明在自己的研究中始终坚持唯物史观，努力揭示当下经验对意义生成的参与。他从来不是教条性地接受和运用唯物史观，而是将其活生生地融入自己的思维方法和立场原则中。本雅明成功地将经典马克思主义的现代性批判运用到变化了的资本主义现实中，对现代主义面貌做了深入内里的独特刻画。他的思想在当代西方备受马克思主义文艺批评家的推崇。

本雅明突破传统的概念式陈述，为基于现实变化而建构的诱发主体自主思考的意象阐释，开拓了一种新思路，即让读者面对新出现的状况自己得出结论，并在此基础上引导读者走向其倡导的意义。这样的理论努力既是对经典马克思主义现代性批判的充实与发展，也迎合了现代人精神发展的需要。更重要的是，本雅明现代性批判的题旨和价值尺度直接源自马克思主义。正如有学者评价的那样：本雅明的批判，不仅秉承了马克思恩格斯考量现代主义时的以人为本的价值尺度，而且出于社会良知，试图为资本主义找出一条更合理的发展道路[①]。我们知道，关于

————————

① 王才勇：《现代性批判与救赎：本雅明思想研究》，19页，上海，学林出版社，2012。

人文精神，20 世纪以来，西方发展出两种解释框架：一是推崇人文的自然发生机制，一是强调人文发生的价值选择。本雅明就是后一种解释框架的开启者之一。他的现代性批判颠覆了一切权威，尤为重要的是，他在揭露虚伪现实的基础上，彰显了一种改造现实的革命精神，进而为时代的发展，注入了一个趋向合理的价值选择。

本雅明的现代性批判具有重要的意义且影响深远。首先，他的理论实践证明，经典马克思主义的现代性批判在当代资本主义发展的新历史条件下依然有效，而且能焕发出新的生命力。当然，这决不能依靠只是简单地从唯物史观中寻找一些观点加以支持，借鉴一些概念加以利用，而要像本雅明那样，敏锐洞察和准确把握现实社会发展中出现的新变化，并在此基础上去印证和引入经典马克思主义的现代意义。例如，本雅明通过对现代主义的研究，看到马克思恩格斯的现代性批判在新时代应做的调整。他敏锐地看到马克思恩格斯时代的产业工人到了 20 世纪中叶，已经转变成阶级意识退隐的大众，并将大众视为未来社会的主要力量。通过对他们精神状况的刻画，本雅明首次将大众文化批判放在了新时代现代性批判，的重要位置上，这在很大程度上启示了英国新马克思主义的文化批判。

其次，从总体上看，本雅明基于唯物史观的现代性批判，远远超越了同时代乃至后来的一些思想家。面对现代性的矛盾冲突以及在此冲突中人类精神面临的危机，与法兰克福学派的大多数思想界不同，本雅明直面现实，采取了一种与审美乌托邦不同的解决方式，使审美走向生活、走向大众。正如有学者指出的那样，本雅明基于对现代人处境的敏锐而深刻的洞察，提出的辩证的现代性批判"超出了那个时代意识形态的承受力"①，远非同时代的人所能理解。本雅明现代性批判的这一路径也深刻影响了英国新马克思主义的文化研究范式。一方面，促使他们突破精英主义的文化传统，将文化与人的日常生活实践和经验联系起来，指出文化是人们对日常生活的理解和把握，而且基于生活经验的整体性，提出文化是一种"整体的生活方式"②。另一方面，启示他们进一步尝试通过文化批判重塑社会主义革命主体，来实现现代性的救赎。

三、文化生产与价值选择

与法兰克福学派不同，英国新马克思主义通过对文化观念的重构，建立了一种独具特色的文化批判理论。威廉斯将文化理解为一种特殊的、整体的生活方式，将文化生产与再生产过程理解为社会主体对意义和价值的修正、选择以及建构过程，从外显的形式来看，则体现为人们生活方式的转变。这种全新的解读不仅凸显了社会主体在文化生产与再生产过程中的能动性，更重要的是它指示了通过推动人民生活方式转变重塑主体意识的可能路径。伯明翰学派和后期的威廉斯在借鉴和运用葛兰西文化领导权的基础上，同时结合并融入诸多其他理论资源，如阿尔都塞的结构主义、福柯的知识—权力理论等，细致入微地探讨了上述可

---

① 张旭东：《批评的踪迹：文化理论与文化批评》，46页，北京，生活·读书·新知三联书店，2003。

② 李隽：《经典马克思主义现代性批判的现实运用—本雅明现代性批判思想的阐释》，载《理论学刊》，2016(3)。

能，极大地推动了文化批判理论向社会学维度的拓展。

（一）文化生产是人民生活方式转变的价值选择

文化作为对某种生活方式的描述，在更深的层面上讲，是某种意义和价值的表达方式。威廉斯在《漫长的革命》中提道："从社会的角度出发，文化是对某一种特殊生活方式的描述，它不仅表达了艺术和学术上的一定价值和意义，而且也表达了体制和普通行为上的一定价值和意义。"①从文化的社会定义出发，文化分析就是对隐含或外显的特定的生活方式的价值和意义的一种澄清。可见，文化在更深的层面上体现了某种意义和价值。这种意义和价值不仅在艺术和文学中得到描述，也体现在机构和普通人的日常行为中。同时，文化也是一种渗透到人们社会生活中的非常基本的实践，它内在于人们认识、了解和管理世界的方式之中。文化生产就是社会主体在体制和日常行为中对文化的实际运用。与其他的生产活动不同，文化的生产与再生产是对思想、感觉、意识和意义的建构。

持文化主义研究范式的英国新马克思主义者关注日常文化实践问题，并在研究中形成了一套以"自下而上"的观察视角、"人民历史"观念和超越资本主义的乌托邦理想设计为主要内容的，具有明确自身限定性的文化研究范式。其主要贡献在于开启了对真实的经验整体的倾听和再创造的理论空间。工人阶级的情感经验和反抗意识得到重视和肯定，凸显了工人阶级文化的解放功能。

---

① R. Williams，*The Long Revolution*，Broadview Press，2001，pp. 57-58.

文化研究领域转向结构主义范式后，与前期强调文化的解放潜能不同的是，人们开始将文化作为意识形态来研究。文化被视为生产和体验意义的领域，通过它，社会现实被建构、被生产、被阐释。或者说，文化不仅仅是经验的表现，更是产生经验的前提，是意识和经验的基础。正如伊格尔顿所说，文化是问题的一部分而非解决问题的办法。

两种不同的研究范式拥有共同的理论预设，即文化生产与再生产的过程从本质上讲，就是社会主体对意义和价值的修正、选择以及建构过程。从外显的形式来看，则体现为人们生活方式的转变。例如，威廉斯指出：不能依据工人阶级穿上了资产阶级的服装、住着半独立的房子，拥有汽车、洗衣机和电视机等，就判断工人阶级正在变成资产阶级，正在转变成资产阶级的生活方式。工人对资产阶级心存艳羡，并不是说他想成为那样的人，其中绝大多数人只是想达到资产阶级的物质标准，而在其余方面他们宁愿维持现状①。

20 世纪 60 年代后期，英国新马克思主义的文化批判整合了文化主义和结构主义两种研究范式，开始专注于社会关系与意义之间的关系，或者更确切地说，专注于社会划分被赋予意义的方式。文化被理解为一种将阶级、性别、种族和其他方面的不平等自然化的表述，或者说，通过文化，阶级、性别、种族和其他方面的不平等与造成这些不平等的经济——政治不平等之间的联系被割裂了。显然，这种文化研究的取向迥

---

① [英]雷蒙德·威廉斯：《文化与社会》，高晓玲译，336 页，长春，吉林出版社，2011。

异于文化批评家，因为后者所说的文化属于艺术、美学与道德等创造性价值的领域。也就是说，这种文化研究不是参照内在或永恒的价值，而是参照社会关系的利益全景图来说明文化的差异与实践。因此，任何从文化批评的精英传统上对"文化"与"非文化"的人或事进行区分的做法，现在都被当作阶级的话语来对待。这种区分本身以及与之相关的评价和歧视，都被分析为一种意识形态的表述。正如伊格尔顿所说的那样："为我们的事实陈述提供信息和基石的隐蔽的价值结构，就是所谓'意识形态'的组成部分。"①

英国新马克思主义的文化批判使"文化研究"具有了超越学术研究的意义。他们在知识领域进行的是一种政治批判，意在争取文化领导权，不断扩大左翼知识分子的文化阵地。英国新马克思主义开创了大众文化研究的新领域，揭示了文化的建构特质，以及深植于其中的各种神话和意识形态，希望借此创造出新的主体位置以及有能力反抗自身被支配的居于从属地位的主体。他们认为，工人阶级和底层大众并不是消极被动地适应资产阶级的文化与统治，而是能够自主地表达自己的思想与情感的，虽身处资本主义的文化控制中，却仍然具有能动的解码实践可能。威廉斯在《电视：技术与文化形式》中批判了法兰克福学派将文化生产视为文化工业的简单化处理方式。他认为，当代社会中至少存在四种不同的编码方式：父权制的、压抑性的编码，视媒体为社会控制工具的权威制编码，视媒体为赚钱工具的商业性编码，视媒体为大众介入与双向对

---

① ［英］特里·伊格尔顿：《文学原理引论》，18页，北京，文化艺术出版社，1987。

话的民主性编码。所以绝不能简单地、笼统地将文化产品的消费者视为法兰克福学派所谓的"笨蛋"或"大众"①。

英国新马克思主义开始强调在文化生产过程中，人们对意义的建构总是复杂的，并总是处于争论之中。"意义总是在具体的语境中得到商谈与建构，这种观点本身可以在无数与其他特定的知识生产者和使用者进行合作的策略语境中被修正与应用，没有什么比这更具有实践意义的了。"②

总体来看，英国新马克思主义文化批判理论经历的范式转折，鲜明地体现了他们在价值选择方面的转向。

(二)共同文化的现实指向

威廉斯的共同文化源于对精英文化的批判，却没有终结于对精英文化的否定和对普通大众文化的强调，它强调的是一种精英文化与大众文化平等协商、共存共享的多元文化状况。其目的在于超越工业社会中主体分裂化的存在状态，重构一种基于人类生活自然和自由状态的新主体。

共同文化在威廉斯看来，并非一个乌托邦或空泛的概念，它的存在有其现实根据。威廉斯认为文化研究的核心理论问题是关于"一种规划

---

① R. Williams, *Television*: *Technology and Cultural Form*. London and New York, Rotledge, 2003, p. 58.

② 陶东风:《文化研究》第1辑,3页,天津,天津社会科学出版社,2000。

和一种构成之间的关系"①。"规划"指的是文化的形式,"构成"指的是社会的构成。二者之间是一种互动的动态过程。共同文化是现代工业社会这一特定社会构成阶段的产物。这种社会构成最大的特点是拥有强大科技能力的现代工业社会,科技的使用为信息的普及提供了越来越丰富的手段和途径,知识的大众化和平民化导致的直接的社会后果,是社会权力的分散以及社会结构的巨大变化,而其中最基本、最重要的变化就是社会事务的大众参与以及社会格局的多元化。

威廉斯认为,工人阶级无法避免的运动是迈向更加紧密联系的共同体,唯一的危险就是试图在现存的阶级标准上定义这种共同体的规范,而不是去清理渠道,并允许为相同的生活方式做出贡献②。所以,社会主义社会需要做的不是提前定义文化,而是清理渠道,那么取代公式猜测行为的,就是人类精神对在具体、富裕和多样化中不断展开的生活完全加以回应的机会。

1. 用"与邻为善"取代"团结"

面对英国社会生活的巨大转变,特别是消费品总量的增长给工人阶级各方面带来的巨大变化,威廉斯坚定地认为:"工人阶级决不会通过拥有新产品而成为资产阶级,就像资产阶级也决不会由于拥有物的种类发生了变化就不再是资产阶级一样。"③因为在他看来,文化作为整体的

---

① [英]雷蒙德·威廉斯:《现代主义的政治》,阎嘉译,215页,北京,商务印书馆,2002。

② 张亮、熊婴编:《伦理、文化与社会主义》,340页,南京,江苏人民出版社,2013。

③ R. Williams, *Culture and Society*, New York, Sehocken Books, 1982, p. 324.

生活方式，决不会简化成人工品。工人阶级与资产阶级最关键的差异在于两者的社会观念不同：资产阶级把社会看作每个人通过自己的奋斗和竞争而努力实现自我的舞台；工人阶级则把社会视为一个联合的实体。这是威廉斯关于工人阶级和资产阶级生活态度的经典概括。

在威廉斯看来，"团结"观念一方面是社会潜在的真正基础，另一方面也是个人利益在共同体中实现的基础。但是，"团结"原则只是理想社会中的一种型构原则，即它只有在充分民主的社会中才能够以自己真实的面貌发挥积极作用。受到诸多因素制约和限制的现代社会，"团结"更多时候是作为一种保守甚至消极的力量在发挥作用的。比如，发生于工作场所、家庭和旧的社区的工人阶级团结观念，它曾经使工人阶级的男男女女们承受住工业化时期的恐惧，或许现在，对于许多人来说，它是严酷的和压迫性的。但由于它的强大，它仍然是一种"阶级"生活。由于旧的工人阶级社区非常坚固，它们必然常常对其他社区、其他民族或种族群体，对其他"怪人"和"不合群的人"具有排斥性，或者挑衅性。这不是一个蕴含价值判断的褒贬问题，而是一个经济和社会体系的问题。在这个体系内，工业无产阶级以及它的价值观和态度才得以发展并成熟起来。再如，现代社会中，技术的专门化使个人独立性增强了，但仅靠个人力量无法有效地参与社会文化，因此，它需要人们承认高于技术的更广大的共同体，这是个人意识深处的必然需求。也就是说，对任何人来说，充分的参与整个文化是不可能的，个体只能选择其中的某一部分，但这种选择总存在诸多差别与不平衡，因此，需要人们之间的相互负责和相互调整，以保障个体现实选择的不平衡与一个有效文化共同体的和谐共存。这就需要一个比单纯的"团结"更有效的原则。一味地强调抽象而僵化的团结，不仅会延误甚至阻碍人们采取正确而有效的行动，甚至还会削弱乃至窒息个体意识的发展。所以，在这种共同的忠诚中，必须要容纳异议和变化。

威廉斯总结说，源于对工业主义入侵防御对策的团结，本身在现代社会中并不能完全适合于一个更为全面的共同体观念。因为"作为感觉，它明显处于僵化状态，而这种僵化在变革时代是危险的。共同行动的要求通常是正确的，但共同理解并不充分的危险总是存在，而它的实施将会阻碍或延迟正确的行动，这一危险也同样存在"①。这并非一个简单的否定性警告，而是一种肯定性强调的来源，因为实际地创造未知的未来，常常是一次探险。在这点上，我们最终回到对自己和每一个人"活生生的经验"的敬畏上来，在形塑和探险过程中，我们努力达到"共同理解"，达到"共同文化"。威廉斯替换了既有的"主导"文化思想，无论好坏还是中立，这都不是为了回应，而是为了接受，即通过一种接受了"人类事务的必然的复杂性和困难"的文化观念，实现接纳。

威廉斯还批判了利维斯主义所宣扬的有机社会时期的共同文化，并指出，团结的感觉，在我们这个复杂多样的时代，必须不断地被重新界定，"而且会有许多人试图援引旧时的感觉为某种新型的局部利益服务"②，如福利国家的出现。但事实证明，威廉斯所倡导的服务的观念最终是无法替代主动的相互责任的观念的。因为精英主义所谓的有机社会、共同文化，其实是一种文化文饰之下的团结，是精英主义者便于统

---

① ［英］雷蒙德·威廉斯：《文化与社会》，吴淞江等译，334 页，北京，北京大学出版社，1991。

② 同上书，415 页。

治的工具，而非真正的民主社会。一个真正有机社会强调的是人类活动的相互关系和连续性，而不是强调利益范围的分割。

针对上述困境，威廉斯提出应该将"与邻为善"的原则作为实现共同文化的现实保障。他指出，一个好的共同体不仅会容纳，而且会积极鼓励所有为人们共同需要的意识的进步做出贡献的人。"与邻为善"倡导的开放性参与就是一种政治上更为民主的文化原则。用"与邻为善"取代"团结"，把握了当代社会共同文化的实质。这个"共同"兼容了诸多"不同"，揭示和展现的是一种异质的和谐共存状态。威廉斯共同文化超越了简单的"批判"和彻底地"解构"，它的价值和意义在于对多元文化审美价值的承认与尊重。

2. 建立基于生命平等的真正民主

威廉斯认为，工业和民主是改变我们这个世界的两大力量，对于这两种力量带来的改变，他从意义层面进行了分析。

对于工业，威廉斯指出："可以把支配的气氛看成工业的主要原因之一，即人类主宰与控制其自然环境的理论和实践。"[①]人类基于支配观念和氛围形成的人与自然之间的征服与满足模式非但没能带来人类的成长，反而因为对生存条件的破坏，使人类陷入了生存危机。更可怕的后果是，在人类将这种支配氛围从自然扩展到自身后，人也开始被孤立地利用，甚至被剥削。正是基于此，威廉斯指出，基于支配的观念和氛围，人类最终的结果是在精神上丧失由物质的收获提供的全部机会。例

---

① ［英］雷蒙德·威廉斯：《文化与社会》，吴淞江等译，415 页，北京，北京大学出版社，1991。

如，本来工业的发展减轻了社会民主进程发展的物质障碍，可我们却用支配方式去推进社会的民主化进程，失掉了这一实现民主的机会。正是基于这种认识，威廉斯指出，人类必须放弃这种支配模式，并代之以一种全新的模式，才能继续生存下去。为民主而奋斗就是这种重新评价的模式。现有的民主作为支配模式在精神上的表征，是通向真正民主的最大障碍。威廉斯指出："我们试图掌握他人，用我们自己的结构去决定他们的走向，并认为这样做是一种美德，要扫除这种障碍，文化观念是必要的，正如扶持自然成长的观念也是必要的。"①但决不能将这种扶植异化为支配，它是自然的成长与扶持自然成长相结合的一种共同文化观念。

工人阶级在 20 世纪的主要文化贡献是民主集中制，它构成并实现了一种普遍社会利益。事实上，自由化的中产阶级也建立了在其内部能发挥民主功能的制度，但这些机构从根本上有一种特性，即它们最终是排外的，不能将自己覆盖到全社会。当然，许多工人阶级组织一开始也是产生于某种类似类型的利益组织，但这些组织的特点是进一步联合，不仅和其他类似组织联合，而且更关键的是它们覆盖，或者试图囊括全社会的利益。工人运动作为一个整体的成长就是很好的例证。这就是工人阶级文化的特征，它所选择强调的重点是扩展关系。基本的感情和忠诚，首先是针对家庭的，然后延伸到邻里，直至扩大到整个社会关系中。由此，一种集中民主社会的观念立刻在直接经验的基础上建立起来

---

① ［英］雷蒙德·威廉斯：《文化与社会》，吴淞江等译，415 页，北京，北京大学出版社，1991。

了。它作为一种观念对其他希望支持它的人来说是可达到的，工人阶级没有垄断这些美德，特别是对家庭的忠诚。但是资产阶级的社会关系观念——自由人享有同等机会的社会——不仅本身是紧张的原因，而且导致公开地或秘密地尝试限制这些机会；同时，资产阶级的社会关系观念还是造成直接紧张的一个原因，因为在这种观念下，家庭价值不能扩展到整个社会中——个人为他的家庭而工作，从而与其他这样做的人相互竞争。我们这个时代许多真正的缺陷和幻灭都来自善意之人中实际的紧张关系。所以，我们要牢记一点，即思想和表达的现实自由更多的是基于一种共同的需要，而不是自然权利。威廉斯还提醒人们，与党团斗争时，一定要记住，只有把工人阶级的文化作为一个整体的条件，社会才有进行价值转变的机会。没有要去夺得的大众，只有可以加入的主流。

在威廉斯看来，要真正践行"为民主而奋斗"的原则，首要的一点就要承认生命的平等，否则"民主"就毫无价值。同时，也要尊重人的个性及其变化使真正的共同政府得以建立。共同文化的理想能够很好地消除社会的区分和不平等，有助于建立一种之所有社会成员都能够实现有效交流的共同体。可见，威廉斯的共同文化观念与他的政治理想是一致的。"创造一个社会，其价值既是共同创造的，又是被人们共同批评的。在此社会中，有关阶级的讨论可以用共同的平等成员关系来代替，这就是共同文化的观念，在发达社会里，它日益成为小规模的革命。"[1]由此

---

① L. Johson, *The Cultural critics: From Arnold to Raymond Williams*, London, Routledge & Kegan Paul, 1979, p. 72.

可见，威廉斯的共同文化观念和一种激进的社会主义规划，以及一种社会主义主体的重构，是紧密联系在一起的。它倡导一种主体的共同伦理责任，强调人们在社会生活所有层面的充分的民主的参与。

威廉斯提倡一种动态的、开放式的共同文化观点。他认为共同文化是人民大众创造的，也应该由人民大众共同享有。同时，他还倡导把普通民众与高雅文化传统中的要素结合起来，认为二者存在的并不是完全的对立，而是相互依存的价值尺度。威廉斯对共同文化的讨论克服了绝对主义，而走向了一种敞开式的文化观。他不仅认同文化是共同享有的，更强调文化是通过集体实践不断再创造、再界定的。而且，这一过程是全民参与平等塑造的过程，是一个充分民主的过程。伊格尔顿对这样一个敞开式的共同文化观是赞同的，他评价威廉斯的共同文化不是一种有机论者的怀旧，因为它包含了政治性的转型，更因为它的含义是革命性的。另外，它也为讨论多元主义和共产主义提倡的将一种混杂性的问题化作一种身份或认同的问题，提供了一种全新的视角。同时，伊格尔顿也指出，"共同文化"不是一个本质主义的概念，而是一个社会主义的共同文化观。伊格尔顿站在马克思主义的立场上指出：威廉斯作为激进社会主义者的代言人，反对把别人现成的、既定的价值和信念拿来进行被动的实践；威廉斯的目标是全力支持所有成员都最充分地共同参与文化形式的创造，让全民族在集体实践中不断地丰富整个人类生活方式对共同参与文化形式的创造，并让全民族在集体实践中不断地丰富整个人类生活方式的意义。作为一个总结，他说，真正的共同文化从来不是封闭的和已然的，我们也很难对其进行本质主义的界定和描述，它只能是由全民共同参与建构的概念。

当然，这一模式也遭遇了诸多挑战。其中最大的质疑声音是，"共同文化"或是"全体参与"如何拆除阶级或利益的障碍。正如布克曼博士所分析的那样，威廉斯对共同文化的渴望值得赞扬，但问题是，这种渴望越强烈，现实社会中利益和权力的真实分配情况就越令人心惊。因此，在资本主义社会内尝试建立共同文化，就像建立公有制与合作社一样，必然只能满足于碎片式的成功。

(三)立足现实批判基础上的超越

20 世纪 70 年代，随着撒切尔主义的强势推行，各种亚政治的新社会运动逐渐取代新左派，成为左派抗争的主要形式，两代新左派由此发生了激烈的理论冲突，理论也就此进入一个多元分化发展的新阶段。面对这一现状，英国新左派将关注和讨论的重点放在了对现实的批判与超越上，并聚焦在社会主义主体意识的重构这一问题上。他们尝试对主体意识进行道德、政治以及文化等多种维度的重构，而在这诸多的理论努力中，伯明翰学派基于大众文化的合法性论证，是最具代表性的。

参与和介入社会日常生活，是大众文化最重要的性质和功能，但是这一性质和功能只是从理论上表明大众文化具有参与和介入社会生活的潜质和可能，在现实社会中，大众文化是如何介入社会的呢？英国新马克思主义文化批判理论的重要特色和贡献，就在于它揭示了大众文化是以政治抵抗的方式介入社会生活的，并在此基础上考察了这种真正抵抗的具体途径。

法兰克福学派完全在压制主体意识这一否定的意义上来理解大众文化，否定了其存在的合法性。英国新马克思主义则反其道而行之，尝试通过论证大众文化存在的合法性，来揭示重构主体意识的可能，而这种合法性的论证首先是从论证大众文化的独立性开始的。

首先，英国新马克思主义关于大众文化存在独立性的论证，是通过揭示其抵抗高雅文化和商业文化的内在潜能展开的。他们认为，无论高雅文化与商业文化采取何种手段和方法，民众的创造力与想象力都不可能被完全被扼杀，他们总能运用自己的智慧从这两种文化的夹缝中找到发挥自身创造力的空间，进而创造出自己的文化，来对抗高雅文化和商业文化的统治。霍加特、威廉斯以及霍尔等人，或是主张通过建立整体的工人阶级文化来对抗资本主义社会的主导文化，或是致力于冷静地分析大众文化抵抗的可能性与限度。

在这方面，费斯克接受了德塞都的观点，显得最为乐观。德塞都认为，民众可以利用抑制性的空间与语言秩序，或者说创造性地灵活使用文化工业提供的产品，来实施自己的对抗，他们把自己的生活方式巧妙地编织进强加于他们的权力系统中。这种系统虽无法选择，但民众使用系统的方式却是可以选择的。当文化工业提供的文化产品被民众赋予自身的情感、意识和经验时，这些产品就变成了承载民众日常生活意义的通俗文化，成了对抗商业文化的武器。费斯克基本接受了德塞都的观点，并借助罗兰·巴特的符号学理论，对德塞都的思想进行了符号学角度的解释。巴特区分了两种文本，即"阅读性"和"创造性"文本，在他看来，只有后者才是真正的文本，可以不断地被阅读、不断地被创造，不断产生新的意义。创造性文本不是作者的创造，而是一种"互文性"的结果，如文学作品是由读者对文本的阅读产生出来的。当然，巴特所谓的阅读不是一般的阅读，而是"评注"。"评注"就是先分割文本，然后再将其组装到一起，但组装的结果是发现作品的新意义，形成一个创造性文本。费斯克用巴特的逻辑解释民众与高雅文化和商业文化的关系，认为民众对这两种文化的解读就是"评注"式的。他们将承载高雅文化或商业文化的符号系统视为一种可创造的文本，而不是局限于这两种文化本身对能指和所指之间关系的解释。他们把这两种文化符号系统的各个部分分割开来，再按照自己的理解重新组装到一起，进而为两种文化的物质载体赋予新的含义，正是在这个意义上，费斯克将大众文化称为"符号游击战"。所谓"符号游击战"就是民众根据自己的意愿、观念对高雅文化和商业文化进行重新解读、剪接和拼贴，将它们的材料组装成自己的通俗文化，已形成对高雅文化和商业文化的抵抗。通俗文化内在的抵抗功能使它对社会生活的介入和参与，本身就具有明显的政治色彩。

保罗·威利斯则将这种解释进一步理论化，尝试建立一种既能解释高雅文化，又能解释大众文化的所谓"根基美学"。他认为，当民众用自己的意识、情感来解释高雅文化的符号系统时，二者产生的社会效果是一样的，或者说，大众文化与高雅文化被拉平了。根基美学就是普通人对世界进行文化解释所经历的过程，也是一种方式，借助这种方式，人们能够使所接触的自然和社会更加人性化，更易为他们所控制[①]。根基美学能够促生共同文化，在一定意义上说，它就是通俗文化的美学。

民众通过对高雅文化、商业文化进行大规模的、自由的创造性解释来创造大众文化的活动，被费斯克称为巴赫金式的"狂欢"。它具有无等级性、宣泄性、颠覆性和民众性的特征，这些特征很好地概括了民众对

---

① P. Willis, *Common Culture*, Buckingham, Open University Press, 1990, p. 24.

高雅文化和商业文化的抵抗。

其次，英国新马克思主义关于大众文化存在独立性的论证也体现在他们致力于为大众文化"寻找文化身份"上。大众文化并不局限于对这高雅文化和商业文化的巴赫金式的、社会意识层面的对抗，它还要通过这种抵抗进一步确定自身在整个社会中的文化身份和文化地位。也就是说，伯明翰学派的学者们在把大众文化确立为一种独立的文化形式的同时，还致力于打破现代主义对社会文化领域的分割，进一步为大众文化争取与现代主义的主导文化平等的地位。于是，他们纷纷将研究的视角转向与成人文化、殖民者文化、父权文化等主流文化相对的大众文化的各种具体形式，如青少年文化、被殖民者文化，以及女权主义文化，为它们争取文化地位和文化权利，霍尔称之为"寻找文化身份"。

霍尔以寻找"真我"来隐喻边缘文化对自我恰当文化身份的追寻。虽然我们经常以"自己"的名义来讲述自身和自身的经验，但是，需要指出的是，讲述的人与讲述的主体并不是一回事，两者的立场不同，这里就存在一个身份的问题。与此类似，关于"文化身份"有两者思维方式：一是将"文化身份"界定为一种共有文化。基于这种思维方式，一个人的文化身份是基于我们共同的历史经验和共有的文化符码来标示的。无论实际历史的发展过程多么变幻莫测，这种经验和符码都为我们提供了一个稳定不变的、连续的指涉和意义框架；二是深入地考察由于历史的介入所造成的"文化身份"的流动性和可变性。如霍尔指出，我们应该将身份视为一种永远不会完结的生产过程。可见，在这种思维方式中，与一切有历史的事物一样，身份决不会固定在某一本质化的过去，而是沦陷在历史、文化和权力的不断纠缠之中。从文化身份的历史性、过程性可以推论出，虽然文化身份是对文化的社会定义和评价，但它也有自己的发展历史和传统，因此它总是植根于文化内部，而不是它在外部构成上再现。霍尔的"文化身份"理论开启了伯明翰学派从寻找文化身份的角度对青少年亚文化、被殖民者文化以及女性主义文化的研究，同时也是对现代主义既成意义框架的反叛。

第一，青少年亚文化对主流文化有妥协的抵抗。英国新马克思主义者中的许多理论家的研究都涉及青少年亚文化问题，如保罗·威利斯的《学会劳动》《世俗文化》，斯图亚特·霍尔的《仪式化抵抗：战后英国的青少年亚文化》，迪克·赫伯狄格的《亚文化：风格的意义》等。在他们看来，青少年亚文化兴起于 20 世纪 60 年代末 70 年代初，以英国工人阶级的青少年为典型。这些青少年通过种种离经叛道乃至极为夸张的生活方式与行为方式来张扬自己的个性和文化，从而构成了对主流文化的"仪式化抵抗"。

英国青少年亚文化的抵抗从形式和风格来看，总体是通过费斯克的"符号游击战"来实现的，不过迪克·赫伯狄格等人将"符号游击战"更具体地解释为"拼贴"行为，即打破日常符号系统的规则，将不同物品不合常规地放在一起。拼贴通过调整意识形态的表意系统，进而挑战权威符码和社会制度。迪克·赫伯狄格认为，青少年亚文化的这种拼贴的抵抗形式与风格受美国文化的影响很大。美国的大众文化传到欧洲，展示出一种"神话式的美国"，好莱坞的电影、广告形象和音乐等为英国的青少年提供了一整套象征符号，它们可以按照无限多的组合方式组合与再组合成不同的集合，每一次组合后的意义都被改变了。还有一个很重要的原因是，以拼贴和重组为主要特征的美国文化展示出了比欧洲当代资本主义社会更平民化、更民主的观念和形象，所以很容易为叛逆期的青少年所接受和模仿，从而使得欧洲青少年的亚文化抵抗亦呈现出一种拼贴的形式和风格。

霍尔将青少年亚文化基于"拼贴"或"符号游击战"形成的对主流文化的抵抗称之为"在后革命时期对一种前革命时期的社会、政治和组织问题的文化反应"①，威利斯也称这种对抗行为是对占统治地位的主流文化的政治抵抗。但需要指出的是，他们并不像费斯克那样极为乐观地看待这种抵抗，甚至认为青少年文化无论在风格上，还是在所表达的意识方面都对主流文化有所妥协，所以抵抗并不是青少年亚文化风格的全部内容。这种妥协集中表现在两个方面：一是青少年亚文化的抵抗没有一个明确的政治目标，从而使其抵抗比较盲目，也难以产生持续对抗的动力；二是青少年亚文化缺乏彻底创新性的风格，因为它对工业化产品的挪用和拼贴并没有超越赋予这些物品意义的原有系统，这也导致它的表达形式很容易被整合到占统治地位的社会秩序中去。这种整合既可以通过把亚文化符号转化成大众生产对象的商品形式来实现，也可以通过由统治集团对异常行为进行命名并加以重新确定，即通过意识形态的整合过程来进行。

第二，被殖民者文化的抵抗。在英国新马克思主义者中，霍尔对此着墨最多，这与他的被殖民文化背景有很大关系。作为加勒比海岛上的牙买加人与白人的混血儿童身份，霍尔从小就对被殖民文化有着深切的

---

① S. Hall, *Resistance through Rituals: Youth Sub-culture in Post-war Britain*, London, Huntchinson, 1976, p. 99.

体验。他用三种"在场"关系来揭示加勒比人文化身份的重新定位，三种"在场"指的是非洲的在场、欧洲的在场和美洲的在场。就作为本土文化的非洲文化来说，它是被压抑的文化，而且由于奴隶制的历史，它好像已失去了声音，但事实上它无所不在。它存在于人们的日常生活和习惯中，存在于宗教实践和信仰中，也存在于艺术、音乐等精神生活中。因此，非洲仍然是加勒比海文化中未被言说的"在场"，即"移民社群里活生生的"非洲文化。当然，这种文化的深刻发现只能借助于对后殖民革命的民众生活的影响，即民权斗争的途径才能获得。重建的"牙买加性"隐喻、形象和能指为被殖民者回归本土文化创造了条件。同时，欧洲的文化领导权为这种回归设置了障碍，并引进了权力问题。这种领导权把黑人的主体地位置于其主导再现的领域之内：殖民话语、探险文学、异国传奇等。人们往往把欧洲在场视为一种外来文化的侵略，把这种权力看作完全外在于非洲的外来力量，进而认为它的影响是可以排除的。霍尔对这种观念予以驳斥，他提醒到，欧洲的权力已成为我们自身身份的构成性要素。从他者那里射来的目光将我们固定在了敌意、暴力和侵略中，也固定在了矛盾的欲望中。

由上述分析可知，在霍尔看来，第一种"在场"的非洲是否是殖民者身份本源的那个非洲是有疑问的。经过欧洲文化的入侵，原来的非洲文化已经得到改造，西方通过把非洲僵化为一个原始的、亘古不变的过去而加以占有，并将其规范化。加勒比海人要恢复非洲，但不可能是简单意义上的恢复，因为它属于赛义德所说的"想象的历史和地理"。加勒比人对它的归属构成了本尼迪克特·安德森所讲的"一种想象的共同体"。这个非洲是加勒比海人想象的必要组成部分，它是我们通过政治、记忆和欲望所重述的非洲，我们实际上不能在直接的意义上回到它。于是，另一种"在场"就出现了。这种"在场"是指被欧洲以及各种其他移民的文化改造后的非洲"新世界"。这种在场与其说是权力问题，不如说是土地和领土问题。现在的加勒比海岛是混合、同化和汇合的协商之地，是多样性和差异性的并存，这种在场使得牙买加非洲人成了移民社群。他们的身份借助于差异不断生产和再生产来实现更新。这种"真正的自我"被霍尔描述为"一种综合动力跨越一整套文化形式批判地占用主导文化的主符码的各种因素，将其'混合'起来，肢解给定的符号，重新阐述其意义。这种杂交倾向的颠覆力量在语言自身的层面上表现得最明显"①。这样一个置换的叙事通过引发丰富而深刻的想象，重塑了我们回归初始的愿望，就像本尼迪克特·安德森在《想象的共同体》中指出的，区别群体的不是其虚假性或真实性，而是群体成员们借以想象的风格。

由此可见，与青少年亚文化不同，被殖民者文化虽然抵抗主流文化，但它更抵抗的是主流文化对它的看法和对它的文化定位。作为一种有着特殊构成的文化，被殖民者文化希望通过对既有文化眼光的反抗，展示出自己的独特和独立性，回归自己在现实生活中的真正面目，从而在当代资本主义社会中得到自己恰当的评价和定位。与它有着同样情况和要求的还有女性主义文化。

第三，女性主义文化的抵抗。女性主义者认为，女性主义文化的一切问题都源于传统理性关于男性和女性的二分法，所以他们的抵抗首先

---

① 罗钢、刘象愚主编：《文化研究读本》，222 页，北京，中国社会科学出版社，2000。

做的就是从这种二元思维方式中解脱出来，学会一种非理性的思维方法。弗洛伊德之后的思想都是非理性的和潜意识的。理性以思想为前提，而这些前提本身都是非理性的。欲望本来是思想的条件，但是当欲望不仅和语言重合也和性重合的时候，对于欲望的强调不可避免地使欲望成了一种新本质论的源头。

确立了女性群体独特的思维方式后，女性主义者探讨了女性主义的主体问题。巴特勒以母亲为例进行了分析。她认为，母亲并不是一个可以在生理上被明确定义的概念，它随时在变化。如孩子长大走了，她就不再主要以"母亲"的身份定义自己了。可见，女性主义的主体在变化，女性主义自己也在变化，因此，不必非得有一个稳定的基础和主体才能建立政治框架。后现代主义不意味着我们可以不要主体意识，而是意味着我们可以探索它的建构过程。根据默克罗比的看法，尽管女性主义同被殖民主义一样，缺少一个事实上的"真正的我"，但还是存在一个所谓"社会性自我"的，她是在话语和历史中形成的种种自我的残片的总和。这个社会性自我积极参与社区活动，搭建亲密沟通，还运用欲望和意志作为理解征服过程的工具。另外，默克罗比还指出，女性主义主体的不断变化使她们不断地被其他种类的文化或亚文化所涵括，所以，当女性主义针对具体问题提出分析的时候，真正涉及的只是少数人，这也可以用来解释"为什么女性主义面对那么多人讲话，最终只能影响一小部分人"①。可见，女性主义实际上是依附于其他文化，甚至亚文化而存在

---

①　［英］安吉拉·默克罗比：《后现代主义与大众文化》，田晓菲译，96 页，北京，中央编译出版社，2001。

的，只有在针对某种具体文化或亚文化的女性问题时，女性主义才能显示出其意义。默克罗比还进一步就青少年亚文化中的女性主义进行了深入探讨，她反对赫伯狄格和威利斯的青少年亚文化研究只关注男性气质而忽视女性做法，强调应该细致考察女性在青少年亚文化中承担的不同角色。在她看来，女孩们通过组织自身生活的各种不同方式建构了一种更基于家庭、更浪漫的少女文化，她们借此来反对那些注入责任、艰苦工作、严肃认真等学校道德观。显然，默克罗比纠正了伯明翰学派亚文化研究的偏颇，不过，她将少女文化限制在浪漫观念的做法，招致了很多质疑，甚至批评。默克罗比在后来的研究中修正了自己的观点，更加倡导女性的政治气质，倡导少女应努力摆脱浪漫情怀的束缚，建构一种全新的女性气质以及一种女性个体意识。

总之，无论是表面上反叛激进的亚文化，还是内涵上力求突破的被殖民者文化和女性主义文化，都是通过寻求自己恰当的文化定位、获得恰当的文化身份来对现代主义分割、固化社会文化的行为进行抵抗。这种抵抗是伯明翰学派后期与现代主义这一资本主义主导文化的意识观念抗衡的主要形式。

参与和介入社会日常生活是大众文化最重要的性质和功能，但是这一性质和功能只是从理论上表明大众文化具有参与和介入社会生活的潜质和可能，在现实社会中，大众文化是如何介入社会的呢？英国新马克思主义文化批判理论的重要特色和贡献就在于它揭示了大众文化是以政治抵抗的方式介入社会生活的，并在此基础上考察了这种真正抵抗的具体途径。

四、小结

作为事实和价值的统一，文化一方面可以作为对现实的说明，另一方面又可以作为对理想的预示。正如伊格尔顿所说："文化不仅是我们赖以生活的一切，在很大程度上，它还是我们为之生活的一切。"①文化内涵的事实与价值这两个层面在马克思恩格斯对资本主义社会的批判中实现了内在的、有机的统一。他们对资本主义现代性的诊断、对物化的全景批判以及对异化逻辑的超越，本质上就是重新审视人的存在和发展，力求实现人的解放和自由。葛兰西带有浓厚启蒙韵味的文化领导权理论，在某种程度上很好地秉承了这一点，并开启了文化批判理论向社会实践拓展的理论空间。法兰克福学派遵循了葛兰西开启的文化批判路径，却未能将文化批判理论拓展至社会实践层面，因为他们仅仅将文化作为理想的预示，并以此为标准和原则展开对现实的批判。现实中的一切存在，包括 20 世纪急剧发展起来的大众文化都被贴上了否定的标签，它们存在的唯一价值或意义就是成功地实现了对主体意识的控制，社会也借此实现了对主体的统治。残酷的事实与理想的价值在法兰克福学派的文化批判理论中被无情地割裂了。

英国新马克思主义的文化批判思想则重新将事实与价值有机地统一起来。它在历史和现实的双重视域中来审视文化的内涵，即从文化概念的历史和现实的内涵及其含义演变的历史与社会背景出发来理解文化，找到了文化自身的本质所在。英国新马克思主义者在很大程度上实现了

---

① ［英］特里·伊格尔顿：《文化的观念》，方杰译，151 页，南京，南京大学出版社，2003。

对文化作为生活方式和意识形态的相对独立性的强调。他们反对漠视大众文化的存在，尤其反对漠视大众作为文化主体的创造作用。他们前期从论证大众文化存在的独立性出发，极力强调大众文化存在的合法性。后期则努力探寻作为文化主体的大众展现和发挥其能动性的机制和途径，以期实现对主体意识的重塑。

总体来看，英国新马克思主义通过一系列理论上的努力，在很大程度上推动了文化批判理论向社会实践层面的拓展。但是，这一努力也存在明显的不足。这些不足集中体现在他们透过文化对现实进行说明时，仅仅为我们阐明了重构主体意识的重要性。即便如他们所讲，主体意识的重构是可能的，仅仅依赖他们主体意识本身，也是无法实现由现实向理想的过渡。

综上所述，无论是法兰克福学派基于超越的现实批判，还是英国新马克思主义基于现实批判的超越，这两种文化批判思想都因为自身的局限未能成功地实现对文化内涵的事实和价值这两个层面的内在的有机统一。

结　语

　　如果将英国新马克思主义的文化批判思想置于马
克思主义文化理论发展的历史脉络中，就会对其有一
个系统的、整体的把握和认识。首先，可以看到它对
马克思主义文化观的坚持与拓展，以及它对欧陆马克
思主义文化批判理论的扬弃；其次，可以洞察英国新
马克思主义基于马克思主义的立场和方法建构起来的
文化批判思想在更广阔领域中的独特贡献。另外，通
过对英国新马克思主义文化批判思想发展过程中社会
语境的还原，可以深入挖掘它向现实社会拓展的实践
意义，为我们国家社会主义文化的建设更好地走向实
践拓展新的路径。最后，在文化批判理论范式转变的
逻辑脉络中，可以透视英国新马克思主义文化批判思
想在方法论上的突破与不足。

一、对马克思主义文化理论的坚持与拓展

圄于时代的限制和现实社会斗争的影响，马克思恩格斯并没有对文化问题进行过系统化的理论探讨，也没有提出关于文化的明确定义。他们关于文化的论述更多体现在唯物史观思想形成的过程中对具体文化要素以及各种文化形式的分析。正如威廉斯在《文化与社会》中写的那样："马克思对文化只做了些梗概论述，却没有发展为系统的理论。他关于文学的论述可以视为他那个时期的一位博学和有智慧的人的见解。"①而且，威廉斯还谈到马克思之所以没有发展出系统的文化理论，是因为"马克思的天才使他认识到了这样做的困难和复杂性，并且他个人更专注于对社会现实的研究"②。马克思恩格斯的学生们也主要是基于经济的视角重构了文化领域内各学科如宗教、艺术、美学等的研究基础，以反对以往在这些研究领域的唯心主义倾向。直到西方马克思主义那里，文化才成为一个关注和讨论的焦点，系统的马克思主义文化理论才逐渐形成。

透过英国新马克思主义文化批判思想的发展史和不断变化的理论范式，我们可以清晰地看到它和马克思主义之间的复杂关系。英国新马克思主义文化批判思想一方面是在唯物史观的指导下研究本国具体问题时的理论总结。另一方面是在新的历史语境中借鉴并吸取诸多理论资源的基础上形成并发展起来的。因此，它在对马克思主义的运用中也实现了

---

① R. Williams, *Culture and Society*, 1780—1950, Harmondsworth, Penguin Books, 1963, p. 258.

② *Ibid.*, p. 258.

对马克思主义文化思想的拓展，提出并形成了自身对马克思主义的新理解。霍尔曾就这个问题谈到过自己的看法，他指出，他们的研究工作与马克思主义密不可分，要么在马克思主义周围进行研究，要么用马克思主义进行研究，要么从事发展马克思主义的研究。霍尔的这一看法在很大程度上客观地展现了英国新马克思主义与马克思主义的错综复杂的总体关系。这种复杂关系体现在他们思想的方方面面。下面主要围绕文化这一主题来做分析，因为这是英国新马克思主义的基本主题，其他方面的讨论大都由文化主题生发而来。

英国新马克思主义的文化批判思想体现了对马克思主义的一种新解释，他们将唯物主义扩展到文化实践中，批判了对基础—上层建筑模式的机械的、僵化的理解。这种新的认识为我们深刻理解和把握唯物史观提供了一种有益的启示。传统马克思主义，特别是教条主义，将经济基础决定上层建筑作为自己的立论基础。西方马克思主义的各个流派也质疑并批判了"基础—上层建筑"这一模式，并拒绝将其作为自身的理论基础，但他们完成地并不好：结构主义的马克思主义用结构决定论代替经济基础决定论，事实上仍延续了"决定论模式"，只不过是将"基础"变成了"结构"而已，对"基础—上层建筑"模式并未有实质上的突破；法兰克福学派等人本主义的马克思主义继续延续"基础—上层建筑"模式中文化作为纯粹社会意识的意义，这背后依然隐藏着经济基础决定上层建筑的绝对前提，也未能实际地解决"基础—上层建筑"的问题。

相对而言，英国新马克思主义的文化批判思想并没有简单地拒斥"基础—上层建筑"这个模式，而是基于对唯物史观的自觉遵循和对"基础—上层建筑"模式的深入分析，通过重新解释"决定"概念，尝试在"生产"概念的基础上实现对"基础—上层建筑"模式的整体把握和辩证解读。他们从总体性的角度将文化的经济领域与文化的政治领域有机地联系在一起。于是，文化不再是传统的马克思主义，尤其是教条主义的马克思主义中被经济基础决定的社会意识形态了，而是既强调社会意识内涵，又强调意识的物质载体的"联系物质生产领域与社会关系领域的符号系统"。另外，英国新马克思主义者基于文化唯物主义对广告、电影、电视、传媒等大众文化现象的分析，一方面进一步拓展了马克思主义文化理论的现实维度，另一方面，也展示了马克思主义文化理论基于现实发展的创新本性。

质言之，英国新马克思主义文化批判思想坚持实践唯物主义的立场，主张在人的实践过程中理解社会存在与社会意识的关系，对唯物史观的一系列概念和原理进行了全新的理解。在英国新马克思主义的文化批判中，马克思主义的经济基础—上层建筑、意识形态和决定等概念都得到了细致入微地考察和重新研究①。从而使英语世界对历史唯物主义的理解摆脱了"经济决定论"的束缚，恢复了历史唯物主义的实践本质，并成就了一种具有英国特色的重构形态，促进了历史唯物主义在英语世界的传播，实现了对历史唯物主义的发展。具体来讲，英国新马克思主义文化批判思想与马克思主义的复杂关系主要体现在以下三个方面。

1. 秉承了马克思主义文化理论基于人类解放的价值诉求

在运用唯物史观揭示历史发展规律和阐释特定社会形态运行机制的过程中，马克思从经济和政治的维度切入，分析时密切关注了文化问

---

① 参见张亮编：《英国新左派思想家》，34 页，南京，江苏人民出版社，2010。

题，强调了它对人类解放的重大意义。比如，马克思看到并承认资本主义文化产生的积极影响，认为它创造了与埃及金字塔、哥特式教堂根本不同的艺术奇迹，并使各个民族的精神活动成果突破了片面性和狭隘性，进而成了共享的东西。马克思甚至还提到"艺术对象创造出懂得艺术和能够欣赏美的大众"①。当然，让马克思更为警醒的是，资本主义也把"律师、教士、诗人和学者变成了它出钱招雇的雇佣劳动者"②。正因为如此，马克思指出，在资本主义社会，应该重点进行社会批判，而非文化批判。他社会批判理论的价值指向是人类解放。基于共产主义与其他所有制形式的对比，马克思指出："一切先前的所有制形式都使人类较大部分，奴隶，注定成为纯粹的劳动工具。历史的发展、政治的发展、艺术、科学等等是在这些人之上的上层社会内实现的。"③可见，从属阶级的文化发展被以往的所有制形式限制了。马克思坚信，在共产主义的社会中，完全基于分工造成的艺术家，屈从于地方局限性和民族局限性的现象会消失，个人局限于某一艺术领域的现象也会随之消失。可见，文化的解放只有到共产主义社会才会真正实现。因此，必须结合人类解放的价值诉求来理解和把握马克思的文化观。它是马克思在对人类历史和现实进行深入分析，对人类生存状态进行深入考察的基础上做出的思考。

英国新马克思主义的文化批判思想与马克思的文化观具有共同的价值诉求。在英国新马克思主义文化批判思想的发展过程中，尽管研究范式几经变化，但大众文化与政治的关系一直是它的研究主题。这一主题

---

① 《马克思恩格斯全集》第 12 卷，742 页，北京，人民出版社，1962。
② 《马克思恩格斯全集》第 18 卷，585 页，北京，人民出版社，1964。
③ 《马克思恩格斯全集》第 46 卷下册，88 页，北京，人民出版社，1980。

之下隐含的就是对人类解放价值的诉求。这点透过他们对文化的分析以及他们对大众文化的态度得到了清晰地展现。

英国新马克思主义的文化研究者认为，当代社会中，文化早已不再局限于人们的世界观或思想观念的体系，它实现了从信仰模式到实践模式的转变，正在成为人们日常生活的经验本身。相应地，文化生产也不能再仅仅被理解为一种意识形态的灌输，要将其视为人民主体对自身存在的意义和价值的选择，当然，这种选择在现实社会生活中不可能是任意的，而是充满了各种权力的冲突和斗争。正是在这种冲突和斗争中，人民才可以展现其作为社会主体的能动性和创造力。从这个意义上讲，文化生产思想阐释了一种社会主体理论，秉承了马克思主义重视人类主体的创造力和自我创造能力的思想，以及对人的自我解放和全面发展的终极关怀。正如乔瑞金教授在他的书中所讲的那样："英国新马克思主义者把现实的人作为研究活动的着眼点，把如何改善人的现实生存状况、改进人的生活方式和提高人的社会实践能力作为研究活动的目标指向。"①

英国新马克思主义者非常重视对大众文化的研究。他们认为大众文化是文化内和文化间的阶级斗争，它不是完全成熟了的社会主义以及社会主义文化可以被简单"表达"出来的场所。不过，社会主义却可以在那里得以建立。这一定义清晰地表明了大众文化的政治维度，即大众文化是从属阶级反对统治阶级领导权的场所，它不是直接的社会主义文化，但社会主义却有可能通过大众文化确立起来。显然，英国

---

① 乔瑞金编：《英国的新马克思主义》，2 页，北京，人民出版社，2013。

新马克思主义者也是基于实现社会主义和人类解放的目的来展开自身的文化研究的。

在英国新马克思主义文化批判思想的视域中，文化生产是对意义和价值的建构，更是一种对文化主导权的争夺。他们关注符号、文本、意识形态以及社会权力不平等的生产和再生产，致力于大众文化实践的研究，深入揭示人们日常经验背后的各种权力关系，目的在于引导人们在社会制度、习惯和观念等领域进行一场"革命"。所以，英国新马克思主义的文化研究从本质上看，是一种基于工人阶级和底层群体的利益而进行的改变资本主义社会关系的政治斗争，是一种文化政治学的努力。

2. 坚持从整体性出发对文化做出全新的思考

马克思在自己的著作中对文化这个概念的使用情况是比较复杂的。在《1844年经济学哲学手稿》中，马克思多次用"文化"来指涉人类"文明"。如他批评主张绝对平均主义的粗陋共产主义是"对整个文化和文明的世界的抽象否定"。还有马克思在《资本论》中谈论生产方式时，提到"人类文化初期"。在《哥达纲领批判》中，马克思强调"权利永远不能超过社会的经济结构以及由经济结构所制约的社会的文化的发展"①。很明显，这里的马克思对文化有了另外的用法，即用它来指涉与经济相对应的社会制度和意识形态。通过以上的梳理可以看出，在马克思那里，文化是上层建筑层面的，与经济基础不同，但文化形式和文化实践都要以生产方式为基础。不过，马克思同时也提到，资本主义文化虽然一方面是资本主

---

① 《马克思恩格斯全集》第19卷，22页，北京，人民出版社，1963。

义文明一定程度的拜物教的产物，但这点是受物质和历史条件制约的。也就是说，马克思承认文化是具有物质性、社会性和历史性的。

英国新马克思主义对文化的界定秉承了马克思关于文化的基本思想。威廉斯指出："文化活动是物质生产形式，只有了解了这一点，人们才能考虑它们的真实社会关系。"①这是威廉斯整个文化理论的一个基本立足点。

威廉斯对"文化活动是物质生产形式"的理解主要是通过对基础—上层建筑模式的批判性分析，并在此基础上还原马克思对这一问题的辩证理解而进行的。他认为基础—上层建筑模式有一定的合理性，但并不完善，原因在于"这个理论范式中，缺乏对物质生产与政治和文化制度之间，物质活动与意识之间的不可分割的联系的认识"②。在威廉斯看来，马克思本人是反对机械理解基础—上层建筑模式的。他写道："马克思原本的批判锋芒一直主要是针对着思想'领域'同活动'领域'的分离，即他所说的意识对于物质生产的分离。同时也一直针对着与之相关的那种通过强行使用抽象范畴而造成的对于特定内涵——现实的人类活动——的剥夺。"③显然，在威廉斯看来，后来那种常见的"基础"与"上层建筑"抽象概念，不过是在顽固地坚持马克思所抨击过的思想方式而已。

威廉斯在《论 1945 之后的英国马克思主义》一文中，提出了"文化唯

---

① R. Williams, *Politics and Letters: Interviews with New Left Review*, London, Verso, 1981, p. 112.

② R. Williams, *Marxism and Literature*, Oxford, Oxford University Press, 1977, p. 80.

③ *Ibid.*, p. 78.

物主义"的概念借以概括他所有的文化理论。简言之，文化唯物主义就是历史唯物主义维度中的强调文化活动是物质生产形式的理论体系。作为英国文化马克思主义传统的重要组成部分，文化唯物主义是英国本土的文化传统和经验主义与马克思主义的基本理论相结合的产物。它强调要从马克思思考问题时运用的历史的总体性方法，即历史唯物主义的方法去看待马克思的文本及其真正要表达的意思之间存在的模糊和矛盾之处。换言之，要强调文化在经济基础与上层建筑之间的能动的、独立的地位和作用。威廉斯的文化唯物主义是以重新解释经济基础和上层建筑关系的总体性内涵为出发点的。

首先，经济基础与上层建筑是一种关于"实际经验"的结构，而不是一种模式化的公式。在威廉斯看来，模式化公式化的理解带有强烈的理想主义的而非还原论色彩，而忽视了"生产"的复杂性。他认为，马克思在《〈政治经济学批判〉序言》中关于经济基础与上层建筑的经典概述更多是一种比喻，真正要表达的是一种动态的和现实的分析："既然马克思主义强调社会现实的所有要素彼此依存，既然在分析中强调运动及其变化，马克思主义者应当合乎逻辑地在'整个生活方式'——一种总体的社会过程——的意义上，使用'文化'概念"。① 在威廉斯看来，诸如文学艺术创作等上层建筑涉及人类意识，是非常复杂的。这不仅因为它的多样性，更因为它还是历史的，既包括对过去的延续，又包括对现存的反应。反映在人们的现实生活世界中，就是文化。一种真正的、有效的马

---

① ［英］雷蒙德·威廉斯：《文化与社会》，吴淞江等译，359 页，北京，北京大学出版社，1991。

克思主义的文化理论"应充分估计多样性和复杂性，应考虑到变革的延续性，应考虑到或然性以及某些有限的自律领域"①。

其次，重新定义"基础"、"上层建筑"和"决定"。威廉斯认为，必须从现实的社会和经济关系的具体活动出发，重新评价"基础"。抛弃固定的经济和技术的抽象概念，因为具体的活动包含着基本的矛盾和变化，因而总是处于动态的变化过程中。必须面向文化实践的相关领域，抛掉被反映、复制、决定的内容，重新评价"上层建筑"。第一，威廉斯认为，马克思所说的"基础"是人类现实的社会存在，是与物质生产力发展水平相适应的现实的生产关系。就特定意义来说，是指处在特定发展阶段上的生产方式。它包括社会本身的生产、人类自身的生产以及现实生活的物质生产和再生产。这样，我们就不会把文化、意识形态等人类精神和生活的生产和再生产统统当作上层建筑予以抛弃，同时也会看到"基础"的动态性。第二，威廉斯指出，因为马克思《〈政治经济学批判〉序言》中曾明确将人类的社会生活划分为物质生活、政治生活和精神生活，把人类社会系统分为"现实基础""上层建筑""社会意识"三个内在相关的子系统，所以之后人们一般认为，"上层建筑"主要指的是某种囊括所有文化活动和意识形态行为的单一的领域。在他看来，如何定义上层建筑并不重要，"基础"确定了，作为另一极的上层建筑自然也就明确了。困难的是确定上层建筑的性质。威廉斯认为，研究马克思主义文化理论，当然首先必须考察起决定作用的基础和被决定的上层建筑的命

_____

① ［英］雷蒙德·威廉斯：《文化与社会》，吴淞江等译，343 页，北京，北京大学出版社，1991。

题，但从严格的理论视角来看，直接从社会存在决定社会意识这一命题出发，可能会有更好的效果。基础和上层建筑正是社会存在与社会意识在政治经济学领域的体现，是社会存在与社会意识的类比性应用，因此，只有将基础与上层建筑放在社会存在与社会意识关系的语境中，才能正确把握这一命题本身具有的象征性意蕴，理解它所暗示的某种确定性的、终极的空间关系。第三，关于"决定"，威廉斯认为，在马克思那里，决定作用就源于人的活动。为此，他考察了"决定"这一术语的历史发展和演变，并指出这个词在通常的用法中表达的意义和暗示可能是多元的：一方面，从神学传统来说，外因的观念完全预见、预示和控制后来的活动，带有浓厚的宿命论色彩。另一方面，从社会实践经验的角度看，设定限制和施加压力的决定观念也是存在的，而后者才是马克思所强调的。威廉斯指出，对马克思语境中"决定"的理解和阐释，必须将其理解为一个辩证法的问题，即西方马克思主义者强调的总体性问题。据此他认为，要解释由基础和上层建筑这个命题带来的一切困惑，必须求助马克思的总体性——社会存在决定社会意识，以及它必然要求的方法论的总体性——辩证法的认识路径。可见，在威廉斯看来，与黑格尔的总体性不同，马克思的总体性是内容总体性和方法总体性的有机结合，是一种具体的现实的总体性。

威廉斯重新解释了马克思的政治经济学批判，重新确定了马克思关于基础与上层建筑的经典论述，目的在于使改造后的马克思主义可以更广泛地适用于现时代的文学和文化研究、艺术和艺术批判乃至整体的社会意识形态批判。在新的社会生产方式下，文化领域的斗争将成为社会斗争的聚焦点。因此，运用马克思主义理论思考和研究文化问题，包括文化的定义、意义及其社会总体性，就成了文化研究和文化批判的重点所在。在这个意义上，威廉斯的文化唯物主义表征了马克思主义的现代走向。

威廉斯要发掘以往笼罩在"文化"概念里的非文化因素，厘清文化被马克思的政治经济学批判从社会物质生活分离出去的过程及其危害。否则，一种新的马克思主义文化观念便无从建立。威廉斯指出，在工业革命之前，文化的基本含义有两个：一是"栽培"或"照料"，主要指"培养自然的成长"；二是"心灵的陶冶"，主要指"人类训练的过程"，文化是一种人化的过程。可见，在威廉斯对文化的理解中，包含自然和社会两个维度，文化是人的力量作用于自然的过程和结果，体现的是人的主体性和创造性。这点与马克思提出的"人类自己创造自己的历史"的观点不谋而合。

在《文化与社会中》，威廉斯对是否存在马克思主义文化哲学这一问题有过论述。在他看来，一方面马克思的思想具有文化哲学的维度，但只停留在无意识的前理论阶段；另一方面，马克思主义的文化理论处于"一片混乱"，人们"在不同场合和在不同的作家中都各取所需地使用那些命题"[①]。文中所说的"那些命题"指的是马克思1859年对唯物史观的经典表述，以及恩格斯在19世纪90年代的诸多书信中关于经济基础与上层建筑"互相关系"的表述。威廉斯认为，正是在马克思这里，一方面，文化与社会的关联被纳入经济基础与上层建筑的模式，克服

_____

① ［英］雷蒙德·威廉斯：《文化与社会》，吴淞江等译，337页，北京，北京大学出版社，1991。

了社会与自然的对立，经济和物质的历史压过了维柯和卡莱尔式的英雄史观而成了历史的关键因素。另一方面，马克思批判地继承了黑格尔的"市民社会"概念，将其从一个研究社会政治关系和内部结构的概念变成了一个表征以经济关系为核心的社会关系的概念。从经济关系出发分析市民社会的本质是马克思和黑格尔的相同之处。同时，与黑格尔将市民社会的本质界定为"需要的体系"不同，马克思认为市民社会包括各个个人在生产力发展阶段上的一切物质交往，赋予市民社会以确定的物质内容。马克思用"物质交往"这个概念超越了黑格尔"需要的体系"的主观精神性，从而把握了"需要的体系"的本质，也指出了实现需要的手段，即通过现实的物质交往活动才能实现需要的满足。以此为出发点，马克思最终建构了系统的"生产关系"理论，并将二者间的现实关系表述为经济基础决定上层建筑这个基本原理，从而创立了历史唯物主义理论体系。

威廉斯认为，马克思对市民社会的批判，强调的是人们通过生产自身的生活方式来创造人自身的历史。但这里的问题在于，马克思将文化看作由物质历史决定的第二级的上层建筑的一部分，由此导致了文化的构成性品质和独立品格被遮蔽了。在威廉斯看来，文化是一种物质生产形式。文化唯物主义以此反对唯心主义传统，将文化等同于概念，批判利维斯主义传统把文化等同于理想。另一方面，对马克思命题中的模糊和不确定之处也做了澄清，以驳斥庸俗唯物主义和经济决定论。

在《德意志意识形态》中，马克思对人的意识的考察是以人的感性的实践活动为基础的。在他看来，人的感性的实践活动不但是全部现存感性世界的基础，也是意识、精神和人的认识活动的基础。马克思指出，人的意识"并非一开始就是'纯粹'的意识，相反，思想、观念、意识的生产最初是直接与人们的物质活动，与人们的物质交往，与现实生活的语言交织在一起的。观念、思维、人们的精神交往在这里还是人们物质关系的直接产物"①。马克思将意识和认识看作现实实践活动，特别是现实的物质生产过程的内在要素和环节，而非一个独立的过程。只有在一定历史条件下，出现了物质生产和精神生产的社会分工后，道德、宗教、形而上学和其他意识形态才具有相对独立的外观，认识活动才体现为相对独立的过程。可见，文化在马克思那里，是物质总体的有机构成部分。机械论者和经济决定论者之所以在文化的物质属性问题上犯错误，就是因为他们没有看到马克思的这种辩证法在文化和社会关系问题上的应用前景。威廉斯认为，在马克思的经济基础与上层建筑这个理论范式中，根本缺乏的是对物质生产与文化制度之间、物质活动与意识之间的有机联系的认识。他指出："我的目的是要强调文化活动是物质生产形式。""历史唯物主义注重对文学和艺术做社会和政治分析，把它们视为各种各类社会活动与物质生产的一部分；也就是说，文学艺术的发展与变化始终与历史进程相适应，这就是我要阐明的文化唯物主义的立场。"②

威廉斯将马克思在《〈政治经济学批判〉序言》中提出的关于生产力与生产关系、经济基础与上层建筑的相互关系的论述理解为马克思对文化

---

① 《马克思恩格斯全集》第 3 卷，29 页，北京，人民出版社，1960。

② R. williams, *Marxism and Literature*, Oxford, Oxford University Press, 1977, p. 80.

理论的重要贡献①。事实上，如果摒弃庸俗马克思主义关于"经济基础——上层建筑"的僵化理解，马克思主义关于文化发展与现实社会发展的关系的辩证思考就会立马变得清晰起来。一方面，马克思主义强调文化的发展无法脱离现实的物质生产的发展。另一方面，马克思主义也认识到文化的发展并不完全受制于社会现实的发展，二者之间的关系是非常复杂的。但相较于前一个方面，马克思在这方面的论述是非常有限的，因此常为人所忽视。马克思在《资本论》中提到，新教通过把几乎所有的传统节日改成工作日在资本主义的产生过程中起到了重要作用。因此，所谓社会的"观念"因素事实上一直作为一种客观存在的力量，对社会生产发生着积极的作用。在《〈政治经济学批判〉导言》中，马克思也提到希腊极其落后的经济结构与它"先进的"的美学形态之间的明显矛盾，着重分析了在社会并不发达的阶段为何产生了极具影响力的希腊艺术。不难看出，在马克思那里，文化不仅具有自己相对独立的价值和意义，而且与社会的发展密切相关，从而也具有政治和意识形态的意义。意识形态主要体现在文化形式和实践中，而这一切都以生产方式为基础。马克思从未将经济基础和上层建筑中的任何一方看成是静态的，而是将它们视为动态的，因此，马克思的文化思想是辩证的。只是由于时代以及其他诸多因素的限制，马克思没有从理论上系统而深入地探讨文化潜在的自主性问题，也没有试图从经验上层面证实这种自主性将如何从现代资本主义的经济和社会力量的运作中脱颖而出。这才导致了马克思主义

---

① R. Williams, *Culture and Society*, *1780—1950*, Harmondsworth, Penguin Books, 1963, pp. 258-275.

文化理论在后来被乱用，不同理论家都根据自身的需要随意使用那些命题。

　　威廉斯指出，这种乱用表现为两个极端：一是坚持经济的决定性，忽视文化与社会现实的密切关系；二是夸大上层建筑的能动作用，忽视它内在蕴含的经济因素。因此，他指出，要正确界定文化概念，必须全面理解和把握经济基础与上层建筑之间的相互作用，并据此对基础——上层建筑模式进行分析和改造。威廉斯明确指出，这种改造的困难在于马克思最初使用的术语不清晰，如果人们不是把"基础"与"上层建筑"看作具有启示性的类比术语，而是看作对现实的描述，那么就会出现错误。马克思主义强调社会现实的所有因素都是相互依赖的，并且在分析时强调运动和变化，因此，他们应该在"整体的生活方式"——一种总体的社会过程的意义上，逻辑地使用"文化"概念①。据此，威廉斯提出，按照马克思的解释，应该将"文化"视为一个整体性概念。

　　威廉斯接下来在《马克思主义文化理论中的基础与上层建筑》和《马克思主义与文学》中的"基础与上层建筑"一节中，具体分析了"基础""上层建筑"和"决定"这些术语，强调马克思始终是在人的实践活动中动态地理解上述问题的。他指出，尽管大多数分析者都专注于"上层建筑"，但这个模式的真正问题是专注于"基础"。在分析"基础"时，马克思强调了生产性的活动，特别是那些构成所有其他活动的基础性的结构性关系。威廉斯也认为："现实的人的具体活动与关系……比起成熟的隐喻

---

　　① R. Williams, *Culture and Society*, *1780—1950*, *Harmondsworth*, *Penguin Books*, *1963*, *p. 273.*

性的'基础'观念……要更加积极、更加复杂、更加矛盾。"①"基础"不仅仅限于经济层面,更不能忽视生产关系以及文化实践的动态性质,将其看成是静态的。正统马克思主义者将上层建筑视为基础的机械反映,将人的需要变成了纯粹经济性的需求,因而没有认识到在实践中文化与物质是同样重要的元素,陷入经济决定论的泥潭。威廉斯并不否认"决定"的存在。他指出:"没有某种决定概念的马克思主义是毫无价值的,而拥有太多决定概念的马克思主义则是彻底的无能。"②马克思正是通过把决定的起源置于人的活动之中,才否定了外在于人的神秘的决定力量。威廉斯把"基础"的决定作用理解为"设定界限"和"施加压力",并指出决定存在于整体的社会过程本身,而不在其他任何地方。可见,威廉斯承认的是一种由各种界限和压力构成的复杂的、相互关联的过程整体性的决定。

总体来说,威廉斯从经济基础和文化实践的动态性质出发,将上层建筑与经济基础作为一个整体进行考察。在这种整体性的视域中,上层建筑不再是一种对立的信仰和观念系统,而是活生生的总体社会过程的重要组成部分。葛兰西领导权概念也清晰地表明了文化的生产性和能动性。于是,通过对基础—上层建筑模式的批判性分析和对葛兰西领导权理论的借鉴,威廉斯明确提出了三种文化形式的划分,并深入考察了三者之间的动态关系和运作机制。这种分析是对马克思主义文化观在现实

---

① R. Williams, *Base and Superstructure in Marxist Cultural Theory*, *in his Problems in Materialism and Culture*, London, Verso, 1980, p. 34.

② R. Williams, *Marxism and Literature*, Oxford, Oxford University Press, 1977, p. 83.

维度上的重要拓展。

3. 拓展了对文化斗争意义和形式的探讨

之所以说英国新马克思主义文化批判思想对文化斗争意义和形式的探讨继承了马克思主义，是因为马克思的一段经典论述对他们具有重要的启示意义。马克思曾经提到："统治阶级的思想在每一时代都是占统治地位的思想……占统治地位的思想不过是占统治地位的物质关系在观念上的表现……既然他们正是作为一个阶级而进行统治，并且决定着某一历史时代的整个面貌，不言而喻……他们调节着自己时代的思想的生产和分配……每一个企图取代旧统治阶级地位的新阶级，就是为了达到自己的目的不得不把自己的利益说成是社会全体成员的共同利益。"①这段话实际上涉及一种明确的文化和思想领域的领导权问题。但由于当时社会形势和现实革命斗争工作的需要，马克思并未对这一思想展开论述。葛兰西延续了马克思的这一思想，他指出，统治阶级的思想在每个时代都是占统治地位的思想这一点并不意味着资产阶级文化就会完全取代工人阶级的文化。相反，在他看来，资产阶级之所以成为统治阶级恰恰是因为它的文化能够在一定程度上认同和接纳附属阶级的文化。葛兰西还强调，在新的时代条件下，无产阶级应该通过建立自己的文化领导权，来反抗资产阶级的统治。威廉斯借鉴了葛兰西的领导权思想，并认为领导权在某种意义上就是一种文化。在明确领导权是一种动态结构的基础上，威廉斯还进一步提出了三种文化形式的划分：统治性文化、残余文化和新兴文化，并揭示了三者之间的动态关系以及统治性文化的运

---

① 《马克思恩格斯全集》第 3 卷，52、54 页，北京，人民出版社，1960。

作机制，揭示了大众传媒在当代社会中对文化领导权建构的重要作用。与法兰克福学派不同，威廉斯认为大众传媒不仅仅是技术理性发展的结果，其中还涉及社会和政治问题。因此，大众传媒不仅可以为统治性文化所利用，也可以通过创造条件，使大众传媒服务于工人阶级文化领导权的形成和发展。

英国新马克思主义者运用的第二个重要的文本就是体现马克思和恩格斯具体历史思想的《通信选集》。它包含了马克思和恩格斯对历史唯物主义最重要的理论反思。恩格斯警告，唯物主义历史观是"对研究的指导"，而不是被严格运用的准则，社会经济结构是对历史结局的根本的，但不是唯一的影响。最重要的是，马克思恩格斯根据新的事实，不断修正自己的观点，致力于在所有的复杂性中研究文化斗争的政治形式，关注历史特殊性。

这个文本激发了英国新马克思主义者的批判思想和具体的历史学研究：一方面，他们开始重新阐述马克思主义理论。从反对经济决定论，重新论证经济基础和上层建筑的关系出发，用"文化构成论"取代了"经济还原论"。他们指出，经济基础的决定作用不是在具体的现实矛盾变化中得以展开和实现的。现实社会的变革往往是经济、政治、文化复杂决定的结果。在此基础上，他们还特别强调文化的物质性，认为文化是社会的基本构成成分，与经济和政治互动，共同推动社会的运行。特别是现代社会，文化甚至就是经济和政治的组成部分，与经济和政治密不可分，因此文化就是社会过程本身；另一方面，他们试图通过重新定义社会斗争，阐明一种与发达资本主义国家中民主的和社会主义的政治相适应的新抵抗形式。正是在这一目的地指引下，英国新马克思主义者把研究的视野转向了文化。正如霍尔指出的那样："文化政治是我们关切和实践的焦点……如果说可以从英国文化研究中学习什么东西的话，那就是始终坚持在不同的语境中把握文化与权力的关联和组合方式。"①

作为英国文化研究的奠基者，霍加特和威廉斯在赋予"文化"一词新义的同时，也重新界定了"政治"的外延。在他看来，工人阶级的政治不仅仅是阶级斗争、社会主义革命和工人阶级政党等宏观事物，更是日常生活中的点点滴滴的微观反抗。传统意义上的工人阶级政治只是工人阶级中少数精英分子的事情，以他们为标准就忽略了占主体的大多数普通工人。因此，定义工人阶级的标准既不是"高雅文化"所体现的政治，也不是阶级斗争所体现的政治，而是日常生活体现出来的政治。这样一种新的政治概念可以称之为"文化政治"。

汤普森批判霍加特、威廉斯研究工人阶级文化的社会学研究路径缺乏对工人阶级历史和阶级斗争的更全面的历史背景。于是，他尝试把新的文化研究路径与历史学家小组的共产主义传统融合在一起，主张文化研究必须与马克思主义阶级斗争概念相结合，提出"文化是整体的斗争方式"。这种描述将总体性概念与阶级斗争理论合并在一起。

伊格尔顿对文化斗争形式和意义进行反思和质疑。伊格尔顿的文化批判理论是从他的老师威廉斯的唯物主义文化理论继承发展而来的。希金斯曾经把威廉斯的文化唯物主义分为两个方面：文化的唯物主义和唯物主义的文化。前者指的是他建构的特色的马克思主义，后者则是从特

---

① 陈光兴：《斯图亚特·霍尔·文化研究：霍尔访谈录》，229页，台北，远流出版事业股份有限公司，1998。

色的马克思主义出发所进行的文化理论创造。作为威廉斯的学生，伊格尔顿身上体现了第一代新左派的本土化文化研究情结，但在阿尔都塞的结构主义传入英国并迅速被文化研究内部转变为一种文化研究范式之后，伊格尔顿的思想发生了极大的变化，几乎从一个第一代左派直接转变为第二代新左派的代表。并对威廉斯的理论进行了修正和调整。

在文学与文化的关系问题上，伊格尔顿是基本同意威廉斯的看法的。但在文化的界定上，伊格尔顿认为威廉斯对文化的界定过于宽泛，几乎与生活世界等同，要把所有的社会系统都吸收进来。文化与社会享有了同样的范畴，因此是华丽而空虚的概念。毕竟，文化只是社会生活的一个领域，无法涵盖社会生活的全部。威廉斯指出，工人阶级虽然没有创造出个人性的知识或虚拟作品，却创造了社会性的集体的民主机构，如工会、政党等。这些代表了工人阶级的生活方式和历史创造，构成了独特的文化类型。对于威廉斯的这种解释，伊格尔顿表示了理解，但是他也认为这样一来文化的边界将无限扩大，这是一个致命的缺陷。针对伊格尔顿的批判，威廉斯对文化的定义重新做了修订，把文化定义为"表意系统，通过它……一种社会秩序得以转达、再生产、体验和研究"①。

通过对威廉斯文化定义的批评，伊格尔顿认识到文化的定义既不能太狭窄，也不能太宽泛。对泛文化主义的解构表达了伊格尔顿对文化前景的担忧。文化主义把一切政治的、经济的、整体的、局部的东西都看

---

① ［英］特里·伊格尔顿：《文化的观念》，方杰译，39 页，南京，南京大学出版社，2003。

成文化后，它本身就由解决问题、批评问题的方法变成了问题的组成部分，直接成了人们需要解决的重大问题。

伊格尔顿进一步使阶级问题突破文艺学范畴，上升到社会性的结构问题。他认为阶级是社会结构的一个象征，阶级无论是在马克思的时代，还是在汽车流行与街头的当今时代，都是一个无法否认和回避的问题。针对阶级理论在当代经济社会是否应该被抛弃的问题，伊格尔顿在《民族主义：反讽与立场》一文中给出了答案："一厢情愿地摆脱阶级或民族，或者像某些当代后结构主义理论那样，全力救活不可还原的'此时'差异，只能对压迫者有利。"①

伊格尔顿的文化批判理论具有浓厚的人本色彩，根源就在于他接受了对于马克思学说中的总体性思想和文化批判的认识，把马克思的总体性思想引入文学、文化和社会的交叉领域，并且把文化批判和理性反思这一在威廉斯看来是马克思哲学批判的内在精神发挥到极致，对现代社会的技术合理性、大众文化以及日常生活进行批判，把马克思主义的文化批判推到一个全新的高度。

值得注意的是，英国新马克思主义者一直尝试用马克思的唯物史观来分析和解决理论和现实中遇到的困难和问题，也从不同角度实现了对唯物史观的坚守和发展。但是这种坚持和发展在有时候却是片面的。这一点非常典型地体现在汤普森和安德森关于主体与结构关系的长达二十年之久的争论中。汤普森承认客观经济条件和主体能动性对工人阶级形

---

① Terry Eagleton, *Nationalism, Colonialism, and Literature*, Minneapolis, University of Minnesota Press, 1990, p. 23.

成的共同作用，但他更加强调的是后者，反对将阶级看作一个可以分析的整体结构。应该说，汤普森的观点总体上来看是符合马克思主义阶级概念内涵的，但是在他那里，主体能动性和经验体现为一种针对工人阶级的历史学范畴。第二次世界大战后，工人阶级明显向统治阶级妥协，激进意识也逐渐消退，甚至还具有种族歧视倾向，明显受到社会总体结构的制约。所以汤普森对英国工人阶级的分析并不全面。而安德森则忽视了工人阶级的历史性发展和能动作用，执着于从意识形态概念的框架下来理解工人阶级。他们二人都坚持是从唯物史观出发的，但却得出了不同的结论。事实上，他们二人代表的历史主义和结构主义是唯物史观的两个层面。从这点来看，他们都是片面地坚持了唯物史观。

二、独特的理论贡献及实践价值

英国新马克思主义是一种不同于欧陆传统的独特的"西方马克思主义"分支。后者更关注无产阶级或人类解放的普遍问题，以及马克思主义的普遍本质，而英国新马克思主义者则始终聚焦于英国本土问题，既着力使马克思主义"本土化"，又在这一过程中对马克思主义思想的发展做出了自己的贡献。这一动力主要来自英国新马克思主义者对文化的分析。他们结合英国晚期资本主义发展的新状况，坚持具体问题具体分析，通过文化主义、结构主义和文化领导权等一系列思维范式，将马克思主义发展为一种文化批判思想。

基于 1956 年发生的一系列重要的政治和社会事件，马克思主义在英国取得了巨大的发展。第一代英国新左派通过批判苏联理论界对马克思主义的教条主义阐释，恢复了马克思主义的活力。第二代新左派的各个流派则极大地丰富了它的理论资源。到 20 世纪 70 年代中期，马克思主义已经作为一种丰富的批判观念和一种具有弹性的理论资源，很好地融进了英国的知识生活。威廉斯将新兴马克思主义的影响与既有文学和文化批判传统结合在一起，促进了对文化形式和实践的非还原论的唯物主义解释，在重塑英国文学批评的同时，建构了系统的文化唯物主义理论。与威廉斯的研究相互补充、相互交织，伯明翰当代文化研究中心在借鉴并吸收葛兰西主义、结构主义的马克思主义以及后结构主义等诸多思想资源的基础上，拓展了文化的定义，并为大众文化分析提供了新的工具。这一结果源于欧洲马克思主义思想的广泛发展，也依赖于英国语境和知识传统的塑造。随着资本主义的现代性危机不断加剧，以及民众逐渐崛起并成为一种新的社会力量，英国新马克思主义文化批判思想立足民众的立场，一方面致力于从文化角度批判资本主义制度及其现代性危机，另一方面回应民众在文化上的要求，致力于建立基于社会主义的人类解放的价值取向和奋斗目标。他们从批判传统的文学研究范式出发，拓展文化概念，提出共同文化的理想。之后由于理论和现实的原因，转向具体的大众文化研究，将理论重心聚焦于大众文化介入社会的内在机制和抵抗方式等问题上。这一系列的理论实践始终把现实的人作为研究活动的着眼点。把如何改善人的现实生存状况、改进人的生活方式和提高人的社会实践能力作为理论的目标指向。在很大程度上坚持了人的全面解放的哲学立场。总体来看，英国新马克思主义文化批判思想在以下三个方面做出了自己的理论贡献。

1. 鲜明的平民立场推动了文化研究的发展和升级

与正统马克思主义者将文化视为现实社会关系的消极反映以及保守主义者将文化看成被思考和被写作的最好的东西相反，英国新马克思主义者的文化批判拓展了文化的内涵，他们在人类学意义上理解文化，将其与普通人的日常生活和经验联系起来。霍加特运用文学批判方法阅读活生生的经验，将文化理解为人们对日常生活的理解和把握，是大多数人的事情。汤普森注重挖掘英国的人民抵抗和革命传统，寻求从历史方面恢复普通人的经验。他对阶级斗争的道德维度的关注也使强调意识、经验、观念和文化成为可能。威廉斯则更明确地指出文化记录了我们对社会、经济、政治生活领域的这些变革所做出的一系列重要而持续的反应。

威廉斯的文化唯物主义关注的主要问题不是具体的文学作品，也不是抽象的社会构型，而是生产文化的全部物质设置这一中间领域。他强调的文化的物质性，意在全面审视物质媒介和意义之间的复杂关系。如果说，汤普森的阶级意识理论为工人阶级验明正身，霍加特完成了对工人阶级文化的确认，那么，威廉斯则通过物质性的文化立场，为当代社会主义实现对工人阶级文化和社会革命力量的救赎，提供了一条文化批判的路径。① 威廉斯从工人阶级创造的独特机构，如工会、合作化运动和政党等生活世界的存在，将工人阶级的生活样式整合为一种文化，这就是他所讲的大众文化。为了揭示文化独特的生产机制，威廉斯进一步

---

① 欧阳谦等：《文化的转向：西方马克思主义的总体性思想研究》，344 页，北京，中国人民大学出版社，2015。

分析了大众文化。

大众文化是一个内涵非常丰富的概念，著名文化研究学者约翰·斯道雷从词源学的角度，提出了大众文化的两层不同甚至相反的含义：一是否定性含义的"mass culture"（大众文化）；一是中性的或肯定性的"popular culture"（通俗文化）。传统意义上的大众文化指的是在某一特定时期，多数人拥有的共同的行为习惯和生活方式。随着20世纪的到来，这种意义上的大众文化已经被取代了。约翰·斯道雷指出，现代意义上的大众文化是随着现代科技和工业发展以及城市化的出现而出现的，它以大众传媒为媒介和载体，是一种具有商业价值和娱乐价值的、为大众市场而批量生产的消费文化。从精英主义文化角度看，大众文化是文化降低自己格调的过程和结果。从威廉斯平等主义和工人阶级的角度看，大众文化是文化日益大众化和平民化的结果。

威廉斯着重考察了"大众文化"中的关键词"大众"。他在《关键词》一书中对大众一词运用到而演变进行了梳理，揭示了这一概念的形成过程。工业革命后，人口开始集中于工业城镇，形成了人的实体的结合；工人集中于工厂，在大规模的机器生产中产生了劳动关系，使得人在实体集合的同时又是一种社会性的集合；作为这种趋势的结果，一个有组织的、能够自我组织的工人阶级产生和发展起来，这是一种社会性的和政治性的集合。群众是指以上任何一种集合，但他们往往是"乌合之众"的代名词。正因为这一特征，群众成了文化的永久威胁。大众思考、大众建议、大众偏见随时都可能淹没经过考虑的个人思想和感觉。即便是民主，如果变成大众民主，也会变味。"大众"概念至今总是被人们带着上述文化和政治的偏见使用。威廉斯指出，大众是另一类人，事实上并没有大众，有的只是把人们看成大众的方法。对"大众""大众文化"的偏见，实际上是英国社会中根深蒂固的文化精英主义和英雄情结的反映，它表明了英国社会浓厚的怀旧情绪，以及对工业革命以来社会关系和人文精神变革的焦虑和批判。汤普森在《英国工人阶级的形成》中认为，工人阶级并不是一个固定的实体，而是具有一定社会关系、政治立场和利益关系的群体，阶级意识的诞生是工人阶级形成的标志。与汤普森一样，威廉斯也把大众视为一种具有主体性和能动性的价值存在和社会存在，大众及其文化的出现在一定意义上是工人阶级及其文化的代名词，是人类文化历史上的重大变化。

大众文化具有不同于传统的精英文化的特点和生产方式，这有力地佐证了"文化活动是物质生产形式"的论断。大众文化是特定历史条件下的必然存在，符合文化发展的一般规律。作为一种新的文化形式，它基本上是以现代印刷技术和电子技术等媒介为承载而传播的，其物质性是显而易见的。

威廉斯的文化唯物主义把文学和文化看成是社会性的、物质性的和生产性的，突破了英国本土传统的利维斯式的文化理解，从某种意义上来说，是对马克思主义社会批判理论的延展和丰富。这种独特的理论风格集中体现在他的"情感结构"范畴中。这一范畴是威廉斯分析文学的文化性质、社会性质的主要工具。"情感结构"这一概念由来已久，并非威廉斯的独创，但威廉斯却赋予了它新的内涵，使其突破了经验主义和相对主义的狭隘界限，成了一个文学政治学的范畴。

首先，情感结构是一种与"世界观"或"意识形态"相区别的概念。威廉斯认为，人类对社会形态和社会意识的概括往往趋于简单化。这种简单的概括即便已经把所有经过清晰表述的，并且由各种制度和体制支撑的思想加在一起，也难以涵盖社会意识的全部，因为特定历史时期的人们在实际生活中的一些体验和感受，特别是那些正在形成中的体验和感受，往往是很难得到清晰的鉴定、分类和理性化表述的。这些在政治学、经济学、社会学、哲学和史学领域得不到系统总结的，处于变动中的社会意识或社会体验，却能在"文化是日常的"的小说传统中展现出来。

其次，情感结构是个人情感上升为总体文化的通道。个人体验和社会经验可以细化为某种生活样式，而生活样式本身具有物质性，这正是文化的根本属性。因此，依靠文本中寻找到的情感结构，历史学家和文化学家可以去"发现"，甚至"建构"一种文化。

再次，情感结构在文化和社会之间起中介作用。情感结构既是文学的，也是文化的，同时还具备时代性，因此，它具备了取代"经济"而成为社会历史现象的分析工具的可能。威廉斯认为，将马克思主义的经济基础与上层建筑的二元模式运用于大众文化的研究，存在诸多弊病，因此必须寻求一个新工具。情感结构既是分析的，又是综合的，对于观察社会来说，是一个双向的工具：一方面，它是经验与情感的总结和归纳；另一方面，它又通过成为每个时代的无意识，影响着人们的言行举止，规约着文学和艺术的表达。最后，情感结构是社会总体性的表达。一方面，它是内容总体性和方法总体性的有机统一。在威廉斯那里，情感结构是一个没有确切定义的范式，更像是一个分析文化与社会、个人与社会、文学与社会的工具或纽带。另一方面，情感结构指向集体性主体的意识。它不同于索绪尔语言学基础上的结构主义的结构范畴，它表明的是在文化与社会关系中主体视角的存在。至于主体是个人、集体，还是超个人，则依赖于具体的语境。

伊格尔顿进一步指出文化在本质上是实践，是生产，是社会各个阶层和阶级在集体实践中不断重新创造和重新定义的整个生活方式。这些研究侧重点都充分体现了英国新马克思主义文化批判理论的平民立场。也正是这一立场使得他们成了战后新生力量——民众以及新兴文化的代言人。

英国新马克思主义的平民立场集中体现在如下三个方面：首先，英国新马克思主义者的文化观念摒弃了文化以精神意义为中心的内在含义和以精神的高贵与高尚来衡量文化的标准，代之以强调社会经验、意识以及承载这种社会经验和意识的物质载体为中心的文化含义和以社会功效为中心的文化标准。他们以马克思主义方法论为指导，通过强调文学的社会作用重新界定了文化的含义，即"文化是联系物质生产领域与社会关系领域的符号系统"①。与传统精英主义的文化概念相比，这一定义显然更具平民色彩。其次，英国新马克思主义的文化批判理论最终走向了对大众文化的研究，这是他们改革传统文化定义导致的必然结果。最后，英国新马克思主义对大众文化的研究集中体现在这一文化以城市为中心的生成语境、以传播媒介为中心的文化载体与生产和再生产过程、以平民意识为中心的文化内涵，以介入日常生活为中心的社会功能上。

---

　　① 杨东篱编：《伯明翰学派的文化观念与通俗文化理论研究》，223 页，济南，山东大学出版社，2011。

　　基于平民立场的英国新马克思主义文化批判思想推动了文化研究的发展和升级：一方面，它转变了文化研究的主导价值取向，用平民主义文化观取代了传统的精英主义文化观；另一方面，它也拓展了文化研究的宏大理论局面，将传统文化主义仅仅针对资本主义工业生产的反抗扩展为针对整个资本主义社会的反抗。

　　传统文化主义主要从精英主义的立场来理解文化，将文化看成一种精神产品，认为它对人类社会生活具有积极的影响，甚至可以用它来对抗资本主义工业生产对人类社会生活的异化。与传统文化主义的精英主义文化观不同，英国新马克思主义者主要从平民的立场来理解文化，将文化看作与普通人日常生活密切相关的物化形式，这种文化也反抗资本主义，但与传统文化主义仅仅将反抗集中于工业生产不同，它反抗的是整个资本主义制度。而且它并不排斥资本主义的工业产品，并认为平民文化可以为工业产品输入新的意识内容，从而使其成为反抗资本主义的文化武器。借助于英国新马克思主义文化批判思想，许多原本坚持传统文化主义的学者也开始转变原来的研究范式，走向新的文化研究。

　　总的来说，独具特色的英国新马克思主义的文化批判理论极大地适应了战后民众崛起、民主参与意识高涨、文化形式多元化发展的社会现实。他们平民化的研究立场、广泛的研究范围以及多样的研究视角，在全世界范围内得到了较为广泛的回应。更重要的是，英国新马克思主义的文化批判理论为文化研究带来了新的命题和新的思路，如文化生产理论、文化政治学、文化经济学等，同时也为文化研究培养了新的理论家，如詹姆逊、本·阿格尔等。这些新命题、新思路、新方法和新理论家促进了文化研究当代社会的延伸和拓展。20世纪七八十年代，这一理论迅速扩展到欧洲、美国以及第三世界的许多国家和地区，并与这些国家的本土理论相结合，展现了一幅较为壮观的文化研究图景。在发达资本主义国家，民众文化被视为弱势群体反抗压迫的武器；在第三世界国家和地区，被殖民者文化被视为表达了落后国家对发达国家的反抗。在当代学术界，几乎所有的理论家或多或少都有关于文化研究的论述、思考和评价。他们因循英国新马克思主义者的文化政治学、文化生产论等理论，以及文本分析等方法，为不同地区、不同层面的弱势群体代言，并融入了社会政治斗争的立场和精神，同时结合本土的民族理论和社会现实努力拓展者文化研究的未来。

2. 明确的总体意识开启了文化政治学的视角

与"文化"一样，"政治"的内涵也极其复杂。但就总体来件，它主要包含了两个维度，即理性维度和道德维度。也就是说，政治既受一定规则的限制，又必须以追求人的幸福为最高目的。但在普通人的意识中，甚至在一些思想家的研究中，都往往偏重政治理性的一面，而忽视它隐含的价值。而在当今时代，政治的价值层面更值得关注。事实上，政治的价值维度从人的角度来说就是指政治的文化维度。在马克思那里，政治的两重维度是有机统一的。资本主义社会首先应该追求政治解放，这直接标示为阶级斗争。但阶级斗争的最终目的则是政治的价值维度，即人类解放的实现。

总体来看，马克思对政治的讨论是基于经济分析之上的。相应地，马克思也是从经济的角度来分析政治和文化的关系的。在马克思看来，正是经济关系造成的不平等使得资产阶级成了统治阶级，而能长时间的维持其统治，则主要依赖于它基于经济权力之上的政治权力，以及由政治权力直接带来的文化控制。文化作为意识形态，通过遮蔽资产阶级的真正利益，钝化了无产阶级的理解。资本主义社会中所有的国家机构都隐含了服务于资产阶级利益的文化价值。资产阶级通过权力获得知识，再基于权力和知识创造统治性文化的过程，清晰地表明文化的信仰和实践是一种表征权力关系的文化符码。不难看出，尽管马克思很少直接而明确地将政治和文化联系在一起，但实际上他的一些论述已经涉及二者的密切联系。马克思在《哥达纲领批判》有一段经典表述，即"权利永远不能超出社会的经济结构以及由经济结构所制约的社会的发展"①。这一论述明确指出了政治、经济和文化三者之间的关系。事实上，马克思在德法年鉴时期关于政治解放和人类解放的论述，也明确指出了政治的最终目的是为了解放人，即任何解放都是使人的世界和人的关系回归于人自身。不过，在马克思所处的时代，他强调了政治的阶级性。但值得注意的是，在《资本论》最后一章，马克思对阶级的看法发生了微妙的变化。他指出："在英国，现代社会的经济结构无疑已经达到了最高度的、最典型的发展。但即便在这里，阶级结构也还没以纯粹的形式表现出来。"这段话说明马克思已经注意到社会发展带给政治的新变化，即由于社会斗争的复杂性和多样性，政治越来越接近人们的日常生活。大众政治已经进入马克思的视域。就此而言，英国新马克思主义的文化批判思想以大众文化和政治为主题，是可以从马克思那里找到理论依据的。

面对第二次世界大战以来西方社会，特别是英国社会的变迁和由此带来的社会文化现象，英国新马克思主义者突破了传统的、单一的解释

---

① 《马克思恩格斯全集》第19卷，22页，北京，人民出版社，1963。

方式，他们从反对经济决定论出发，主张从总体角度研究文化，即认为文化必须放在总体的社会关系和系统内进行研究，为此，他们都采取了跨学科的研究方式。文化研究"不仅关注我们习惯上说的'文化问题'，而且关注政治乃至经济(文化研究视野中的'经济'问题从来同时是政治问题)。或者说，文化研究所说的'文化'自身，就散发着强烈的政治气息，它总是与社会关系的再生产问题结合在一起，它要么起着维护现存社会关系的作用，要么挑战和质疑这种社会关系"①。从事文化批判的英国新马克思主义者对文化是一种业已形成的整体这种普遍的看法进行抵制。他们认为文化是鲜活的、成长的，并且处于不断的变化中，因此，文化研究应该面对当下，甚至还要面向未来。文化研究者应当是"抵抗的知识分子"，而文化研究则应当是"一种解放工程"。

英国新马克思主义者关于文化的界定，改变了长期以来对文化的静观方式，也打破了学界对文化观念思考的精英立场，坚持将文化理解为一种整体的生活方式和一种动态的社会物质实践。也就是说，文化在他们看来并不只是一种静止的文化产品，更是一种动态变化的过程，它与自身生产与再生产的过程是同一的。而当文化作为一种过程时，它的运作不可避免地要与社会生活发生密切的关联，并产生一定的社会效果，或称之为"文化对社会生活的介入"。文化批判就是对整体生活方式中的各种因素之间关系的研究。英国新马克思主义者对资本主义制度及其现代性危机的反抗功能的分析，是通过研究大众文化介入当代社会生活的

①　陶东风：《文化研究：西方与中国》，3—4 页，北京，北京师范大学出版社，2001。

方式来完成的。

在英国社会，大众文化的发展与政治有着十分密切的关联。英国马克思主义文化批判思想将文化研究的主题转向工人阶级文化和大众文化。从根本上说，他们希望大众文化能够对抗精英文化和统治性文化。这表面上是对大众文化的承认和重视，实质上却是基于工人阶级的利益而进行的旨在改变资本主义社会关的政治斗争，而且斗争的方向是重建社会主义。也就是说，他们的政治关注的也是人的解放，这点是对政治价值维度的彰显，这也是英国新马克思主义文化批判思想与其他文化批判理论的根本不同。因此，尽管"意识形态"是他们的研究中非常重要的概念，但却不能将其简单地归结为一种意识形态批判。在英国新马克思主义文化批判思想的发展过程中，政治的阶级性逐渐被淡化。他们更加注重和强调政治的文化性，这是因为，在他们看来，一方面，政治本身具有文化性，另一方面，从政治的目的来看，它要起作用必须依赖大众文化。

英国新马克思主义文化批判思想的提出对文化研究以及意识形态研究都产生了深远而持久的影响：一方面使大众文化的分析超越了压制—抵抗、精英主义—民粹主义、悲观主义与乐观主义的简单化二元对立，转而将它看作是支配和反支配力量之间谈判、斗争和妥协的场所，凸显了文化与意识形态关系的复杂性；另一方面，它摒弃了传统文化研究中的阶级本质主义，不再把文化视为是某个特定阶级阶级性的体现，这使得阶级以外的文化斗争形式和压迫—反抗关系，如性别关系、种族关系、代际关系等都进入了文化研究的范围。为人们提供了一种崭新的学术视野和研究范式。

不同的学者对问题的提出和解释尽管存在很大的差异，但在很大程度上他们都借鉴了马克思主义（包括为西方马克思主义者所中介的马克思主义），或者说马克思主义成了他们研究的一种元理论。他们明确正统马克思主义者关于基础和上层建筑关系的论述，但却赞同基础与上层建筑和马克思主义的密切关系。而且，他们也不否认马克思主义核心观点，即生产方式具有明晰的结构并且是社会冲突的原因。更难能可贵的是，英国的新马克思主义者把文化看成一种基于生产方式基础的特殊的生活方式，特别强调了人民大众在文化创造中的作用，以及基于这种创造作用的反抗潜能。这种文化批判在主导意识上体现了马克思主义的基本立场。同时，他们也通过自身的努力使马克思主义在一种文化政治学的努力中获得了时代的新意。

3. 对现代主义的批判奠定了理想社会重构的基础

威廉斯的文化唯物主义不是纯粹的社会学和人类学范畴，而是以马克思主义关于社会与文化的深刻理论为基本操作文本的理论体系。在文化唯物主义的视域中，文化研究被定义为文化的生产、消费问题和文化政治学的关系问题的理论。文化唯物主义使得文化分析带有了明显的政治倾向，使文化概念凸显出社会学的意义。它通过剖析文化领导权和文化本体，把对文化的理解置于具体的社会历史语境，强调文化形成过程中人的意向性，对文化社会学的创建具有指导意义。文化唯物主义要解放的是人类自身蕴含的，被文化、社会、经济和政治等力量所限制的潜能，因此，它研究经济的、社会的和政治的正义问题，同时保持一种开放的和参与的态度研究技术的、科学的和文化的变化发展问题。

对文化的关注是内在于人类历史和人的生存之中的一种从未间断过的

理性反思和文化批判，它不断地批判人类业已生成的文化构造，不断捕捉、预见和引导新文化精神的形成，为人的存在提供新的精神支撑和启蒙，不断地通过现实的文化批判成为社会运行的内在的自我批判和清醒的自我意识。文化不再是简单的意识观念和思想方法问题，而是熔铸在总体性文明的各个层面和社会存在的各个领域的总体性存在，无意识地左右着人们的各种活动。文化研究绝不是用一种自足的哲学理性外在地审视文化，它是作为生活世界的内在机制或依靠人的生存样式的自我展开和自我实现。

　　然而，文化毕竟只是社会生活的一个领域，无法涵盖社会生活的全部，尤其是在政治权力膨胀，侵蚀社会其他领域的极端情况下，文化自身不但不能有所作为，甚至还会发生扭曲，因此，不能仅仅依靠文化，或者说用它来取代对社会总体的办法来解决社会问题。威廉斯的文化唯物主义对文化的过分倚重和寄托，致使其共同文化的理想只能是一个美丽的、难以实现的乌托邦。威廉斯理论的最大问题在于他在马克思和利维斯民粹主义之间做了一种不成功的调和。利维斯民粹主义的文化理解实际上始终作为无意识的东西影响着威廉斯。他从批判利维斯主义出发，以马克思的社会总体思想和文化批判理论为依据，结合自身的实证、经验的分析方法，致力于建构一个物质性的、民主的和大众的文化观念体系。在《现代主义的政治：反对新国教派》一书中，他将文化研究归结为"有意义的文化理论可能是怎样的，能够做什么"①。在威廉斯看来，文化理论的核心问题是对特定的社会关系进行分析，是要阐明文化

_____

　　① ［英］雷蒙德·威廉斯：《现代主义的政治：反对新国教派》，阎嘉译，245 页，北京，商务印书馆，2002。

作为时代的创造性的和解放的力量源泉。这样一种理论定位，落实到现实的社会语境中，必然与现代性发生联系。

在批判资本主义的同时，英国新马克思主义也批判了作为资本主义意识形态的现代主义。在他们看来，要确立社会主义的意识形态，实现社会主义的根本胜利，必须彻底批判现代主义，揭示和分析它的弊端，并在此基础上阐明社会主义取代资本主义的必然性。批判在英国新马克思主义者那里只是手段，而非目的。他们实现社会主义为崇高目标，以人的解放为终极目的，从本质上来说是建构主义的。英国新马克思主义不仅构造社会主义理想社会，而且还以实际行动来践行理想。

将现代主义作为一种意识形态来看待和分析是英国新马克思主义文化批判思想的一个重要特征。在威廉斯看来，现代主义思想意识是一种经过高度挑选的现代观点。它曾经借助于资本主义制度支撑，呈现出一种无限的跨越边界的能力。但是随着历史进程的发展，现代主义的这种创造力已经渐趋枯竭。资本主义的现实存在只是它的极权主义的表现形式。现代主义已经不是早期具有积极意义的那种意识形态了，它逐渐丧失了批判资本主义的能力。威廉斯基于唯物主义的立场，充分肯定了现代主义在现代文明进程和社会发展过程中的积极作用，尤其是它对资本主义的批判，以及它对大众思想解放和自由追求的意义。但历史地看，现代主义在西方社会实现了工业化和现代化之后，其政治意识的社会导向作用及其创造功能已经大大下降，甚至成了阻碍社会发展的力量。后现代主义文化对现代主义的批判的确让人警醒，但威廉斯并没有站到后现代的立场上去反思问题，他坚持自己是马克思主义者，努力与后现代主义划清界限。

另一位新马克思主义的代表人物安德森也基于整体论的立场和马克

思的基本思想对现代主义的意识形态进行了批判。他认为，资本主义的意识形态统治除了体现在市民社会中，更隐含在国家的政治统治中。资本主义的文化统治仅仅是阶级统治的一种辅助性手段，根基还在于政治统治，所以，他坚决主张采取一种革命主义的策略来寻求对抗资本主义的根本变革。安德森重点揭示了资本主义意识形态的虚假和霸权。就前者来讲，资本主义最初以自由、平等、博爱等宣言深得民心，但从现在来看，这种宣言已经破败不堪，因为这一宣言的承诺非但没有兑现，甚至它宣扬的那种美好价值还成了统治者欺骗和愚弄人民的一种意识形态工具。就霸权来说，安德森认为，资本主义在全球的扩张，不仅仅是经济的扩张，也是文化和政治的扩张，而且这一扩张本身在很大程度上往往会诉诸暴力的手段。安德森将其称之为"新帝国主义"的表现，即在资本主义普世价值的背后，隐藏的是帝国主义和霸权主义的真实面目。

当然除了威廉斯和安德森对现代主义的批判之外，在英国新马克思主义文化批判思想的传统中，还有一些对现代主义的其他视角的批判，如汤普森对现代主义的人道主义的批判等。更重要的是，批判只是他们的手段，基于现代主义批判基础上的理想社会的重构才是其理论目标所在。

英国新马克思主义秉承马克思主义的传统，扬弃了法兰克福学派的解构气质。它以社会主义为崇高目标，以人的解放为终极目的，重塑了理想社会。多元化的研究路径和多元的思考方式导致了多种乌托邦理想社会并存的局面，但这种不同只是外在的，并非本质意义上的。他们的共同特点是把马克思理论层面上的社会主义上升成了具有英国特色的理想社会主义。这种理想的社会主义最主要的是基于对现代主义意识形态的克服而设计的。

4. 独特的实践价值有助于社会主义的文化建设

毫无疑问，英国新马克思主义的文化批判在很多方面都具有重要的理论贡献，但我们也不能忽视它的实践价值，特别是它对我国社会主义文化建设实践的现实意义。在 2011 年的十七届六中全会上，我国就高瞻远瞩地提出了"文化强国"战略，之后也在深化文化体制改革等实践层面做了全面部署和努力，并取得了巨大成就。但不容否认的是，这一战略的有效实施除了依靠制度改革等实践层面的努力之外，还需要依靠基础理论的发展和创新来提供强有力的支撑。他山之石，可以攻玉。我们非常有必要研究并借鉴西方马克思主义立足于时代发展丰富和拓展马克思文化理论所取得的积极成果。况且，英国新马克思主义者在很大程度上自觉地将自身的文化理论研究与实现社会主义的政治理想相结合，因此，从其理论的价值取向上看，他们的理论探索无疑对我们建设和发展社会主义文化有一定的参考价值。

首先，英国新马克思主义文化批判思想的平民立场有助于其向我国社会主义文化建设实践拓展。毛泽东主席和习近平主席在不同年代的文艺工作座谈会上的讲话都明确强调文学艺术的发展要服务于人民，从而为我国社会主义文化建设指明了方向。这一要求在具体的实践中要得到很好的贯彻，最为关键的就是如何理解和把握不同时期人民的需求和特点。我们知道，英国新马克思主义的文化批判曾历经多次研究范式的转换，除了理论发展自身的原因之外，最根本的原因就在于他们要根据社会现实的变化去努力探寻其理论与新的社会主体相结合的新空间。他们这种对现实社会主体的聚焦与追踪，对我们理解和把握社会主义文化主体有很好的启示。

其次，从现实的具体的文化实践来看，英国新马克思主义的文化批判对我国也有一定的借鉴意义。随着我国现代化进程的推进，通俗文化、大众文化近年来得到飞速发展，各种亚文化、边缘文化也开始逐渐形成。英国新马克思主义的文化理论对当代的亚文化、边缘文化以及大众传媒等文化现象，都有系统而深入的分析和研究。这一方面可以为我国理论界深入研究和探讨当前的各种文化现状提供理论借鉴和参照；另一方面，对我们如何将各种形式的通俗文化、大众文化与我国的社会主义文化在实践中进行有机的结合有一定的借鉴意义。

最后，英国新马克思主义将文化理解为一种实践，一种生产，并对文化实践或文化生产运行的内在机制进行了深入地分析和探讨。这都有助于我们了解文化建设的具体过程和把握文化发展的内在规律，从而提升社会主义制度下文化实践的能力。

三、方法论上的突破与局限

英国新马克思主义的文化批判思想与法兰克福学派的文化批判理论都缘起于对正统马克思主义，特别是斯大林主义机械决定论的批判，但却展现出很大的不同，根本原因就在于他们在将马克思主义尤其是唯物史观运用于本国实际问题的研究时，自发地秉持了一种整体主义的研究视角，先后形成了文化主义、结构主义、文化唯物主义以及颇具领导权特色的文化批判等思维范式，体现了新的认识论和方法论的意义。这一研究视角在具体的研究中展现为一种整体主义的分析方法。不过遗憾的是，他们对整体主义方法的兴趣和关注最终超出了他们对理论与实践相统一的自觉。

1. 总体性的方法论

与欧陆马克思主义的文化批判理论不同，英国新马克思主义者基于对马克思主义改造世界立场的坚持，坚决摒弃脱离实践的、抽象的理论建构，自觉地将理论与实践相结合。他们运用马克思主义去研究和解决具体的英国问题。他们坚信以历史唯物主义为指南，一定可以找到具体的、历史的解决马克思恩格斯未曾遇到过，甚至未曾想象过的各种新问题的科学途径。他们始终致力于将文化批判理论建构与实践斗争紧密结合。汤普森、安德森、威廉斯、霍尔等新马克思主义的代表性人物都曾是新左派运动的积极参与者和领导者。他们的理论一方面为新左派运动提供理论上的支撑和引导的同时，另一方面也使自身在新左派运动的斗争实践中得到了校验和发展。

英国新马克思主义者主张从总体的角度研究文化，坚持将文化放在总体的社会关系和系统内进行研究。在他们看来，文化分析与社会、政治和经济的研究是紧密联系在一起的。因此，他们的研究范围空前广泛，其内容涉及社会经济、政治、思想和文化等诸多领域。对他们来说，不是必须要研究社会总体，而是在研究每个问题时都应致力于从社会的总体去考察。汤普森多次申明他和同事们所从事的共同事业，就是社会总体史研究的一部分。但从根本上看，英国新马克思主义对社会进行全方位研究的最终目的，是为了推进大众文化的发展，唤醒大众的文化意识，倡导文化是人的生存和生活本身的基本理念，将文化解放视为是人自身解放的根本力量。正如霍布斯鲍姆所指出那样，正是基于对资本主义体制的精确分析，马克思才对社会主义体制做出了科学预测。如果我们在当前这个时代致力于对资本主义文化进行精确分析，并考虑一切情况和梳理清楚所有脉络与关系，也一定可以针对未来的无产阶级文化得出相似的结论。

根据西方学者马丁·杰伊的研究，总体性（totality）有两个相近的词，即整体性（wholeness）和整体论（holism）。从规范意义上讲，总体性指的是将历史和社会当作一个逐步实现其自身理想的过程；从方法论的意义上讲，它指的是一种发端于黑格尔，由马克思主义所继承的整体论的历史主义辩证法，强调在研究过程中把握各要素相互作用的必要性。总体性概念及由它生发的理论资源经过卢卡奇的发扬光大，成了西方马克思主义的一个共同视域。但对于英国马克思主义理论家来说，总体性这个词过于抽象，思辨性太强，不符合他们反理论化、反哲学化的人文传统，很少被其重视。这种局面直到 20 世纪 70 年代阿尔都塞的结构主义被引入后英国文化研究领域之后，总体性一词才变得异常重要。①

正是基于马丁·杰伊的这一判断，以前学界有一种观点认为，英国新马克思主义的文化批判是在法国结构主义被引入后才确立起了总体性的研究观念的。但事实上，为了反对当时在英国共产党内部占据思想统治地位的斯大林主义的经济决定论和机械唯物论，由英国新左派知识分子开创的土生土长的文化研究，从一开始就自觉地以马克思主义为指导，因此自身就蕴含了一种文化总体性观点。马丁·杰伊后来也注意到威廉斯早期文化观念具有的总体性意蕴。他指出，尽管这种文化观念并

---

① M. Jay, *Marxism and Totality: The Adventures Of a Concept from Lukacs to Habermas*, Cambridge, Polity Press, 1984, pp. 23-24.

不是马克思主义式的，但它却是推动英国新马克思主义者走向总体性概念的一个出发点和动力。威廉斯的这种文化观，即认为文化是"整体的生活方式"。事实上，如果说大众文化是一个让利维斯主义者害怕的潘多拉魔盒，那么，霍加特才是第一个打开它的人，他让 20 世纪 30 年代的工人阶级文化登上大雅之堂纵情狂欢。文化主体范围被扩大到社会的全体成员，已经意味着一个真正的总体性的文化观念的诞生。因为正是以此为基础，威廉斯后来在两代新左派思想交锋的语境下，经过不断的修正和完善，建构了较为系统的英国新马克思主义的总体性理论——文化唯物主义，并由此彰显了具有英国特色的"文化总体性"话语体系。

霍尔既以局内人的身份，又以局外人的身份审视两代思想家持续了 20 年的思想交锋后指出，从本质上看，两代新左派的知识分子争论的主题是，如何才能实现马克思主义的英国化，发展一种能够有效地解决英国社会问题的马克思主义总体性理论。1980 年，霍尔发表了文化研究史上最为著名的论文之一《文化研究：两种范式》，对新左派的争论做了一个权威性的总结。他在文章中区分了文化主义和结构主义两种文化研究范式，分别指出了两种范式的优越性和局限性，并提出了扬弃二者，更好地推动文化研究的新方案。

霍尔指出，文化研究诞生于 20 世纪 50 年代末 60 年代初的英国，标志就是他称为"四大经典"的《识字的用途》《文化与社会》《漫长的革命》，以及《英国工人阶级的形成》出版和发行。霍尔将这四本无论从类型、主题还是立场来看都具有重大差异的著作归为一类，并将它们归入"文化主义"的做法，本身就具有创新性。接下来，霍尔借助于西方马克思主义的总体性概念，对文化主义这一抽象的概念进行了诠释。在霍尔看来，文化主义者将文化定义为"整体生活方式"，契合了西方马克思主义者总体性概念的共时性和历时性的双重维度。比如，威廉斯指出："当我们共同生活的种种环境发生了普遍而重大的变化而引起人们的一种普遍反映时，文化概念就出现了，它的基本成分是对总体进行定性的力量。"①当这种思想上的反应逐渐变为行动上的反应，个人反应转变成集体反应时，文化作为实体也就在人们的社会实践中生成了。因此，文化是一个没有终点的、无限延续的"选择性传统"②。用霍尔的话说，"文化总体性即整体历史进程"③。正因为如此，威廉斯的文化唯物主义才是可以理解的，它是文化主义和历史唯物主义的有机结合物。

在利维斯主义的语境下，文化标准是由中产阶级和精英知识分子制定的。霍加特和威廉斯通过"整体生活方式"的文化定义，将文化标准的制定权交给了公众，赋予人民一种文化的主体地位。他们乐观地相信普通人和精英一样有能力为寻求更好的生活方式做出合理的自主选择，并基于此共同推动英国社会的民主化进程，进而形成一种求同存异的多元文化。可见，文化主义抛弃了高雅文化和低俗文化的二分法，将日常生活当作研究的政治文本。文化是一个具有社会性和大众性的实践领域，其内在的资源是意义和价值，这才是知识分子争夺的对象。因此可以说，文化主义开启了文化政治学和微观政治学的视野。总体来看，将日

---

① R. williams, *Culture and Society: 1780-1950*, London, Chatto and Windus, 1963, p. 285.

② A. Milner, *Re-imagining Culture Studies: The Promise of Culture Materialism*, Gateshead, Athenaeum Press, 2002, pp. 68-70.

③ S. Hall Cultural Studies: Two Paradigms, in *What is Cultural Studies? A Reader*, ed. John Storey, London, New York, Sydney and Auckland, Arnold, 1996, p. 38.

常生活政治化、学术化，从日常生活中挖掘更多的抵抗和进步因素，从细微之处发现社会革命或社会改良的多种方式和路径，是文化主义的共同特征。

霍加特对工人阶级的细察几乎涵盖了他们生活的方方面面，但他的描述却是非历史的。他视野中的 20 世纪 30 年代和 50 年代的底层大众的现实生活是断裂的，工人阶级堕落成了大众，但为什么会这样，以及是如何变成这样的，霍加特并未给出交代。因此，他的而共时性研究是成功的，但缺少了历史性的维度。

威廉斯很好地弥补了霍加特研究方法的不足。他在《文化与社会》和《漫长的革命》中对"整体生活方式"的历时性考察是非常出色的。威廉斯的不足之处是，他的研究仍是专题式的，如专注于考察文本、词汇、电视、教育等。另外，他所研读的文本多是从精英主义的资源库中翻出来的"记载性的"文本，很少涉及真正的大众话语。这些都给他的民众主义情结烙上了抽象的、理想化的色彩。或者说，与霍加特相比，威廉斯的文本缺乏共时性的维度。

相比较而言，汤普森的《英国工人阶级的形成》兼顾了总体性的共时性和历时性维度，因此，对理解文化主义的逻辑和方法更有帮助。不得不承认，在这个问题上，霍尔的眼光是独到的，理解也是深刻的。在第一章中，我们已经对《英国工人阶级的形成》进行了还原性解读，了解了文化主义范式的研究方法和基本进路。

值得注意的是，汤普森并不完全是在威廉斯"整体生活方式"的基础上建构文化主义历史观的。他认为，尽管威廉斯通过确立一种新的文化观念，开辟了一种社会主义左派新方向，但作为"整体生活方式"

的文化观，却遮蔽了不同生活方式的斗争，尤其是阶级斗争的维度，因此，汤普森提出了一种更为马克思主义式的文化观念：作为"整体斗争方式"的文化。《英国工人阶级的形成》正是对这样一种文化观念的应用，它强调的是"整体生活方式"在微观层面上的质变，比威廉斯多了一些激进的味道。但总的来说，"整体斗争方式"不过是"整体生活方式"的动态化，其内涵并没有超越"整体生活方式"。事实上，文化主义的概念是在结构主义范式出现后产生的。正是有了结构主义范式这个"他山之石"，才激起了新左派内部关于"英格兰性"和"英国性"的思考。霍尔才意识到"四大经典"的共通性，并在此基础上提出了文化主义的研究范式。

结构主义对英国文化研究的一个重要贡献，就是西方马克思主义鲜明的总体性观念的引入。霍尔据此认为，文化主义也是一种文化总体性观点。这典型的反映在威廉斯关于马克思主义与文化的讨论中。20 世纪 50 年代，威廉斯之所以讨论马克思主义，是因为当时的马克思主义已经被引入"文化与社会"的传统之中，形成了以考德威尔为首的英国马克思主义文学分传统。20 世纪 30 年代，这个分传统的知识分子曾经与利维斯主义者就成人教育问题发生过争论。前者希望通过文化教育培养工人的阶级意识，后者则致力于通过"共同文化"教育取代阶级意识。最终这场争论以利维斯主义的胜利而结束，工人教育运动被收编到英国成人教育体制内。威廉斯认为，当时的马克思主义者失败的原因在于，他们没有结合英国的具体国情看待问题，而这恰恰是利维斯主义者的优势。当时的马克思主义有三点是必须要批判的：第一，他们认为文化就是文学与艺术，忽略了工人阶级生活方式的重要性；第二，认为文

化依附于政治或上层建筑；第三，认为经济基础决定上层建筑。这种
教条主义的姿态实际上是工业主义机械化的思维延伸到马克思主义的
表现。

　　在威廉斯看来，这三点都跟马克思主义者误用马克思的"基础"与
"上层建筑"的隐喻有关。只有将基础与上层建筑置于"整体生活方式"
的总体中，才能盘活此公式，使基础与上层建筑真正互动起来。[①] 在
某种意义上说，汤普森的《英国工人阶级的形成》对"整体生活方式"的
复杂性的揭示让我们感受到这样一种超越，这也是对恩格斯"历史合
力论"的一个论证。对于这样一种超越的尝试，霍尔称之为"激进的互
动论"。

　　文化主义在放逐了"经济决定论"的同时，也放弃了经济基础的决定
作用，混淆了文化与经济、政治的界限。作为总体性的文化包含经济
（总体性＝文化＝整体生活方式），又在经济之外（总体性＝经济＋政治＋
文化）。这种无根状态使文化主义陷入巨大困境。广大民众作为文化主
体该从哪里着手来解释世界，改造世界呢？文化主义过分夸大了历史中
被统治阶级和弱势群体的作用，也否定了英国进行总体性革命的必要。
这种观点被新左派第二代的代表人物安德森斥之为浪漫化的"社会主义
人道主义"，它跟西方马克思主义对青年马克思的推崇并将马克思人道
主义化的思路殊途同归。

　　据此，霍尔认为在文化主义和结构主义之间进行调和十分必要，因

---

① S. Hall, Cultural Studies: Two Paradigms, in *What is Cultural Studies? A Reader*, ed. John Storey, London, New York, Sydney and Auckland, Arnold, 1996, p. 35.

为与文化主义相比结构主义有如下优势①：第一，结构主义反对文化主义的经验先在性，认为理论才具有决定性，将"整体的生活方式"置于资本主义社会关系网络中加以考察，把人作为社会关系的总和来考察；第二，结构主义运用抽象方法来说明社会现实，"并将抽象分为不同层面，还分析了不同层面之间的关系以及这些层面与具体行动之间的对应关系"②。或者说，"整体生活方式"应该通过结构的方式系统化，并且不断地修正这个系统，以使其能够动态地揭示"整体生活方式"；第三，结构主义强调实践的总体性，认为历史总体是有各种不同实践构成的。对物质性的强调使其拒斥文化主义的浪漫色彩，并试图将文化研究导向一种更为现实主义的方向，文化研究不能脱离政治经济学研究和历史唯物主义的语境；第四，结构主义强调意识形态在历史中的建构作用，让文化研究者认识到"自上而下"力量的主导性，大众及弱势群体能做的不是直接改变统治阶级的主流文化，而只能通过选择遗存文化，或解构遗存文化和主流文化中的某些元素，并将其重新组合成新生文化，从而对主流文化进行抵抗、影响、渗透和转化，逐渐改变主流文化的方向、性质，使主流文化变成遗存文化，而让非主流文化变成主流文化。主流文化、遗存文化和新生文化三者互动，并且在历史的长河中不断改变着自己的界限，构成选择性传统。这就是威廉斯在经历了西方马克思主义思潮的洗礼和新左派论战之后重新定位的"选择性传统"。

有趣的是，经历了结构主义的挑战，文化主义的三位大师走向了不

---

① 张亮编：《英国新左派思想家》，214—215页，南京，江苏人民出版社，2010。

② 同上书，214页。

同的道路：霍加特依然跟马克思主义无缘；汤普森从一个马克思主义者变成了离马克思主义越来越远的怀疑论者；威廉斯则从一个对马克思主义持怀疑态度的左派知识分子变成了西方马克思主义者的一员，以"整体生活方式"的文化概念为基础，通过扬弃阿尔都塞的结构主义，建立了英国马克思主义的第一个总体性理论。而它的理论起点就是对"基础"和"上层建筑"公式进行文化主义的重构。

事实上，马克思本人所写的《路易·波拿巴的雾月十八日》就是一部以公式为主线细查历史的出色例子。面对从 1848 年 2 月至 1851 年 12 月这段短暂的历史，马克思就考察了当时存在着的三种不同的经济基础和上层建筑的特点及其矛盾，这些矛盾推动了历史的进展。后来的历史最终证明，马克思根据公式而得出的预言是准确的。但是，正如恩格斯说，公式的自我证明是没有终点的，它只是暂时地被证实，随时都有被否证的可能，因此决不能成为教条。当我们用文化主义的微观视角和总体性的辩证法看待历史时，经济基础就变成了一个历史过程，而非仅仅是诸多事件的集合体，不断变化的经济基础为上层建筑设定了不可逾越的界限后，由于其自身是不断运动的，它的改变也迫使上层建筑跟着改变，而上层建筑的改变又会动摇社会总体中各因素的关系并改变其力量对比，于是，经济基础不得不再次变更，从而形成了极为复杂的经济基础与上层建筑的互动关系。

这种对公式的重新解释特别有利于认识当时的文化工业。按照经典的马克思主义，文化属于上层建筑的一部分。文化工业的出现是因为工业革命导致了经济基础的质变，形成了工业主义的经济模式，经济基础的自我扩张进而导致了社会总体性的工业主义化，于是经济基础就把文学、艺术纳入整个工业体系中来，因此就有了文化工业，这是经济基础的"施压"作用。同时，由于文化工业作为跨界的新兴事物出现，改变了工业主义和文学、艺术的界限，因此划界就必须重新开始，新旧边界之间的那些部分就会互相渗透，文化产业经济之类的新事物也就应运而生。显然，这种解释比法兰克福学派的文化工业论具有更高的灵活性，它辩证地结合了"自上而下"和"自下而上"的两种研究路径。

通过激活"经济基础——上层建筑"公式，威廉斯在文化理论中驱逐了"经济决定论"，接合了文化主义和马克思主义，为自己的文化理论奠定了唯物主义的基础，以一种独特的方式推动了马克思主义的英国化。不过，这种文化唯物主义并不完全是历史唯物主义的。尽管在文化主义的语境中，文化就是历史，但这种历史却是作为"整体生活方式"的历史。文化唯物主义就是将唯物主义原则贯彻到"整体生活方式"中去。对于这种贯彻，一般认为机械唯物主义是最彻底的，正是因为"太唯物化了"，它们才走向了庸俗。但在威廉斯看来，"它根本不够唯物主义"①，因为机械唯物主义者在历史宏观层面就已经做了"社会存在——社会意识""基础——上层建筑"的二分，这样做太冒险了，一不小心，地盘就会被观念论者占据。因此，最好的办法就是步步为营，把唯物主义播撒到历史的各个微观角落中去，即"整体生活方式"中去。

文化研究两种范式的冲突与融合最终让人们转向了葛兰西。当文化

---

① R. Williams, *Marxism and Literature*, Oxford, Oxford University Press, 1977, p. 92.

领导权这个概念被用于文化研究时，文化就变成了一个争夺领导权的过程，即自上而下的力量与自下而上的力量的永恒斗争与暂时妥协的过程。这样一种新的文化辩证法提供了比文化主义和结构主义更高一级的视域，也为霍尔提供了新的接合空间。霍尔把文化主义置于马克思主义、结构主义和葛兰西的话语中，探讨各种接合的可能性，促使蕴含了总体性内涵的文化主义研究范式从英国走向世界。

2. 整体主义的分析方法

整体主义的思维方式是英国新马克思主义文化批判思想在方法层面的主要特征。在总体性方法论的指引下，英国新马克思主义者在具体的研究中都遵循了一种整体主义的分析方法。这一点突出体现在不同学者对文化观念的重构上。

历史上的文化研究曾是一个独立的领域，具有自己的内部特质，与哲学和人类学密切相关。威廉斯将西方社会对文化的原初定义追溯到"栽种"一词，表示农事方面的培植植物。直到18世纪，文化的含义才从农事方面的照料延伸为人类发展的历程，这是文化的现代意义的开始。此时的文化概念与文明的概念基本上是等同的，而且被视为一种整体论的概念。到了19世纪，随着初期的工业主义向资本主义和现代性的转变，文化才逐渐提升到智性程度，被等同于思维习惯和人生价值，它依据艺术和高级文化而不是低级或普通文化得到定义。文化开始作为工业文明的对立面而存在。例如，在英格兰，文化以人性完美和创造一种普世价值为中心，建立起一种美学和文学的话语，以其"甜蜜和光明"的情景反衬着非人的、丑陋的机器文明。可见，文化最先指称的是一种完全的物质过程，后来用于表征精神生活。

文化与文明的分离孕育了英国文化传统中强烈的精英主义思想。承载着创造性和想象力的艺术家们自命为生活革命的代理人，这样，文化的实践和研究就与人类普遍的完善的观念联系起来，掌握文化的少数人也被赋予了教育"暴民"的责任。

这种情况直到艾略特那里才有所改变。他的文化理论最具创新性的地方在于有意识地摒弃了英国文化传统强烈的精英主义意识，开创了新的定义文化的方式，即整体主义的方式。具体来讲，艾略特在定义文化时实现了从精神到行动、从有意识到无意识、从系统的理论知识到感性经验以及从高雅到流行的四种转向①。自此，作为整体生活方式的文化不仅成了全社会的文化，同时也呈现为感性的和日常的形式。但艾略特的这种整体性是不稳定的，有时甚至是自相矛盾的。正如威廉斯所指出的那样，由于其只坚持了原则上的整体性，故导致了实际效果上的支离破碎的。这表现在艾略特一方面在理论上反对原子化的个人主义的社会原则和影响，另一方面却在实践中坚持基于原子化的个人主义的经济制度的基本原则。于是，威廉斯在马克思主义的框架内对艾略特的整体性概念和原则进行了成功的改写。

威廉斯将文化观念置于到经济基础—上层建筑的范畴中加以考察的做法，使文化与实际的社会进程有了实质性的联系。首先，威廉斯的整体性克服了模糊、笼统的印象，体现为一种经济、政治、文化等各种社会要素之间的整体性关系。威廉斯不反对经济因素的作用，但他也注意

---

① 胡小燕：《文化观念的重构与变迁：论英国文化马克思主义对经济基础/上层建筑模式的反思》，87—88 页，北京，人民出版社，2016。

到，经济因素的作用从来都不是孤立出现的，如基本的经济组织根本无法脱离和排除其道德和智性方面的关怀而独立存在。在这种情况下，他提出必须要有整体的生活方式。因此，威廉斯批评庸俗马克思主义对文化与经济关系的阐释所依据的不是社会整体，而是在经济状况和研究对象之间随意建立的武断关系，所以才很快导致了研究的抽象化和脱离现实的问题。其次，威廉斯的整体性具有了实践的可能性，不再是一种虚幻的整体性。在威廉斯的反思中，经验和整体性并非截然分开的，在实际的运用中，二者经常相互交织。所以，威廉斯所谓的整体的生活方式是变化的、运动的，处于一种不断的选择之中，蕴含了一种经验与整体性的契合。

威廉斯的文化观念展现了一种激进的相互作用论，即在所有实践之内的相互作用，既强调经验的重要性，又兼顾社会发展中的系统作用。基于对经济基础与上层建筑的绝对割裂的反对，威廉斯提出了一种独特的"文化唯物主义"理论，"文化这个词使得基础与上层建筑在一个单一的概念中得到同一"[①]。威廉斯的思想是英国文化马克思主义对经济基础——上层建筑模式反思的最高成就。它也因此产生了广泛而深入的影响：一方面它迅速成了英国文化马克思主义者反对斯大林主义经济化理论的有力武器，他们要求用一种更为现实的方式来处理文化与经济的关系；另一方面它也为其他文化马克思主义的文化分析和批判提供了一个全新的基础。但这种理论基于驳斥经济决定论的目的，在实践的过程中

[①]　[英]特里·伊格尔顿：《文化的观念》，方杰译，1页，南京，南京大学出版社，2006。

过于强调经验，也很容易导致"天真的人道主义和庸俗的大众政治"、忽视阶级斗争以及意识形态的作用等弊端。这也将英国新马克思主义的思考引入了下一个黄金时代。

接下来，英国新马克思主义的探讨依然没有放弃文化的观念，而是在结构主义马克思主义思想方法的启示下，重新确定了文化、政治、经济之间的复杂的、非还原主义的关系，致力于重新探讨关于文化的定义。英国结构主义的马克思主义者不仅强调文化作为一种活生生的经验，作为一种整体的生活方式，更重要的是，他们将文化看成一种确保资本主义生产关系再生产的意识形态。于是，作为意识形态的文化成了他们反思基础——上层建筑模式的核心。

20世纪70年代，英国文化马克思主义者发现阿尔都塞将整体性和物质性理解为意识形态的主要特征，这与他们强调的文化的整体性和物质性是一致的。这也成了他们实现从整体的生活方式向意识形态转换的最初的出发点。当然他们之间对文化和意识形态的理解也存在差异，比如威廉斯将意识形态定义为生产各种意义和观念的一般过程，这一理解可以概括为文化角度的意识形态。伊格尔顿等人更倾向于阐释文化的意识形态性，即意识形态角度的文化。但总体来看，借助于阿尔都塞的意识形态理论，英国新马克思主义对于经济基础和上层建筑模式的思考重新引入了经济和政治的因素，并以作为意识形态的文化为核心重新建立了文化与经济之间的复杂的联系，从而在一个全新的基础上展现了整体主义的视角和方法。但结构主义的范式由于过于强调语言对主体性的建构，完全抹杀了实际历史过程中的个人主体性因素。这一范式也因此遭到了普遍的质疑。尽管如此，大多数学者还是坚持认为英国马克思主义与结构主义的相遇和结合是对斯大林主义更深刻的批判，从而肯定了这种整体主义范式的积极意义。

综上所述，威廉斯遵循和艾略特类似的思路，将文化从整体论的角度界定为一种整体的生活方式，一种普通的生活方式。与艾略特的模式相比，威廉斯的文化模式更加紧密地与日常生活发生联系。他试图将文化研究的文学方法和人类学方法结合起来。

泰勒主张所有的不同类型的社会，无论处在什么样的社会发展阶段上，都拥有文化，因此，文化并不与文明属于同一范畴。文化是包括知识、信仰、道德、法律风俗，以及作为社会成员所应当具有的其他能力等多种因素组成的一个复杂整体。通过价值认同和象征符号，个体就可以在整体内部进行交流并建立起共同体了。可见，早期的人类学文化研究的路径总体上采纳了功能主义的立场，即价值认同和象征符号可以增进社会的凝聚力。但这种整体观念存在一个很大的问题，即它和现代错综复杂的、高度分化的社会及其所包含的多样的社会群体和阶级的关联。现代社会存在着多种不同的生活方式，这些生活方式既和意识形态和权力问题相关，也与社会冲突和斗争的复杂模式相关。所以，泰勒的文化定义是通过唯物而非唯心的思考路径构想出来的，并未关注文化是如何形成的这一问题。当代人类学的文化研究已经尝试修正这种过分的唯物主义。在他们看来，文化应该被理解为一种存在于象征符号之中的通过历史传承的意义模式，基于这种意义模式，人们才可以交流、延续和发展他们的生活知识及态度。如果仅仅采用纯粹的内部方式，我们很难把人类学的文化概念与社会学的文化概念区分开来，因此我们还要关注文化社会学，关注文化与现代性的关系。也就是说，文化是关于规范、价值和象征的，也是关于意义和行动的。社会学的视角将文化置于它的社会基础之中，置于现代性之中，置于它通过社会行动既体现又产生的复杂意义之中。

另外，功能主义的研究方法分析文化的象征意义（仪式、神话和符码）是为了探究这些象征形式维持社会秩序和社会整合的方式，这种方式将意义纳入社会化过程中，实际上是把人作为行动者在文化生产中的积极作用边缘化了。某些马克思主义者，如法兰克福学派接受了这种功能主义的视角，将文化理解为一种意识形态，是对外部物质条件的反映和对阶级利益的表达：文化好比社会黏合剂，将全部个体与资本主义的核心价值黏合起来。但是，这种还原观念受到了文化马克思主义者的挑战，比如葛兰西和巴赫金就是从文化和社会斗争和权力关系以及实践和意义的有机联系入手的。在他们看来，与其说文化是一种生活方式，不如说它是纠结在意识形态和政治之中的斗争场所，充斥着性别、种族和代际问题。文化不是阶级身份的表达或象征，而是复杂身份的积极表述。可见，语境问题是文化理论中最关键的问题之一。

从法兰克福学派再到英国早期的文化研究，一个主要论题就是文化产生出普适性的因素，这些因素以某种方式超越了历史语境。英国新马克思主义的文化批判理论借助于马克思社会理论的分析框架，以及诸多的理论资源，在很大程度上推动了文化的社会语境化，并开启了英国文化研究中关于大众文化、通俗文化和小众文化的争论。特别是后期伯明翰学派的文化研究者，通过借鉴巴赫金的文化历史社会学，提出了一种文化概念的尝试，即文化不是单纯的社会斗争的产物，而是不同声音和立场之间对话的产物。主张文化是一个开放的、未完成的和多重意义的领域。

总体来讲，英国新马克思主义秉承唯物史观的基本立场，在自身理论的发展过程中始终坚持从一种总体性的视角来分析问题，一方面开启了英国新马克思主义的文化批判空间，另一方面也创立了一种具有鲜明特色整体主义的研究方法。尽管其文化批判思想的研究范式几经转换，但整体主义的研究方法却一直延续始终。他们的研究方法对我国的马克思主义研究也有一定的启示意义和参考价值。

3. 方法论的局限

尽管英国新马克思主义的总体性视角和整体主义分析方法对推动文化批判理论的发展功不可没，但是他们的这种总体性视角和整体主义方法也存在一定的局限。

这种局限首先体现在对"总体性"理解和运用上的不确定性上。我们知道，英国新马克思主义文化批判思想缘起于对文化反映论的批判和超越，致力于从社会总体性的角度来解决"文化"与"非文化"的截然二分与对立。他们始终坚信念，对文化的理解必须透过它与社会生活的其他方面的关系，比如"非文化"的方面。于是，他们总是自觉地立足总体性开展分析和思考，但是他们在界定和实际运用这种"总体性"时有时却显得比较模糊。

伊格尔顿批评威廉斯的"整体的生活方式"中的"整体"一词在事实和价值之间一直游离不定。而当威廉斯在《漫长的革命》中提出一种建立"研究全部生活方式的各种元素之关系的文化理论"①的诉求时。汤普森

---

① R. Williams，*The Long Revolution*，London，Chatto and Windus ，1961，p. 46.

虽对这一诉求大加赞誉，但同时也指出了威廉斯在实际研究中的两个方向性错误：一是陷入了将文化等同于社会的危险境地；二是他将文化与政治、经济隔绝开来，未能建立一种基于彼此相互作用关系的系统的理论方式①。在汤普森看来，任何文化理论必须包括文化与非文化二者之间的辩证互动，但同时也应该依据经验对二者的领域进行较为明确的划分。威廉斯却一味地将文化理解为一种基于社会总体性的整体概念，并将其称之为"不朽的整体实践"②。

霍尔在《文化研究：两种范式》一文中基于文化主义与结构主义都强烈地抵制反映论倾向，看到了将二者结合的可能性，并将二者的结合视为未来文化研究的关键。尽管方式完全不同，文化主义和结构主义都提出了历史逻辑与思维逻辑的关系问题，都面临着条件和意识的辩证法。在霍尔看来，此前的学者力求把握文化与社会总体性的辩证关系的做法过于天真而贫乏。他看到语言、文本性、意指等，作为文化介质，经常会直接或间接地避开与其他结构进行连接，于是，他不再提及"条件和意识"的辩证关系，而是坚持认为社会和符号的关系，权力和文化的"游戏"才是文化研究的核心问题。可见，霍尔的文化研究经历了一种问题式的重构。他将这种重构的经过描述为一种文化理论的彻底转向，并认为这种理论演化预示着"我们正在进入后马克思主义时代"③。

---

① E. P. Thompson, The Long Revolution, in *New Left Review* , No. 9 May-June, 1961, p. 31.

② R. Williams, *Maxism and Literature*, Oxford, Oxford University Press, 1977, p. 31.

③ S. Hall, Culture Studies and Its Theoretical Legacies, in *Lawrence Grossberg*, Gary Nelson and Paula Treichler, ed. London, Routledge, 1992, p. 724.

对于霍尔的这一立场，有学者表示赞赏，认为这种文化研究正在超越马克思主义政治经济学的还原论和反映论，将会实现了一种"更高程度的开放性"①。但也有学者将其视为一种大大的倒退，如保罗·史密斯就认为，无论文化研究选择将政治引入文学领域还是将其拒斥在外，即对二者进行最大限度地割裂，都无助于很好地解决市民社会与文化形式以及市民社会与文化本身的关系问题。因此，"文化研究仍然处在将经济、市民社会与文化领域视为彼此分离的阶段"②。其后果是文化研究领域的批判性实践丧失了。保罗·史密斯指出："文化研究能够提出的唯一目标就是在特定时空条件下的社会关系和文化生产的总体性。如果没有这层认识，它必然会被谴责为一种更加资产阶级化的知识生产形式。"③

总体来看，诸多的批评都指出，文化研究放弃了对"文化"与"非文化"二者之间关系的唯物主义理解，而这意味着对经典马克思主义的重要误读。批评者们进一步将这种倒退归因于文化研究在 20 世纪 70 年代的结构主义转向的结果。席勒认为，结构主义的转向使得意指与其余的实践活动隔离开来。与其他的生产过程分离使得意指逐渐转变了一种自主生成原则。因此，"生产的全过程被严重削减了，而对于威廉斯等挑战了经济基础与上层建筑之经典模式的人而言，生产的全过程仍然是至

---

① A. Mcrobbie, Post-Marxism and Culture Studies : A Post-Script, in *Lawrence Grossberg*, Gary Nelson and Paula Treichler, ed. London, Routledge, 1992, p. 279.

② P. Smith, *Millennial Dreams*, London and New York, Verso, 1997, pp. 59-60.

③ *Ibid.*, p. 60.

关重要的"①。基于结构主义的影响，霍尔及其文化研究中心开始从作为人类活动意义转向作为语言的运作的意指，编码／解码模式是霍尔媒介话语的概念基础。霍尔指出，话语并非"对现实的透明呈现，而是通过符码操作来对知识进行建构"②。他认为，要建立一种"非还原主义"的文化理论，需要基于结构主义方法研究符号和表征的系统，"结构主义迫使我们不得不去真正反思这种作为实践的'文化'"③。

毫无疑问，第二代新左派的理论实验扩展了英国的知识文化，但它的知识活力与政治无力性也形成了对照。埃伦·M.伍德指出，第二代新左派对民粹主义的拒绝是战后左派历史上一个划时代转型的症候，当一部分左派知识分子不再把它自身视为大众斗争的同盟军，或者甚至不再是一个先锋的时候意味着他们已经不再把他们自己当作属于解放运动的知识分子，而开始把自己当作为了这个运动的知识分子，或者将直接将自己视为运动本身④。

英国新马克思主义在方法论上的局限还体现在他们试图通过社会语境的还原来达到"总体性"。因其产生于对正统马克思主义"经济决定论"极端厌恶的20世纪五六十年代，英国新马克思主义文化批判在强调社

---

① D. Schiller, *Theorizing Communication*. New York, Oxford University Press, 1996, p. 153.

② S. Hall, encoding／decoding, in Stuart Hall, et al., ed., *Culture, Media, Language*, London, Hutchinson, 1980, p. 129.

③ S. Hall, Culture Studies and the Center: Some Problematics and Problems, in Stuart Hall, et al., ed., *Culture, Media, Language*, London, Hutchinson, 1980, p. 31.

④ M. Wood, A Chronology of the New Left and its Successors: or, Who's Old Fashioned Now?, in *Socialist Register*, No. 6, 1995, p. 35.

会现实和社会进程的总体性过程中，最终走向了另一个极端，即他们基于经验主义的传统，着力通过语境的还原来理解社会现实和社会进程的总体性。在这一过程中，他们将社会中的各种因素与物质性等量齐观，忽视了某些因素，特别是经济因素的重要性和优先性，缺乏对文化背后经济动因的分析，同样也降低了其理论的深度和厚度。正如安德森所评论的那样："由于创作于反叛的时代，在极端的精神下，对所选目标进行猛烈的抨击，这一总体拒斥的代价同时伴随着理论的自过度信——一种理论的必胜信念并无助于其倡导的激进替代。"[1]事实上，英国新马克思主义的文化研究在最初的时候是与马克思主义的政治经济学保持着紧密联系的。只是后来随着文化研究的发展和泛化，他们对文化的分析与政治经济学的关系变得不稳定起来。一般来说，经济、政治和文化是密不可分的，这是在唯物史观视域下进行文化研究必须遵循的原则。霍尔用"接合"这一概念来分析政治经济学与大众文化之间的关系。这是对葛兰西领导权概念的重要发挥，并承诺不会放弃葛兰西经济活动中的决定内核。但事实上，霍尔并没有一直坚持经济分析的方法，例如他在分析撒切尔主义时就没有充分考虑经济因素的作用。历史证明，文化研究与政治经济学之间的联系从本质上来讲不能被任意地切断的，因为早在20世纪70年代的时候，格雷厄姆·默多克就已经以对大众传播的政治经济学研究批评了伯明翰学派对经济分析的忽视。

　　由此可知，尽管文化是在语境中产生的，但绝不能将其简化并等同

---

[1]　P. Andson. *A Culture in Contraflow*, London, New Left Review, March/April, 1990. p. 41.

于语境。真正建立在整体主义方法上的文化批判理论应该通过肯定社会生活不可化简的多样性而超越语境，在揭示和批判现实的基础上彰显一种超越的维度。英国新马克思主义者对经验的过分关注和依赖严重影响了其文化批判理论的深度，从而使它看起来更像一种社会学的分析，没能上升到哲学方法论的高度。

事实上，英国新马克思主义者对自身理论的上述局限也有所察觉并尝试克服这一问题。在新左派后期，安德森和威廉斯等人都开始感觉到"文化转向"被无限夸大了，于是，对国家、政治和经济的兴趣明显复兴。新左派在这些领域的工作又引发了关于宪法改革、英国经济的相对衰落以及左派政治战略等问题的广泛辩论。这也使他们再次回归经典马克思主义。20世纪70年代中期，安德森曾尝试将在英语世界守护经典历史唯物主义作为对抗欧洲人大范围地撤离马克思主义的一个潜在堡垒①。

最后，需要指出的是，某些英国新马克思主义文化理论家们对经典马克思思想的认识也存在一些偏颇。比如，威廉斯有时甚至将马克思的思想也归入经济决定论的范畴中，没有明确将马克思的思想与马克思主义的传统区分开来。霍尔也存在类似的看法。他在20世纪60年代基于文化研究的起源重新考虑文化研究的未来时，指出文化研究是基于对一种必然的还原论和经济主义的批判形成并发展起来的，而且他认为这种还原论和经济主义本身就是内在于马克思主义之中的②。

---

① 张亮编：《英国新左派思想家》，34页，南京，江苏人民出版社，2010。

② S. Hall. Culture Studies and Its Theoretical Legacies, in *Lawrence Grossberg*, Gary Nelson and Paula Treichler, ed. London, Routledge, 1992, p. 279.

综合来讲，英国新马克思主义的文化批判思想在很大程度上坚持了马克思主义对文化发展与现实社会发展关系的辩证理解。在 20 世纪中后期大众文化急剧发展的时代背景下，它以马克思主义唯物史观为基础和指导展开了对文化问题的深入研究。在几十年研究积累的基础之上建构了系统的"文化唯物主义"理论。威廉斯指出："历史唯物主义注重对文学和艺术做社会和政治分析，将它们视为各种社会活动与物质生产的一部分，这就是我所要阐述的文化唯物主义立场。"①文化唯物主义的研究范式秉承一种整体主义的研究视角和研究方法来考察文化，即将文化置于"生产"过程中来理解和把握，将文化生产理解为物质生产和精神生产的有机统一。这一解释范式在很大程度上克服了关于文化与经济基础、上层建筑与经济基础关系理解上的僵化模式，更具现实感。更为重要的是，它深刻地影响甚至主宰了后来文化哲学或文化研究的思维范式。目前关于文化哲学或文化研究的著作，大多采用了物质文化、制度文化、精神文化(或观念文化)的基本划分，并强调三者是一个相互依存的有机整体。如有的学者指出：任何一个现实的文化现象和文化过程都是精神文化、制度文化和物质文化的有机统一。有的学者还强调了三者统一的主体性基础是现实的人及其实践活动。这种分析范式的形成具有重要的学理价值和理论意义。一方面，这种分析把文化与经济基础以及上层建筑与经济基础之间的关系转变成了内在的相互渗透、相互交织、相互制约的辩证关系，突破了原来外在的决定作用与反作用的关系。从

---

①　R. Williams, *Marxism and Literature*, Oxford, Oxford University Press, 1977, p. 43.

而再也不存在"经济决定论"和"文化决定论"的纷争问题了。另一方面，文化从相对独立的、外在的观念形态和精神形态转变为了经济运行、政治活动和社会生活的内在价值维度。这不仅赋予了经济社会活动内在的精神动力和文化动因，而且也逐渐使依据内在的文化进步来理解社会历史的发展成为一种共识，揭示了历史进步的文化内涵。社会发展、文化进步和人的自由全面地发展也因此得以完成了内在的有机统一。

参考文献

一、英文文献

(一)著作

1. E. P. Thompson, *The Poverty of Theory and Other Essays*, New-York, Monthly Review Press, 1978

2. E. P. Thompson, *Out of Apathy*, London, Stevens & sons Ltd, 1960

3. Richard Hoggart. *The Uses of Literacy*, New Brunswick, Transation Publishers, 1988

4. Richard Hoggart. *The tyranny of Relativism*: *Culture and Politics in Contemporary English Society*, New Brunswick, Transation Publishers, 1998

5. Richard Hoggart. *Mass Media in a Mass Society*: *Myth and Reality*. NewYork, continum, 2004

6. Raymond Williams, *May Day Manifesto*, London, Penguin books, 1968

7. Raymond Williams, *The Long Revolution*, London, 1961

8. Raymond Williams, *Marxism and Literature*, Oxford, OUP, 1977

9. Raymond Williams, *Political and Letters*, Verso, 1981

10. Raymond Williams, *The sociology of culture*, New York, Sehocken Books, 1982

11. Perry Anderson, *Arguments with in English Marxism*, London, Verso, 1980

12. Perry Anderson, In *the Tracks of Historical Materialism*, London, Verso, 1983

13. Perry Anderson, *The Origins of Postmodernity*, London and New York, Verso, 1998

14. Perry Anderson, *Spectrum: From Right to Left in the World of Ideas*, London and New York, Verso, 2005

15. Terry Eagleton, *Criticism and Ideology*, London, Verso, 1976

16. Terry Eagleton, *The Function of Criticism*, London, Verso, 1984

17. Terry Eagleton, *Ideology: An Introduction*, London, Verso, 1991

18. Terry Eagleton, *The Illusions of Postmodernism*, Oxford, Blackwell, 1996

19. Terry Eagleton, *After Theory*, Basic Books, 2003

20. Terry Eagleton, *Why Marx Was Right*, Yale University Press, 2011

21. Stuart Hall and Paddy Whannel, *The Popular Arts*, London, Hutchinson, 1964

22. Stuart Hall, *Representation: Cultural Representations and Signifying*

Practices, London, Sage Publication and The Open University, 1997

23. G. Turner. *British Cultural Studies*. Second edition, London and NewYork, Routledge, 1996

24. David Coates, *A Socialist anatomy of Britain*, Cambridge, Polity Press, 1985

25. Lin Chun, The *British new left*. Edinburgh, Edinburgh University Press, 1993

26. Harvey J. Kaye, *The British Marxist historians: an introductory analysis*. Cambridge, Polity Press, 1984

27. Christopher Hill, *Intellectual origins of the English revolution*, Oxford, Clarendon Press, 2001

28. Smith James, *Terry Eagleton: A Critical Introduction*, Cambridge, Polity, 2008

29. Christopher Hill, *Intellectual origins of the English revolution*. Oxford, Clarendon Press, 2001

30. Edward Said, *Culture and Imperialism*, London, 1993

31. John Fiske, *Television Culture*, London and New York, Mathuen, 1987

32. John Fiske, *Understanding the Popular Culture*, London Sydney-illington, Unwinhyman. Inc, 1989

33. Dick Hebdige, *Subculture: The Meaning of Style*, London, Methuen, 1979

34. Paul Willis, *Profane Culture*, London, Routledge, 1978

35. Paul Willis, *Common Culture*, Buckingham, Open University

Press，1990

36. H. Kaye，*The Britishi Marxist Historians*：*an Introductory Analysis*，Cambridge，Polity，1984

(二)论文

1. Raymond Williams，Towards a Socialist History：In Defence of History，*History Workshop*，Journal，7，1979

2. Perry Anderson，Modernity and Revolution，*New Left Review*，Vol. I，No. 144 March-April，1984

3. Perry Anderson，A Culture in Contraflow-I，*New Left Review*，Vol. I，No. 180 March-April，1990

4. Perry Anderson，A Culture in Contraflow-II，*New Left Review*，Vol. I，No. 182 July-August，1990

5. Perry Anderson，A Sense of the Left，*New Left Review*，Vol. I，No. 231 September-October，1998

6. Perry Anderson，Two Revolutions，*New Left Review*，Vol. II，No. 61，January-February，2010

7. Perry Anderson，Class Struggle in the Ancient World，*History Workshop*，No. 16 Autumn，1983

8. Perry Anderson，Social Democracy Today，*Against the Current*，Vol. 1，No. 6 November-December，1986

9. S. Hall，A sense of Classlessness，*University and Left Review*，No. 5，Autumn，1958

10. Gareth Stedman Jones，Working-Class Culture and Working-Class

Politics in London，1870-1900. *Journal of Social History*，Vol. 7. No. 4，1974

11. Stephen Zelnick，Marxism and Literary Criticism，The *Journal of Aesthetics and Art Criticism*，Vol. 35，No. 4，Summer，1977

12. Raymond Williams，Towards a Socialist History：In Defence of History. *History Workshop Journal*，7，1979

13. Perry Anderson. Origins of the Present Crisis. *New Left Review*，No. 23. January-February，1964

二、中文文献

(一)著作

1. 马克思恩格斯文集. 北京：人民出版社. 2009

2. 马克思恩格斯选集. 北京：人民出版社. 1995

3. 列宁选集. 北京：人民出版社. 2012

4. [英]戴维·麦克莱伦. 马克思以后的马克思主义. 李智译，北京：中国人民大学出版社. 2004

5. [英]迈克尔·肯尼. 第一代英国新左派. 李永新、陈剑译，南京：江苏人民出版社. 2010

6. [英]马修·阿诺德. 文化与无政府状态. 韩敏中译，北京：生活·读书·新知三联书店，2002。

7. [英]E. P. 汤普森. 英国工人阶级的形成. 钱乘旦译，南京：译林出版社. 2001

8. [英]E. P. 汤普森. 共有的习惯. 沈汉、王加丰译，上海：上海人民出版社．2002

9. ［英］雷蒙德·威廉斯．关键词：文化与社会的词汇．刘建基译，北京：生活·读书·新知三联书店，2005

10. ［英］雷蒙德·威廉斯．文化与社会．高晓玲译，长春：吉林出版社．2011

11. ［英］雷蒙德·威廉斯．现代主义的政治．阎嘉译，北京：商务印书馆，2002

12. ［英］雷蒙德·威廉斯．马克思主义与文学．王尔勃等译，郑州：河南大学出版社．2008

13. ［英］特里·伊格尔顿．马克思主义与文学批评．文宝译，北京：人民文学出版社．1980

14. ［英］特里·伊格尔顿．美学意识形态．方杰等译，南宁：广西师范大学出版社．1997

15. ［英］伊格尔顿．文化的观念．方杰译，南京：南京大学出版社．2003

16. ［英］佩里·安德森．西方马克思主义探讨．高铦等译，北京：人民出版社．1981

17. ［英］佩里·安德森．当代西方马克思主义．余文烈译，北京：东方出版社．1989

18. ［英］佩里·安德森主编．西方左派图绘．张亮、吴勇立译，南京：江苏人民出版社．2001

19. ［英］斯图亚特·霍尔编．表征：文化表象与意指实践．徐亮、陆兴华译，北京：商务印书馆，2003

20. ［英］安吉拉·麦克罗比. 文化研究的用途. 李庆本译, 北京: 北京大学出版社. 2007

21. ［英］斯图亚特·霍尔、保罗·杜盖伊. 文化身份问题研究. 庞璃译, 郑州: 河南大学出版社. 2010

22. ［英］戴维·麦克莱伦. 马克思思想导论. 郑一明、陈喜贵译, 北京: 中国人民大学出版社. 2008

23. ［英］丹尼·卡瓦拉罗. 文化理论关键词. 张卫东译, 南京: 江苏人民出版社. 2006

24. ［英］安吉拉·默克罗比. 后现代主义与大众文化. 田晓菲译, 北京: 中央编译出版社. 2001

25. ［英］乔纳森·沃尔夫. 当今为什么还要研读马克思. 段忠桥译, 北京: 高等教育出版社. 2006

26. ［英］齐格蒙德·鲍曼. 作为实践的文化. 郑莉译, 北京: 北京大学出版社. 2009

27. ［英］柯林武德. 历史的观念. 何兆武、张文杰译, 北京: 商务印书馆, 1997

28. ［德］尤尔根·哈贝马斯. 重建历史唯物主义. 郭官义译, 北京: 社会科学文献出版社. 2000

29. ［德］马尔库塞. 单向度的人. 刘继译, 上海: 上海译文出版社. 2006

30. ［美］丹尼斯·德沃金. 文化马克思主义在战后英国. 李凤丹译, 北京: 人民出版社. 2008

31. ［美］理查德·比尔纳其. 超越文化转向. 方杰译, 南京: 南京大学

出版社. 2008

32. [美]马歇尔·萨林斯. 文化与实践理性. 赵丙祥译，上海：上海人民出版社. 2002

33. [意]安东尼奥·葛兰西. 狱中札记. 曹雷雨等译，北京：中国社会科学出版社. 2000

34. [法]路易·阿尔都塞. 哲学与政治：阿尔都塞读本. 陈越编译，长春：吉林人民出版社. 2010

35. [法]路易·阿尔都塞. 保卫马克思. 顾良译，北京：商务印书馆，2010

36. [加]艾伦·梅克森斯·伍德. 民主反对资本主义—重建历史唯物主义. 吕薇洲等译，重庆：重庆出版社. 2007

37. [加]艾伦·伍德. 新社会主义. 尚庆飞译，南京：江苏人民出版社. 2005

38. [匈]卢卡奇. 历史与阶级意识. 杜章智，任立，燕宏远译，北京：商务印书馆，1996

39. [斯洛文尼亚]斯拉沃热·齐泽克等. 图绘意识形态. 方杰译，南京：南京大学出版社. 2002

40. 罗钢、刘象愚主编. 文化研究读本. 北京：中国社会科学出版社. 2000

41. 徐崇温编. 西方马克思主义理论研究. 海口：海南出版社. 2000

42. 徐崇温. 用马克思主义评析西方思潮. 重庆：重庆出版社. 1990

43. 许苏民. 文化哲学. 上海：上海人民出版社. 1990

44. 俞吾金. 意识形态论. 上海：上海人民出版社. 2014

45. 俞吾金、陈学明. 国外马克思主义哲学流派新编（西方马克思主义卷）. 上海：复旦大学出版社. 2002

46. 俞吾金. 传统评估与思想移位. 哈尔滨：黑龙江大学出版社. 2007

47. 陈学明. 西方马克思主义教程. 北京：高等教育出版社. 2001

48. 张一兵. 当代国外马克思主义哲学思潮. 南京：江苏人民出版社. 2011

49. 王雨辰. 哲学批判与解放的乌托邦. 哈尔滨：黑龙江大学出版社. 2007

50. 王雨辰. 当代西方马克思主义哲学研究. 北京：中国财政经济出版社. 2002

51. 乔瑞金. 马克思主义思想研究的新话语：技术与文化批判的马克思主义. 太原：书海出版社. 2005

52. 乔瑞金. 英国的新马克思主义. 北京：人民出版社. 2013

53. 乔瑞金. 马克思技术哲学纲要. 北京：人民出版社. 2002

54. 马海良. 文化政治美学——伊格尔顿批评理论研究. 北京：中国社会科学出版社. 2000

55. 张亮编. 英国新左派思想家. 南京：江苏人民出版社. 2010

56. 陆扬主编. 文化研究概论. 上海：复旦大学出版社. 2008

57. 张亮、熊婴编. 伦理、文化与社会主义. 南京：江苏人民出版社. 2013

58. 张亮、李媛媛编. 理解斯图亚特·霍尔. 北京：北京师范大学出版社. 2016

59. 胡大平编著. 西方马克思主义哲学概论. 北京：北京师范大学出版

社. 2010

60. 张才国. 新自由主义意识形态. 北京：中央编译出版社. 2007

61. 段吉方. 意识形态与审美话语：伊格尔顿文学批评理论研究. 北京：人民文学出版社. 2010

62. 赵国新. 新左派的文化政治：雷蒙·威廉斯的文化理论. 北京：外语教学与研究出版社. 2009

63. 方珏. 伊格尔顿意识形态理论探要. 重庆：重庆出版社. 2008

64. 吴治平. 雷蒙德·威廉斯文化理论研究. 兰州：甘肃人民出版社. 2006

65. 杨东篱编. 伯明翰学派的文化观念与通俗文化理论研究. 济南：山东大学出版社. 2001

66. 邹赞. 文化的显影——英国文化主义研究. 广州：暨南大学出版社. 2014

67. 张志洲. 英国工党社会主义意识形态变迁研究. 北京：社会科学文献出版社. 2011

68. 李丹凤. 英国文化马克思主义研究. 南昌：江西人民出版社. 2010

69. 和磊. 葛兰西与文化研究. 北京：中国社会科学出版社. 2011

70. 胡小燕. 文化观念的重构与变迁：论英国文化马克思主义对基础/上层建筑模式的反思. 北京：人民出版社. 2016

(二)论文

1. ［英］肖恩·塞耶斯. 马克思主义哲学在英国. 载《现代哲学》. 2008年第2期

2. ［英］霍布斯鲍姆. 摆脱困境——社会主义仍然富有生命力. 载《现代

外国哲学社会科学文摘》. 1992 年第 2 期

3. ［美］丹尼斯·德沃金. 斯图亚特·霍尔与英国马克思主义. 载《学海》. 2011 年第 1 期

4. 陈学明. 20 世纪西方马克思主义哲学发展历程及主要特征. 载《马克思主义与现实》. 2013 年第 2 期

5. 徐崇温. 阿尔都塞的反经验主义认识论和马克思主义. 载《中国社会科学》. 1997 年第 3 期

6. 周穗明. 西方新社会运动与新马克思主义. 载《广东行政学院学报》. 2006 年第 3 期

7. 欧阳谦. "文化唯物主义"的理论建构及其意义. 载《教学与研究》. 2010 年第 12 期

8. 乔瑞金. 英国新左派的社会主义政治至善思想. 载《中国社会科学》. 2014 年第 9 期

9. 乔瑞金. 我们为什么需要研究英国新马克思主义?. 载《马克思主义与现实》. 2011 年第 6 期

10. 乔瑞金. 英国新马克思主义对文化概念的哲学分析. 载《理论探索》. 2008 年第 3 期

11. 乔瑞金、薛稷. 雷蒙德·威廉斯唯物主义文化观解析. 载《马克思主义与现实》. 2007 年第 3 期

12. 乔瑞金、李隽. 英国新马克思主义文化批判的致思路径. 载《理论探索》. 2015 年第 5 期

13. 乔瑞金、李隽. 论马克思主义哲学的创造力. 载《武汉科技大学学报(社会科学版)》. 2015 年第 6 期

14. 胡大平. 从问题到模式—当代马克思主义哲学创新的理论自觉. 载《天津社会科学》. 2006 年第 3 期

15. 张亮. 英国马克思主义的研究模式及方法. 载《求是学刊》. 2006 年第 5 期

16. 张亮. "英国马克思主义"的历史、理论道路与理论成就. 载《马克思主义研究》. 2012 年第 7 期

17. 张亮. 从苏联马克思主义到文化马克思主义——英国马克思主义理论传统的战后形成. 载《人文杂志》. 2009 年第 2 期

18. 张亮. 从文化马克思主义到"结构主义的马克思主义"——20 世纪 60 年代初至 80 年代初英国马克思主义的发展历程. 载《文史哲》. 2010 年第 1 期

19. 张亮. 在发展中坚持历史唯物主义："英国马克思主义"的理论启示. 载《理论探讨》. 2013 年第 5 期

20. 张秀琴. 威廉斯的"文化唯物主义"意识形态论研究. 载《哲学动态》. 2011 年第 2 期

21. 邢媛. 现代传媒技术语境中日常生活变革的基本特征. 载《科学技术哲学研究》. 2014 年第 1 期

22. 李永新. 文化批评和美学研究中的领导权理论——兼论威廉斯和伊格尔顿对葛兰西文化领导权理论的接受与发展. 载《文艺理论研究》. 2008 年第 2 期

23. 段吉方. 马克思主义美学在英国：一种独特的文化传统的起源与发展. 载《文艺理论与批评》. 2011 年第 4 期

24. 李政亮. 英国文化研究中的亚文化研究谱系. 载《文艺研究》. 2007

年第 4 期

25. 吴格非. 赛义德、文化政治与批评理论——伊格尔顿访谈. 载《国外理论动态》. 2010 年第 7 期

26. 李凤丹. 大众文化与政治的辩证法——英国文化马克思主义的发展主线. 载《北方论丛》. 2009 年第 1 期

27. 李曦. 为"大众文化"正名——论霍加特与威廉斯对文化研究学科范式的建构. 载《河北师范大学学报(社会科学版)》. 2010 年第 5 期

28. 李曦. 雷蒙德·威廉斯：文化观念的逻辑重构. 载《东岳论丛》. 2010 年第 9 期

29. 杨生平. 试论伊格尔顿意识形态理论. 载《教学与研究》. 2010 年第 11 期

30. 张华. 历史地、系统地把握马克思主义文化理论. 载《马克思主义研究》. 2007 年第 10 期

31. 范俊玉. 马克思主义的文化理论及其当代价值. 载《学术交流》. 2004 年第 2 期

32. 王尔勃. 从威廉斯到默多克：交锋中推进的英国文化研究. 载《西北师大学报(社会科学版)》. 2005 年第 2 期

33. 方珏. 英国马克思主义哲学的历史进程及其个性. 载《哲学动态》. 2008 年第 4 期

34. 赵国新. 英国新左派思想画像. 载《读书》. 2006 年第 8 期

35. 赵传珍. 英国文化马克思主义：人道主义与结构主义之辩. 载《哲学动态》. 2011 年第 9 期

36. 沈崴. 西方大众文化研究与"葛兰西转向"的启示. 载《北京科技大

学学报(社会科学版)》. 2011 年第 6 期

37. 于文秀. 阿尔都塞的"意识形态"理论与"文化研究"思潮. 载《哲学研究》. 2002 年第 6 期

38. 吴昕炜. 葛兰西文化思想的文化哲学研究路向. 载《马克思主义哲学研究》. 2009 年第 5 期

39. 王雨辰. 略论西方马克思主义文化哲学的转向. 载《世界哲学》. 2002 年第 5 期

40. 胡小燕. 论英国马克思主义文化转向的特殊性. 载《西北大学学报(哲学社会科学版)》. 2010 年第 5 期

41. 白云真. 新葛兰西学派及其批评. 载《世界经济与政治》. 2011 年第 2 期

42. 李凤丹. 继承与发展：英国文化研究与马克思主义文化观的关系阐释. 载《理论月刊》. 2016 年第 10 期

43. 李隽. 威廉斯的主体思想探析. 载《山西大学学报(哲学社会科学版)》. 2015 年第 6 期

44. 刘煜昊，李隽. 英国新马克思主义文化生产思想探析. 载《理论探索》. 2016 年第 3 期

45. 李隽. 经典马克思主义现代性批判的现实运用——本雅明现代性批判思想的阐释. 载《理论学刊》. 2016 年第 3 期

46. 李凤丹. 英国文化马克思主义. 北京大学博士学位论文，2009

47. 孙颖. 走向文化批判的英国马克思主义批评. 吉林大学博士学位论文，2010

后　记

　　作为博士阶段的研究成果,《英国新马克思主义文化批判思想转向研究》的正式出版,首先要感谢的是我的导师乔瑞金教授,他学识渊博,待人宽和,治学严谨,宽严之间蕴含着无穷的人格魅力。由衷感谢乔老师在书稿写作和修改过程中给予我的诸多指导和帮助。特别需要感谢的是北京师范大学出版社对于这本书出版给予的大力帮助与支持。

　　本书是在我的博士论文基础上加工完善而成的。经过近两年的修改,终于要脱稿了。再次通读全文,依然感到有诸多地方需要完善,可是以我目前的基础和水平,暂时是无法再做进一步修改和提升了。这种遗憾,只能寄希望于以后的努力来弥补了,书稿的出版只是我学术生涯的又一个新起点。

回首整个书稿的写作过程，痛并快乐。痛主要源于学习和创作过程中的疑虑与困惑。从确定选题到拟定提纲，再到完成初稿以及随后多次的修改，是一个漫长而令人焦虑的过程。选题之前的犹豫和抉择是颇费思量的；选题确定之后，资料的收集、甄选和整理工作是繁杂的；写作开始后，也因为大大小小的困惑致使初稿数次被自己搁置，无法顺利完成。为此，我不得不常常忍受疑虑、沮丧、失望等多种心情交织在一起的复杂而莫名的情绪的困扰和巨大的心理压力。当然，在承受这些困扰和压力的同时，也时常不断地有所收获，并因此享受到心灵的快乐。克服创作中的困惑和战胜自我的陋习都是内心愉悦的源泉。文章字数由少增多，思考的视角由窄变宽，对问题的认识由浅入深，审视这些从量变到质变的过程，我深刻感受到了积累的魔力。

自英国新马克思主义思潮译介到国内以来，国内学术界（尤其是马克思主义理论界）对其投入了极大的学术热情，无论是做马克思主义原理研究的，还是做西方哲学研究，或者西方文论研究的学者都表现出了相当大的兴趣，并花费了相当多的究精力对英国新马克思主义思潮的进行了较为深入的研究。因而，在英国新马克思主义研究方面，国内积累了不少的成果，在深度和广度上均有突破。本书的写作除了借鉴并参考国外相关研究成果之外，也在很大程度上吸收和借鉴了国内学者的相关研究成果，请恕这里没有一一列举出来。

本人始终认为，英国马克思主义文化批判思想的研究的难度是极大的。从理论上讲，必须深入阅读马克思恩格斯等经典作家的基础文献，必须全面阅读并分析自卢卡奇以来西方马克思主义代表人物的理论著作，甚至还需要阅读并熟悉现当代西方各种哲学思潮的理论逻辑及其方法论，才有可能把握住英国新马克思主义文化批判思想形成和发展的逻辑；就现实来说，必须了解 20 世纪以来西方社会发生的种种变化，尤其是资本主义社会和社会主义社会两大阵营的变革。特别是要密切关注和分析战后西方社会所发生的社会变革及其政治动向，才能理解理论的发展线索。其中，最困难的在于，该如何把握马克思主义的社会批判理论与英国新马克思主义文化批判思想之间的本质关系？当然不能沿袭以往那种简单粗暴的做法，即一味地否定英国新马克思主义的理论"修正"，而需要从理论自身的逻辑和现实自身的变革两方面进行深入的分析。

在书中，我尝试就上述问题做出自己的回答。为此，我努力地同西方马克思主义的诸多卓越的思想家作了一种历时性的思想沟通与对话。虽然不能断言已经把握了诸位哲人深刻的文化批判思想，却可以说，尽自己最大努力对西方马克思主义文化批判思想作了多线索互动与深层关联的文本分析，在一定程度上呈现了文化批判思想发展中的复杂语境，并在此基础上对英国新马克思主义文化批判思想做出了自己的评价。

当然，鉴于我有限的释读能力，书中一定存在诸多不尽如人意的地方，甚至存在一些理解性偏差，真诚欢迎学界专家们批评指正。西方马克思主义的文化批判思想异常深邃，对它的认识与理解不可能在短时间内完成，因此，这部书稿的完成，仅仅是我接下来工作的一个起点。对于本书存在的种种不足，似乎还可以找到一个客观理由，这就是我在学校承担着比较繁重的马克思主义哲学的教学任务，这在一定程度上影响了对修改书稿方面的时间投入。总之，本书难免存在这样或那样的疏漏，还请读者给予批评指正。

　　另外还需要说明的是，我的博士论文在开题和答辩阶段得到了很多专家学者的指导和帮助。特别要感谢的是朱葆伟教授、刘森林教授、侯怀银教授和邢媛教授。他们在论文开题和答辩时提出的宝贵意见和建议，对我后来的写作和修改工作给予了很大的帮助。

　　我深知，人生中一个非常重要的阶段的结束，意味着一个新的开始。接下来，我将怀着一颗感恩、努力和宽容之心，继续我的学术与人生之路。人类的知识会不断更新，但沉淀在哲学中的人生智慧却永不过时，因此，哲学的魅力是永恒的。于我而言，能够有机会与一群超越时空的心灵交流与沟通，是何其幸运！他们的哲学是人类思想的律动与张扬，更是我提升内在素养、丰富精神境界、创新思维方式的基石。

李隽

2019 年 12 月

图书在版编目（CIP）数据

英国新马克思主义文化批判思想转向研究 / 李隽著.
—北京：北京师范大学出版社，2020.8
（英国新马克思主义哲学研究丛书）
ISBN 978-7-303-25381-4

Ⅰ.①英… Ⅱ.①李… Ⅲ.①新马克思主义-文化思想-思想评论-英国 Ⅳ.①D089 ②G0

中国版本图书馆 CIP 数据核字（2019）第 281931 号

营 销 中 心 电 话 010-58805385
北京师范大学出版社
主题出版与重大项目策划部 http：//xueda.bnup.com

YINGGUO XINMAKESI ZHUYI WENHUA PIPAN SIXIANG
ZHUANXIANG YANJIU

出版发行：北京师范大学出版社 www.bnup.com
　　　　　北京市西城区新街口外大街 12-3 号
　　　　　邮政编码：100088
印　　刷：北京盛通印刷股份有限公司
经　　销：全国新华书店
开　　本：710 mm×1000 mm　1/16
印　　张：22.25
字　　数：245 千字
版　　次：2020 年 8 月第 1 版
印　　次：2020 年 8 月第 1 次印刷
定　　价：98.00 元

策划编辑：祁传华 郭 珍　　　责任编辑：王 宁
美术编辑：王齐云　　　　　　　装帧设计：王齐云
责任校对：陈 民　　　　　　　责任印制：陈 涛